The Life and Times of Han Xin

韓信大傳

大傳

韓信

華煒，何愛臨——著

從忍辱卑微的平民到戰無不勝的兵仙，漢初三傑的不凡歷程

「至如韓信，國士無雙，當今天下，無一人能與他相比！」

他是西漢開國功臣，中國歷史上傑出的軍事家

漢初三傑之一，漢初三大名將之一，兵家四聖之一

然而，戰場上屢出奇策的他，卻無法破解自身危局，終於悲慘身死......

目錄

第一章　泗口、末口與淮陰

開到桃花百草菲，草湖水滿鯽魚肥；故鄉風景年年好，惟問王孫歸不歸。
　　　　　　　　　　　　——〔清〕劉鶚〈題畫二絕〉（其二）

　　江蘇淮安，秦漢時稱淮陰，地處蘇北平原的中部，淮河南岸，是江淮流域古文化發祥地之一。而使淮安最早著稱於世的卻因它是淮陰侯韓信的故鄉，提起韓信就會自然聯想到當時的淮陰。

　　《史記·淮陰侯列傳》記載：「淮陰侯韓信者，淮陰人也。」、「信釣於城下，諸母漂，有一母見信飢，飯信，竟漂數十日。」這裡告訴人們，韓信不僅出生在淮陰。秦時還有一座淮陰城，那些家喻戶曉、耳熟能詳的「亭長之客」、「漂母飯信」、「胯下之辱」的故事，正是發生在淮陰或淮陰城，韓信在此度過了窘迫的青少年時光。秦末農民起義爆發後，他仗劍渡淮，投奔義軍嶄露頭角，憑藉卓越的軍事才能和為劉邦奪得政權的功績，使其名載史冊。

淮安風光
淮安古稱淮陰，因地處淮水南岸而得名，
襟吳楚，帶淮泗，樞紐東南，是全國聞名的水鄉。
韓信舉兵，最善用水，每戰必勝，其靈氣根植於家鄉。

　　淮陰，古為淮夷之地，春秋屬吳，戰國歸屬時越時楚，後終屬楚，秦時設淮陰縣，隸屬泗水郡。漢滅楚後，韓信卻因功高震主，被劉邦由楚王貶為淮陰侯，淮陰為其封邑。漢高祖十一年（西元前一九六年）韓信死後，封邑取消。然而，千秋興替，世事滄桑，如同韓信身世一樣，遠去的淮陰似乎變得撲朔迷離。讓我們從泗口、末口的變遷中，先來了解、認識一下淮陰和淮陰故城。

　　淮水帶著遠古氣息，從安徽五河入境江蘇，經盱眙城西，斜穿洪澤凹陷區，到達淮陰西境。當時的淮陰，除沿淮一線呈彎月形陸地外，多被浩渺的古淮水、泗水、中瀆水及射陂、富陵湖、破釜澗等小湖群包夾。泗口與末口是淮陰彎月形兩邊端點上重要的名勝，也一定會是青少年時韓信觀蘆花、看風帆、研究戰爭的好去處。

　　泗水是一條古老的河流，《尚書·禹貢》就有「沿於江海，達於淮、泗」的記載。泗口為泗水與淮水交匯處，又稱清口、大清口。泗口遺址在今淮陰區袁集桂塘一帶。在南北軍事紛爭中，泗口更是「據淮南之源，關中原之門戶」的軍事要衝，周亞夫、謝玄、吳明徹、楊行密、劉錡等歷史人物，都曾在此發動過大規模全域性戰爭。元泰定初（西元一三二四年），黃河大決口，泗口逐漸淤塞，明朝嘉靖前已被馬頭小清口取而代之。

　　在泗口大約十里範圍內，歷史上先後出現過荀羨淮陰城、甘羅城、角城和韓信城等十餘城，並一直以南北交通要津、軍事要地和抗洪城堡呈現在世人面前。

　　荀羨淮陰城，在泗口南十里的馬頭鎮，為古代黃淮運（河）交匯之處。現存有漂母墓、韓信湖、漂母岸和韓信廟。東晉永和八年（西元三五二年），北中郎將、徐州刺史荀羨鎮守淮陰。「淮陰舊鎮，地形都要，水陸交通，易以觀釁，沃野有開殖之利，方舟運漕」，卻「無地屯兵」，因而荀羨在甘羅城南一里許，營造新的城池，自此，淮陰城便成為東晉南北

朝時期的淮上要塞。隋初開了通濟渠，運河從末口經盱眙對岸的淮河直接通向都城洛陽，泗口交通地位不復重要。歷史上淮陰因區劃調整曾先後四度併入末口處的山陽縣。

末口遺址
春秋時，吳王夫差為爭霸中原，自揚州向北連綴湖泊，開鑿了邗溝。
邗溝與淮河連接處為末口。這對研究淮河、大運河及地域文化史，都有著重要意義。

甘羅城，在荀羨淮陰城北一里，扼泗水入淮的小清口要衝，以傳說中的秦國上卿甘羅為名。這座千年城堡後世多作為防汛要塞而存在，並在一次次洪水衝擊下被蕩平。清初談遷《北游錄》載，甘羅城「周可四里，積沙與城平，四門塞其北」。此外，南宋咸淳九年（西元一二七三年），在泗水入淮處設置清河縣，為清河軍治，後漸及淮水南岸。明末崇禎元年（西元一六二八年）至清初順治三年（西元一六四六年），因水患和戰亂並起，清河縣治還一度遷至甘羅城。

清河即泗水，在淮北。今天的淮安淮陰區承屬清河縣，民國初年清河縣與河北清河縣重名，遂改稱淮陰縣。現如今，包括城南、武墩、黃碼等在淮河南岸的一些地方，已劃歸淮安清江浦區，此時淮陰和韓信時的淮陰並不是一回事。

韓信城遺址，距馬頭東約十里，在今清江浦境內。北宋《太平寰宇

記》稱：「信本此縣人，其塚宅處所並存，後受封為侯，因築此城。」此城民間傳為韓信城。

「落木蕭蕭雁度河，西風嫋嫋水增波。」泗口群落在早期淮安發展史上占有重要地位，磨盤口、魚脊街、大壩、水鄉澤國給人留下了難忘印象。由於歷史的變幻，洪濤泛起，泥沙俱落，泗口和泗口群的城池、城堡多數已被悄然掩埋。

末口與泗口亦東亦西，近在咫尺，互為依託。末口是長江與淮河交匯點，連通了南北方，所造就的千年漕運，為國脈所在。魏晉開始，中國經濟中心逐漸南移，末口處的淮安城、河下鎮、板閘及清江浦等地獲得了較為長期穩定的發展，淮安承接並延續了韓信時「淮陰故城」政治命脈的正統。

末口，在老淮安城北。西元前四八六年，吳王夫差開鑿邗溝，以利於向北方運送軍隊和糧草。東漢時，廣陵太守陳登開鑿了邗溝西道，末口的地位更加舉足輕重，直到明末，在黃淮水衝擊下才漸漸淤塞。

淮安（山陽）城，寓意淮水安瀾。漢武帝元狩六年在淮陰東南置射陽縣，東晉義年間修築山陽縣城。隋唐五代以後，淮安迎來了新的發展時期。明清兩朝，這裡是中央政府的漕運指揮中心、河道治理中心、漕運轉運中心、漕船製造中心、糧食儲備中心和淮北食鹽集散中心。境內還有著名的「青蓮崗」文化遺址、文通塔、鎮淮樓、水利樞紐工程等，也是全國歷史文化名城。元明以後韓信、漂母相關故跡，如「漢韓侯祠」、「漂母祠」、「釣魚臺」、「胯下橋」、「淮陰市碑」等在縣境也得到恢復與重建。城西北隅的河下鎮，北依河險，西握運道。明代平江伯陳瑄穿湖開鑿了直達馬頭小清口的裡運河，運道改從淮安城西經過，河下作為集散之地，鹽商駢至，百業興旺。

當今的老淮安承屬山陽縣。明清時「淮陰驛」就設在山陽縣。客寓乃至定居山陽之人，觀念中均認為此地為韓信時淮陰縣。其原因，淮陰、淮安同出一源，當時山陽西鄉又為古淮陰故地。

清江浦樓

清江浦，明永樂十三年（西元一四一五年）因開鑿清江河而得名。從清江浦和山陽的關係上看，清江浦原是山陽六大鎮之一。「昔日瀕淮曠土，轉瞬為漕運中樞，由運渠之名而為通埠之稱」，全域性戰略地位隨之上升。又因清河縣城被水沖毀，乾隆二十六年（西元一七六一年），江蘇巡撫陳宏謀上疏請求將淮水北的清河縣移治，清江浦被劃入清河縣，並割山陽縣西十餘鄉，民國以後清江浦成為區域新的政治、經濟中心。

泗口、末口及運河的興衰變化，關乎著區域命運和走向，泗口與末口共同構築了淮陰、淮陰故城和今天意義上的淮安。特別是隋唐以後，經濟的持續發展和社會繁榮，淮安逐漸成為漕運中心，奠定了淮安「運河之都」的特殊地位。

淮安東近黃海，南臨洪澤，西接淮水，北連泗水，是黃淮運的匯流處。韓信用兵行雲流水，最大特點善於用水，其智慧根植於他的故鄉。在楚漢戰爭中，他先後演繹了一系列經典戰例，震古鑠今。值得一提的是，歷史文化名人多故鄉之爭，韓信也不例外。韓信時淮陰故城到底在今江蘇淮安哪個地方，迄今仍是個令人感興趣的話題。

古人常以水南為陰，淮陰故名。淮河是自然形成的古河道，是中國南

北重要的地理分界，也是行政區劃的分界，風土人情民間習俗南北差異很大。縱觀歷史，河流山川相應變化較小，朝代更替、行政區劃的調整卻是常有之事。同一區域，不同時期不同區劃，這是造成認識古淮陰誤區的關鍵所在。

根據《史記》、《漢書》、《水經注》、《太平寰宇記》及明清《淮安府志》、《山陽縣誌》、《清河縣》等歷史文獻判斷，古淮陰當在淮水以南、泗口與末口之間，主體應為今天的江蘇淮安的淮安區、清江浦區、洪澤區及淮陰區馬頭鎮附近。換句話說，這片區域就是清乾隆以前的山陽縣。而韓信時淮陰故城，明清不同時期的《淮安府志》多將其圈定在治西（山陽）三十至五十里範圍內，大概在馬頭及向東的清江浦城南、武墩一線。

事實上，在兩千多年的歷史上，淮安區域內分分合合，變化滄桑，但保存了與韓信相關的大量歷史遺跡，處處盡顯豐厚的歷史傳承和文化積澱，讓我們攜手新時代，拂去歷史的塵埃，重新擁抱那個記憶中的古淮陰和屬於韓信的淮陰城。

第二章　平民王孫待考究

　　淮水，自西向東從淮陰城北流過。緊依城下是一與淮水相連的大草灣，水面寬闊。秦始皇三十四年（西元前二一三年）初冬的一個傍晚，岸邊有個釣魚郎，身著蓑衣，掛著一柄長劍，手提漁竿，一動不動地立於灣頭垂釣。他就是年少的韓信，十七、八歲，身材高大，面龐略顯瘦削。

　　一中年漢子，急切地走過來問怎麼還有這個閒情，莫是在學姜太公釣魚，要韓信趕快回家，來人不由分說拉上他就走。

　　韓信常和一幫人聚集在草蕩中習武學兵，昨日剛剛回到家中，得知韓母被一幫秦卒打傷，傷情嚴重，悲憤之情難以言表，他今天特意來到湖邊，想釣上幾條活魚為母親熬上一些魚湯。此刻，隱約感到母親有什麼事，不敢多想，也不再多問，收起漁竿同來人一道回去了。

　　穿過淮陰市口，來到城東下鄉南昌亭，韓信的家就為道口旁的一間破草屋。來到門前，那人輕輕向屋內喊了一聲，隨即從屋內走出一位鬍鬚花白的老者，瞪著眼睛，劈頭蓋臉地將韓信怒斥一番：「小子！還知道回來？粮不粮，莠不莠，成年累月在外面鬼混，你母親被秦人痛打時，哪裡去了？你母親盼著你回來，眼淚都流乾了。你回來卻去釣魚，難道是一個孝順兒子？淮陰人從來沒有孬種，血債血償，要為韓母報仇！」

　　韓信也不答話，驚惑地睜圓了眼睛，惴惴不安地撲向小屋。透過昏暗的光線，發現已合上雙眼的母親被安放在草鋪上，嘴角血跡斑斑。他急忙上前抓住母親的手，本能地跪在地上，號啕大哭，撕心裂肺！韓母是韓信唯一親人，過早的死亡，令他措手不及，沒有太多的心理準備！

　　其實，我們並不完全知道韓信早年的相關活動，韓母被打一事只是一個傳說而已，而他的身世更是一個謎。但那個年代，正處於秦統一戰爭和秦末農民起義大爆發的動亂時期，反秦是時代固有色彩。秦的殘暴統治，

嚴苛的法度，無盡的徭役，舊六國的人們忍無可忍，摩拳擦掌。楚南公曾說過一句名言：「楚雖三戶，亡秦必楚。」

那麼韓信有個什麼樣的家庭，他的身世究竟如何？

韓信約生於西元前二三〇年。這一年，以秦國的紀年來計算，是秦王政十七年。他出生時，淮陰屬楚國東部的淮楚地區。秦始皇統一天下後，這裡便成為秦的泗水郡淮陰縣。因此，就韓信的出生地來說，韓信是當時戰國七雄之一的楚國人。不過從姓氏來看，在那個六國崩塌的年代，其姓氏還保留著血緣和身分的記錄，為官者以官為姓氏，士大夫以封地為姓氏，諸侯王族以國為姓氏。韓信姓韓，應該和戰國時韓國王室有一定的關聯。

韓母墓
二〇一六年十月，我們幾經周折，終於在淮安南一片楊樹林中訪得。
太史公司馬遷曾親臨淮陰，憑弔了韓母墓。

史書記載，韓信為平民時，家境貧寒，生活困頓，遍嘗了世態炎涼，他既窮又沒有錢，社會表現也不好，地方招募吏員時不被錄用。他不屑於經商，又沒有其他生活來源，經常吃上頓無下頓，但卻非常另類，常常掛著一柄寶劍招搖過市。可是，那個時代冶金技術並不高，鑄一把劍很不容易，也只有王族或者貴族才有能力和資格擁有。

史書有這樣的記載，韓信投軍滅秦後，是在一個無足輕重的職位上被推為漢大將的。登壇受命時，這個從未指揮過三軍的年輕人，見識高遠，

與漢王劉邦一番宏論，石破天驚，他的「漢中對」意義，遠遠超過了諸葛亮的「隆中對」。丞相蕭何稱韓信為「國士無雙」，「士」那時是指讀書人。這個評價非常高，在整個漢代再無第二人獲此殊榮。

韓信在戰略大局上，有精闢獨到的見解，在戰役的組織指揮和戰術運用上，也創立了許多新東西。在擊破趙國後，他告訴將士們，背水列陣就是《孫子兵法》所謂「置之死地而後生」的靈活運用，並大談春秋名人百里奚，「為虞計拙」、「為秦計巧」的用人道理。楚漢戰爭結束後，他還著書立說，在兵法的研究方面有很多獨創性，被稱為「謀戰派」的代表人物。班固《漢書·藝文志·兵書略》將韓信所著《三章兵法》，列入兵權謀十三家之一。

在戰爭實踐中，我們看到了韓信具有非凡的軍事才能和支撐這種才能的自然、人文、軍事等方面廣博知識。試想，戰國時期大混戰數百年，十室九空，白骨露於野，在一個歷史上文盲率極高的洪荒年代，當時字是刻在竹簡上的，普通人連識字的資格都沒有，誰能飽讀史書，擁有這麼高的文化層次？誰能掛劍上街，處處盡顯貴族遺風餘韻？恐怕這不是淮陰底層平民，僅憑頭腦一時聰明所能達到的境地，一定會和韓信早期貴族家庭教育有著極大關係。

然而，那時人們對韓信身世已不甚了解，史書上只有韓母而沒有韓父的記載，父親是誰，韓信有無妻兒親屬，似乎沒有人知道。巧婦難為無米之炊，司馬遷在〈淮陰侯列傳〉中，儘管提供了一些身世線索，也只是寥寥數語，一筆帶過，讓人浮想聯翩。這主要是因為年代較為久遠，人們記憶中的一些史實已經模糊不清。

事實上，關於韓信身世古代已有一種比較明確說法。中國傳統蒙學讀物、明代大學士李廷機所著《五字鑑·秦紀》中稱：「韓信乃韓國之後。」陝西省城固縣原公鎮韓家巷韓氏後裔保存的一部清道光二十五年（西元

一八四五年）刻本《韓氏宗譜》，對韓信的身世也有明確的記載：「韓氏本姬姓之苗裔，周襄王時，有食采於韓者，因以為姓焉……起世為晉卿，確有可考六傳。而與趙、魏二家三分晉地，化家為國，其傍支之子抱其宗譜以奔楚，兩傳而生（韓）信。（韓）信有雄才大略，文武足備，為古今名將……」同樣，近幾十年來國內陸續發現明天啟《淮安府志》、《鳳山縣誌》、《東蘭縣土司族譜》和當代不少版本韓信傳記多認為，韓信為落魄並胸有大志者，他的父親或為韓國襄王倉庶出二公子韓蟣虱之孫。

當時，韓國發生政變，留在楚國做質子的韓蟣虱沒有當成韓王，被迫留在楚國，等待恢復韓國貴族身分。可是不久，韓國就被秦國攻破，幾年之後，秦將王翦包圍了楚都壽春。身為韓國破落王族的韓信父親，和許多人一樣，為躲避秦軍的追捕，向江淮逃亡，輾轉途中散落在偏遠的古淮陰，其妻生下韓信。由於韓信特別懂事，又聰明過人，韓父從小教他熟讀《孫子兵法》，並被寄予反秦復國的厚望。可是，在韓信十來歲時，韓父被秦兵拉去修築長城，多年過去，一直杳無音信，生死不明。父親離開後，韓信由母親撫養成人，孤兒寡母，相依為命，過著非常貧窮的日子。

史書還記載，在韓母死後，韓信葬母明志，他在悲痛之餘，將母親歸葬於淮陰八里荒。八里荒在淮陰城東北，當時是個連狗都不去的大荒，大家吃驚韓信所為，一個糊塗小子，好笑而又狂妄！

秦漢時，人們十分講究風水，選好陰宅陽宅以利個人及家族的興旺發達。韓信自信地認為，現在自己雖很窮困，無錢厚葬亡母，但總會有發達的一天，空曠的大荒，正是一塊行營高敞的風水之地，放眼望去，將來可以置上萬戶人家為母親守墓。他在向人們傳遞出一種貴族世家東山再起的願望！

韓信葬母一事在淮陰引起不小的轟動，時隔七十多年後，司馬遷從長安出發，過長江，北涉江淮，親自來到韓信故鄉，追尋韓信年輕時的行蹤，故老們每每提及此事，但態度已經發生了根本轉變。

那時，韓信已成為楚漢爭戰中一位非常重要的人物，他以傑出的軍事才能，輔佐劉邦崛起蜀漢、席捲關輔，由弱變強，僅用四年時間，打敗了不可一世的西楚霸王項羽，為劉邦奪得政權立下了頭功，名聞海內，威震天下；他卻又因功高蓋主，被皇后呂雉謀殺於長樂宮鐘室，一個輝煌的人生換來了悲慘結局。

　　回首往事，面對著韓母墓，人們對司馬遷說，他們既同情韓信的人生遭遇，更尊敬韓信當年葬母所為，說他即使為一介平民時，志氣也是和平常人不一樣。

第三章　漂母救命的午餐

韓信葬母的舉動，鄉鄰議論紛紛。在非議聲中，唯有本鄉的南昌亭長還能體認。

秦朝地方行政建制為鄉、亭、里，亭長則是鄉村十里治理民事的公務人員，負責治安、捕盜、理民和管理停留旅客等事務。放到今天，相當於一個大鄉鄉長。應該說，南昌亭長是賞識韓信的第一個人。韓信小小年紀，與眾不同，莊重自然的神態，文雅適度的談吐，見識非凡。

寄食養士是春秋、戰國時的遺風，食客經常寄居權貴門下吃閒飯，往往伴有一定目的。秦王朝的暴政，天下或有大亂，民之不畏死，則大畏至矣，如果老百姓不怕死地想去造反，天下非出大亂子不可，交結一幫有用之人，留條後路才是明智之舉。南昌亭長力勸韓信去他家寄食。

韓母去世後，韓信在淮陰已是孑然一身，生活無著，於是一拍即合，決計先來南昌亭長家填飽肚皮。不過，亭長妻子開始還能沉住氣，時間一長她便著急了。韓信來了幾個月什麼事也不做，白吃白喝，家中就是一座糧山也會被大小子吃空。

婦女慣用的手法就是使臉色，不理不搭，但韓信似乎視而不見，每日照樣準時準點來蹭食。還算大度的南昌亭長不願公開得罪韓信，但也不能不順著憤怒的妻子。

一天清晨，當韓信匆匆來到他家就餐，走到飯廳時，見桌子上碗筷橫七豎八，狼藉一片。平時吃飯較晚，怎麼今天如此之早，通常不是這個樣子？韓信覺得蹊蹺，他走進廚房，見亭長妻子正在收拾殘羹剩飯、刮鍋洗碗，便問：「大嫂！沒有剩飯吃了？」

「今天來晚了，早飯我們在床上吃過了。」亭長之妻面無表情，看都不看韓信一眼。

　　韓信一下子明白過來，她家玩的是小人伎倆，在趕自己走！韓信滿腔憤怒，狗眼看人低！他眉頭頻蹙，想罵卻什麼都沒有罵出口。

　　《史記》在描寫時，用了四個字：「怒，竟絕去！」從此，韓信不再與南昌亭長家有任何來往。

　　現實的無情，日子的窘困是多麼難以想像的事情。俗話說：「民以食為天。」失去生活來源，又不會料理自己，吃飯就成了一個大問題。這也就引出了漂母濟食韓信的故事。

漂母祠

舊在淮安城東門內，明成化初年，遷於淮安西門，後移建於蕭家湖韓侯釣臺北側。
相傳，韓信早年曾垂釣於此，受漂母一飯之恩。西元一九八二年重建。

韓侯釣臺

淮陰多河流湖泊，是淮水中下游地區的水鄉澤國。自從離開南昌亭長家後，為了維持生計，韓信常常提著漁竿，來到城外淮水邊釣魚謀生，借此等待時機來實現自己成就大業的夙願。

這天已近晌午，午飯錢還沒釣到，面容憔悴的韓信必須在河邊繼續釣下去，希望能釣到幾條大些的魚。他強忍著飢餓，眼前卻金星直冒，天地旋轉起來，眼前一黑，一頭栽倒在河邊。

見韓信倒地，幾位漂洗絲絮的婦女連忙放下手中的絲絮，跑來扶起韓信：「釣魚的，怎麼啦？」少許，韓信輕輕地發出呻吟聲。見韓信臉色煞白，滿頭冒汗，嘴角淌出黃黃的、黏黏的水時，一個年長的漂母大娘恍然大悟：「哎呀！這孩子是餓昏了，快將罐子裡的稀粥拿來，快呀！」

大嫂從柳筐中的陶罐裡，倒了半碗粥湯遞過來。當聞到粥湯香味時，韓信嘴微微動了動。他覺得自己似乎從半空中飄來，一陣恍惚過後，聽到有人在呼喚自己，彷彿那聲音由遠而近，漂母的面龐漸漸清晰起來。

韓信揉了揉眼睛，便掙扎欲起，太餓了，他舉起陶罐，一口氣將剩下的稀粥喝光。

漂母笑了。

「漂」，南朝人宋裴駰《史記集解》引三國人韋昭的注解說：「以水擊絮為漂。」漂洗在當時是一個苦髒累的行當，賺不了幾個錢。據淮陰當地人介紹，這位好心的大娘，多年前從北方落難而來，丈夫和孩子先後死去，她逃難到淮陰城邊，幫城裡大戶人家漂洗絲麻葛絮。漂母姓什麼，叫什麼，沒有人知道。人們出於尊敬，都親切地稱她為漂母。

秦漢時王子王孫多失國，像韓信這樣淪落到社會底層，最容易勾起良家婦女的憐憫之心。漂母的日子也很難過，她好言安慰韓信，只要不嫌每天中午來這裡吃些粗茶淡飯，等日子有了轉機再離去。

韓信兩眼噙著淚花，翕動著嘴唇，在困頓中能得到漂母的幫助，他感

動得一時說不出話來。但他從漂母的神情中，讀出了慈母一番的關愛。

　　一晃幾十天過去了。一天中飯後，漂母對韓信說明天我就不來了，以後吃飯問題你要自己想辦法解決。

　　絕望中的一口，遠勝於出將入相時的一斗。韓信發自內心地說：

　　「謝謝大娘，韓信如有出頭之日，一定會用千金來報答您！」

　　咳！何出此言。漂母頭腦很實際，像韓信這樣沒有謀生的本領，餓著肚子也不肯放下身段工作糊口，真為韓信著急。她十分生氣：

　　「大丈夫不能自食其力，還說什麼千金報答？給你一口飯，救你一條命，是哀憐你這個王孫罷了，哪裡指望你將來的報答！」

　　漂母的話如同一記耳光，打在韓信臉上，強烈震撼著心靈，讓他羞愧得無地自容。但他明白漂母氣憤的含義，人不能只生活在理想之中，現實的每一步很重要。回想起自己辛苦一世的母親，對比著薄情寡義的亭長妻子，這是人世間真情的流露，是一個無私的人在為自己兒子點燃生活的信念。此刻，他含著淚水走近漂母，向漂母拜了幾拜，立起身來向遠方走去。

乾隆御碑
漂母祠、韓侯釣臺和乾隆御碑為一建築組群。
釣臺前聳立著一塊青石巨碑，碑上鐫刻著乾隆皇帝來淮所題漂母祠詩句。

　　「王孫」，用來尊稱亡國貴族後裔，後泛指貴族子孫，古時候也用來對人的尊稱。漂母稱韓信為「王孫」，可能是從另一個側面講出了韓信的

身世。漂母的「我是哀憐你這個王孫！」這句話，更是一直飄蕩在韓信耳邊，時時激勵著他重新規劃人生，不斷進取，去做出一番大事業來。後來發生的事實，也充分證明了這一點。

漂母濟食於人，不圖回報的大愛精神，不僅影響了韓信，也深深地影響了一代又一代的後人。

千百年來，人們將漂母與孟母、岳母並列，她們是婦女仁慈善良的典範，用母愛哺育了中國歷史上的三位傑出的人物。而漂母較孟母、岳母更顯偉大，教導自己的孩子是母親的義務，她卻將無私的母愛給予一位素不相識的青少年。

漂母美德也備受世人景仰。李白、劉禹錫、韋莊、蘇軾、黃庭堅、王安石、張耒、梅堯臣、楊萬里、曹雪芹等文化人，多有詩文對漂母一飯之恩的讚頌。

歷朝官府在江蘇淮安境內，也紛紛建祠樹碑築塔以示褒揚。漂母祠、韓侯釣臺、韓侯祠、漂母墓、韓母墓等人文景點，至今仍以其獨特的魅力，吸引著四方遊人前往觀瞻。

第四章　胯下之辱合兵法

　　淮陰城是沿淮城市，也是最早意義上的運河城市。

　　淮陰末口的開鑿，是中國水利史上一次革命，從那時起，東西走向的長江與同樣東西走向的淮水，在這古老的原野上挽起手臂，襟吳楚，帶淮泗，成為溝通南北方的重要通道。

淮安老街
河下位於淮安城西北、邗溝入淮處，有著兩千五百多年的歷史。
踏步老街，細數古巷，追尋那曾經的歲月，古城風貌依稀可見。

　　秦並六國後，苦於秦法嚴苛，北方韓、趙、魏、燕、齊等地的亡國之民，不斷跨過這道門檻，逃難到秦統治力相對薄弱的江淮腹地。秦帝國為了便於南北運兵輸糧，集散管制，於秦王政二十四年始設淮陰縣。到二世初年，十多年時間，新建的淮陰城（一說在原「甘羅城」基礎上）已具規模，市井雖不算太大，但頗為熱鬧繁華。

　　韓信在淮陰的日子並不好過，離開了漂母，常常躑躅於淮陰街頭。

　　沒有了家，沒有了親人，八里荒葬母風波，亭長妻下逐客令，難堪的情景時時襲上心頭。他不安於現狀，不知道怎麼辦，又覺得世道不應是這樣，孤獨、貧困、屈辱的日子哪一天才是盡頭？此時，他不僅忍受著生活

上的巨大壓力，還時常忍受著淮陰「惡少年」們的欺凌。好事不出門，壞事傳千里，一次胯下受辱的風波，更使他成了家喻戶曉的笑料，從此「胯夫」惡名，竟在中國歷史上廣為流傳。

但有一點可以確認，韓信一定是個讀書人，是個老實人，做人做事都是有原則的。只是韓信太過卑微，當時幾乎沒有人能夠體會到這一點。他雖然貧困到四處乞食的地步，依然非常有骨氣。南昌亭長欣賞他，供他飯吃，但一旦發覺亭長之妻對他心生厭惡，就怒而竟絕去。漂母對他有一飯之恩，他要富貴後千金相報。被司馬遷稱為「屠中少年」當眾凌辱他，他寧可忍受胯下之辱，也不做無謂的犧牲。

「胯下之辱」事件是怎麼發生的呢？

那一日，一幫紈絝子弟在城裡碰到了彷徨中的韓信。他們都認識韓信，也都瞧不起韓信。一個吃不上飯的窮小子，混得形如乞丐，偏偏裝成一副斯文的樣子，拖著長劍招搖過市，今日非要教訓這個不知好歹的傢伙！

他們便來到橋頭，攔住韓信的去路。其中屠夫少年，徑直走到韓信面前：「就你也敢配劍，老子早就看你不順眼，有本事就拔出劍來比試一番！」

韓信臉上並沒有什麼表情。

見圍觀的人漸多，屠夫少年越發驕橫：「你不是男人？不怕死，就舉劍刺我，我不動手，你敢不敢？來吧！」

韓信仍一動不動。刺死一個屠夫，易如反掌，舉手之勞，可殺了一屠夫算得上什麼英雄：「不！殺人要抵命。」

「不要抵命，你倆當著眾人立下字據，死活無關，敢嗎？」、「韓信！你是個男人就殺了他！」一幫人在起哄。

見韓信隱忍地低下了頭，屠夫少年又是一陣狂笑，此人不過是一個沒

有用的破落王孫：「人說你是淮陰大英雄，鬧了半天，也不過是鼠膽雞腸的懦夫！」

又見韓信欲走開，他變本加厲，胯開雙腿，站在橋頭，指著韓信說：「別走！要走也行，那就從我胯下鑽過去，我就饒了你！」

韓信心如刀割，滿頭冒火。從小到大遭受不少人世間的嘲弄和蔑視，但在大庭廣眾之下受到這般汙辱，還是頭一回。他的右手向左移去，緊緊握住了劍柄。

見狀，屠夫少年喊道：「韓信！有本事就把劍拔出來！」

這是一個艱難的選擇，要不要殺死屠夫少年，韓信掙扎得非常激烈。他的手漸漸地沁出了汗，眼光中透出一絲殺機射向屠夫少年，屠夫少年為之一凜。

這時，滿街的人都在喊：「殺了屠夫！韓信！要有本領的話，就殺了屠夫！」

這一喊，反而使韓信冷靜下來。

屠夫少年並非真心打架，只是有意侮辱自己。如果比武，我是餓漢，未必能贏，即使贏了，也將伏法償命，難免一死。不知今日情況的人，還以為我智慮窮盡，怒殺屠夫，只圖一時痛快。其實，死還不是一件容易的事，活著去達成心中使命才是光榮的。苦心人，天不負，有志者，事竟成，絕不能為眼前的這一點恥辱斷送自己滿懷抱負的一生，將來總有一天一定會讓屠夫知道自己錯了，要讓屠夫看到我的成功，要讓淮陰人知道到底誰是懦夫！

想著想著，韓信的目光漸漸平和下來，理智戰勝了衝動，右手也離開了劍柄。

「哈哈！害怕了嗎？」屠夫少年見韓信不吭聲的樣子，輕蔑地說：「韓信，你害怕就從老子褲襠下鑽過去吧！淮陰自古是藏龍臥虎的地方，哪容

你小子裝腔作勢？快鑽吧！」

「屠夫！你會後悔的。」韓信說。

「老子整日殺豬宰狗，從不知道什麼叫後悔！老子腿都叉痠了！你到底鑽不鑽？」屠夫少年哈哈大笑。

「忍了吧！」於是面對屠夫少年的羞辱，韓信拽起長襦，俯下高大的身子，四肢並用，慢慢地從那個屠夫少年的褲襠下鑽過，起身後悻悻離去。

「孬種！孬種！怎能像狗一樣爬過去，丟人現眼，淮陰還從來沒有見過這樣不要臉的人。」、「奇恥大辱！胯夫！胯夫！」街市上圍觀的人群，原以為韓信會拚命的，卻看他鑽屠夫的褲襠，那些同情他的，要弄他的，看熱鬧的，有人搖頭，有人哄然大笑，有人喝著倒彩。

平心而論，能忍受胯下之辱的有兩種情況。一種是苟且膽怯，為了逃命，好漢不吃眼前虧，自知形隻影單，硬拚肯定吃虧。一種以屈求伸，忍辱負重，把憤怒藏在心底，忍一時之忍。對韓信來說，估計當時兩種情況都有，主要是第二種，在眾人威逼之下，經過思考不得不做出的選擇。

胯下橋
淮安人文薈萃，古跡眾多。
相傳韓信年少時，曾受辱此地。
清同治年間重修。二〇一七年秋被狂風吹倒，
現已在原址重新修復。

宋代大文豪蘇東坡在〈留侯論〉中的這段話，或許可以為韓信做個很好注解。東坡居士寫道：「古之所謂豪傑之士者，必有過人之節，人情有所不能忍者，匹夫見辱，拔劍而起，挺身而鬥，此不足為勇也。天下有大勇者，卒然臨之而不驚，無故加之而不怒，此其所挾持者甚大，而其志甚遠也。」匹夫見辱拔劍而起，這就是普通人，受到一點侮辱後，第一反應就是拔刀子動拳頭。真正大智大勇的人，突然遇有一事，神色不變，即使別人無緣無故把一個罪名加在你身上也不動怒，忍才是強者具有的品質！

　　然而，苦難是對一個人最大的磨練，但過早的經歷苦難，也會給人帶來一些不良影響。由於韓信不是跟泥土打成一片的人，在淮陰瞧不上幾個人，現在受到市井無賴欺負時，也沒有朋友站出來相助。這樣的成長環境，生活上極貧乏，精神上極高貴，容易形成特殊志向，讓他比常人更加堅強，更加追求個人功利思想和樸素的報恩情感，也更加希望出人頭地。

　　淮水之濱，寒風吹動著韓信的長髮。

　　望著滾滾東去的淮水，他多麼盼著一場狂風暴雨的來臨！胯下之辱雖然忍了，但他從心底感到羞愧，但一報還一報，又有什麼意思？不能再這樣下去，該是離開淮陰的時候了。

第五章　亡秦歲月二三事

秦二世元年（西元前二〇九）秋，風雲驟變。九百名到漁陽守邊的戍卒，不堪忍受秦王朝的暴虐，在陳勝、吳廣兩位豪傑的帶領下，揭竿舉義，起兵抗秦。

陳勝他們的這把火，如同投在乾柴堆裡，大火從四面八方熊熊燃燒起來。

許多被秦滅掉的六國舊貴族趁機而起，先後建立了齊國、趙國、燕國和魏國。還有一些久蓄大志的豪傑也紛紛起來，擁兵自立。彭越起兵於昌邑，武臣起兵於趙地，英布和吳芮起兵於番陽，朱雞石等人起兵於淮上，沛人劉邦率沛中子弟攻下了沛縣城。在江東，逃亡於會稽郡的項梁、他的侄子項羽也已起兵，聲勢浩大，成為東南方反秦義軍中一支重要的力量。

項梁，戰國末期名將項燕的兒子，項燕曾擔任楚國滅亡前的楚軍統帥，為人忠直，熱愛士卒，善於用兵，多次挫敗秦軍，最後被秦將王翦殺死，楚國也隨之而亡，楚國民眾十分懷念他。項梁、項羽殺得會稽（今江蘇蘇州市）郡守殷通，樹起了「反秦復國」的大旗，訓練吳中子弟，積極尋找機會投身反秦戰場。

韓信的家鄉附近，作為楚民聚居地，反秦聲勢也是一浪高過一浪。南部大澤邊徐縣（縣治沒入洪澤湖中）人丁疾聚眾舉義，率領義軍渡過淮水圍攻東海。泗水南凌縣（今江蘇泗陽縣城北）人秦嘉，率義軍圍攻東海郡守於郯，逼迫郡守投降，並進軍占領了彭城。西邊東陽縣官吏陳嬰也聚眾兩萬人起兵。

古淮河

當地人習慣的稱為「廢黃河」，因黃河奪淮後，古淮河淮安段反而成了黃河的一條支流，正因為如此，稱之廢黃河也就不奇怪了。

淮水是中國南北分界河流。秦國都城在西部咸陽，從淮泗口北上，將進入淮北的泗水、沂水和濉水地區，秦楚戰爭的初期主要在這個地區的泗水郡和東海郡展開。

這時，陳勝的部將召平來到會稽，假傳陳王將令，封項梁為楚國上柱國（戰國時楚國職官，位極尊寵），要項梁趕快率兵渡江北上同秦軍展開決戰。項梁、項羽的家鄉下相（今江蘇宿遷市）就在淮水北岸，於是項梁答應召平請求，帶領八千吳中子弟，北渡長江，開始了打天下的日子。

項梁義軍從江蘇鎮江過長江，北行大澤，西進淮陰縣來了。有格局的項梁並沒有急於渡過淮水，而是在淮陰停駐一月，收編了陳嬰兩萬多東陽軍。他的想法是，彙集淮泗和山東地區的反秦力量，聯合西進滅秦。

令人費解的是，外面的戰爭如火如荼，淮陰怎麼一點風聲都未有所聞？

淮陰是北上南下的唯一咽喉通道，過淮陰的人和隊伍一定很多。只有兩年零五個月的秦楚戰爭，韓信卻有近八個月時間在淮陰一動不動。平日掛著一柄寶劍，將帥情結特別重的一個人，如今風雲際會，豪傑競逐，怎

麼會無動於衷？原因只有一個，他在等待機會，現在這個機會終於來了，項梁將軍正是自己屬意的人物。

在向韓母墓肅立致意後，二十三歲的韓信帶上那柄時刻不離身的長劍，跟隨著項梁的隊伍，離開淮陰，北渡淮水，投身到推翻暴秦的大革命洪流中去了。

此時義軍正需要人，韓信沒有能力拉上一支隊伍，他的性格也不會有人願意追隨他，只是一人一劍投奔到項梁軍中，但項梁對這位人高馬大的淮陰同鄉，頗有好感，也知道了韓信的一些身世，雖非作為特殊人才對待，也算恩遇，將韓信直接留在自己的警衛軍中，擔任侍衛兼儀仗兵──執戟郎。

項梁渡過淮水，迎來了四方回應。英布、蒲將軍柴武以兵歸屬。居巢（今安徽巢湖）人范增、伊蘆（今江蘇灌雲縣東）人鍾離眜、沛公劉邦等人，也紛紛前來投奔。擊殺了自立為楚王的景駒和秦嘉，攻取了襄城，這支以江東八千子弟為根本，合併整編後的項梁軍已達六、七萬人。

歷史是多麼巧合，在項梁的旗幟下，秦漢之際最為關鍵的三個蘇北人項羽、劉邦和韓信，就以這樣的方式不約而同地登場了。

這時候項梁得到正式消息，陳勝、吳廣等幾個大澤鄉起義領袖已相繼死亡。他審時度勢，接受范增的建議，恢復了故楚國，為迎合百姓，仍立楚王的後人熊心為「楚懷王」，陳嬰為上柱國，與懷王都盱眙。項梁自號為武信君，范增為軍師，與秦軍展開決戰。作為親近侍衛的韓信，從此緊緊跟隨著項氏叔侄，經歷了楚軍每一個重大事件，參加了每一次重大戰鬥。

項梁首先帶兵冒雨攻克了戚縣，進攻亢父，和齊國田榮、龍且二人合兵救東阿，大破秦將章邯，迫使章邯收拾敗兵，退守濮陽。

在項梁的麾下，最充滿活力、最受擁護的就數項羽、劉邦兩支隊伍。

按照項梁的要求，他們放棄了濮陽，轉而率軍攻定陶，急行軍二百多里，突然襲擊雍丘，大破秦軍。項梁則引兵自東阿向西進攻，又在定陶大敗秦軍。

然而，一連串的勝利，眾將士對項梁崇敬萬分，使得一直謹慎的項梁滋生了驕傲情緒，自以為章邯秦軍沒有多大的戰鬥力，踏破秦關已為時不遠。於十月底，在一個「三月不見星」的暴雨夜，伺機報復的章邯，趁項梁麻痺，大破楚軍於定陶，項梁不幸被秦兵斬殺！主帥一死，楚軍大亂，大多數士卒在混亂中被殺，倖存者倉皇逃去！

項梁雖死，侄子項羽猶在。戰鬥中的韓信，雖僥倖逃過一死，但他目睹了將亡兵潰的慘狀，他和他的戰友們轉歸項羽，隨即參加了楚秦鉅鹿大戰，發誓要與秦軍戰鬥到底。

秦將章邯擊破項梁之後，突然帶著二十萬秦軍北渡黃河，轉攻趙國。楚懷王熊心下令兵分兩路，一路由沛公劉邦直接西進關中滅秦；一路由上將軍宋義、次將項羽、末將范增統領二十萬楚軍，救援危在旦夕的趙國。可是，當宋義進抵安陽時，卻下令安營紮寨，不敢前進，坐視秦趙相鬥，並在連天的秋雨中，停留四十六天。在一次爭吵中，被激怒的項羽一不做二不休，手起劍落，將宋義的頭顱砍了下來，代替了楚國上將軍職位，奪得了楚軍指揮權。

楚人與秦人生死大決戰的時刻到了，唯有用熱血和生命來賭一把楚國的明天！

過了黃河後，項羽既激動又冷靜，他傳令軍中：「砸碎釜甑，鑿穿戰船，只保留三日的糧食，如不能戰勝，就只有死！」隨著決戰令的下達，已瘋狂的楚軍將士無不以一當十，奮勇爭先，叱吒風雲，秦軍驚駭萬分。經過三天九次激戰，殺死秦大將蘇角，生俘王離，涉間自焚而死。秦王朝主要的軍事力量被推毀，扭轉了整個戰局，楚軍大獲全勝！二十五歲的項

羽成了大革命舞臺上的中心人物，救援趙國的所有諸侯軍隊都無條件歸屬其麾下，一戰封神，也由此確立他在反秦義軍中的領袖地位。

不久項羽斷然渡河，揮軍再擊漳水的重要渡口三戶，大敗秦軍汙水之上。當秦軍鉅鹿大敗後，消息迅速傳來，秦廷上下十分震驚！暴怒的秦二世嚴責章邯的失誤。戰也是死，不戰也是死。章邯陷入了無法解脫的境地，走投無路的章邯率軍遂向項羽投降。

遺憾的是，關於韓信在鉅鹿之戰中的活動，由於史書的失於記載，我們幾乎一無所知。可以肯定他不是武勇者，難有披堅執銳，搴旗斬將之功，還需要時間磨練，收獲的只是一個戰士的成長、經驗和教訓。

第六章　韓信以策干項羽

冬天來臨了，河北平原上枯枝滿布。

項羽打敗秦將章邯後，率領著諸侯聯軍四十萬人，列陣不停地向西撲向關中。為安撫秦降將，他任命司馬欣為上將軍，統領原秦卒二十萬，跟隨聯軍進發。

是時，韓信已被項羽任用為郎中。秦漢郎官中有中郎、侍郎、郎中等，負責執戟宿衛殿門，故稱執戟郎，即一名侍衛武官。《續漢書·百官志》曰：「凡郎官皆主更直執戟。」《漢書·百官公卿表》：「郎掌守門戶，出充車騎，有議郎、中郎、侍郎、郎中，皆無員，多至千人。議郎、中郎秩比六百石，侍郎比四百石，郎中比三百石。」

從無名的執戟郎，到有身分的執戟郎中，對一個尚沒有取得軍功戰績的人來說，已經是很不錯的待遇了，而且執戟郎中是個尊崇的職務，參與謀議，執兵宿衛，並經常伴隨在項羽、范增等楚軍最高層的左右。

韓信對項羽的全面了解和認識也是從轉投項羽後開始的。

項羽名籍，字羽，生於楚幽王熊悍五年（西元前二三三年），出生地在楚國東部的下相。他自幼跟隨叔父項梁長大成人。年少時，項梁曾有意識教他讀書，可項羽學了沒多久便厭倦了，又教他學劍，沒多久又不學了。項梁大怒，項羽卻說：「讀書識字足以記名姓而已，學劍也只能敵一人，不足學，男子漢大丈夫，當學敵萬人的本領。」項梁非常吃驚侄兒的志向，於是便教他學兵法。但學了一段時間後，他又不願意學了，項梁只好任由他去。後來，項梁因殺人罪案受牽連，為了躲避仇人，帶著項羽一起逃亡到江東會稽避禍。秦始皇遊覽渡浙江，項梁和項羽一塊兒去觀看，項羽卻說：「那個人，不過如此，我可以取代他！」項梁急忙捂住項羽的嘴巴。

項羽雖年少輕狂，但力能扛鼎，氣魄超凡，堪稱中國歷史上最強的武將。古人對其有「羽之神勇，千古無二」的評價。陳勝、吳廣等九百餘人在大澤鄉舉義後，項梁積極回應，在會稽成功地發動政變，自立為郡守，項羽做將軍。這一年，項羽二十五歲。從此，他帶領八千子弟，過長江，進淮陰，屠襄城，戰定陶，破鉅鹿，征戰連連，殺伐謀斷，叱吒風雲，天下罕有敵手。

讓人不可思議的是，這個強悍的漢子，最初給人們的印象卻是十分柔和的。他為人恭謹，言語溫和而親切。定陶慘敗後，韓信與潰逃的數十名倖存者，幾經周折來到彭城投奔項羽，項羽來到每人面前噓寒問暖，還將他的飯食拿給傷患吃，歸來的士卒看到這個場面，沒有不感動得落淚的，連一些負傷累累躺倒在地的士卒，都支撐著病軀爬起來向他敬禮。

其實，過早地邁向人生輝煌，也並不是什麼好事，面對亢奮之中的項羽，韓信有說不出的感覺。

項羽年輕氣盛，獨具世族大家的豪邁，是一位不可一世的軍事天才，但過於沉迷於征伐，忽視人心，政治上還很稚嫩。一年前，項梁死後，楚懷王熊心和幾位楚軍老將都認為，項羽性情勇猛剛烈，桀驁不馴，一路上經常掠地屠城，濫殺無辜，西去關中滅秦，不能以暴易暴，如有義師前去，告諭三秦的父老，才能得到他們的擁護。而沛公劉邦則是繼項梁之後，楚軍中一位重要的實力派將領，讓劉邦去更為合適。劉邦原是秦泗水亭長，四十六歲那年，趁秦末天下大亂之機，聚集數十個願意跟隨著自己的壯士，後來得到友人蕭何、曹參、樊噲等人的幫助，占據了沛縣城。他雖是一個北方大爺式的人物，常弄幾杯小酒，好一些女色，耍些不大不小的流氓，但他了解民眾疾苦，為人寬厚，懂得用兵之道在於人心，注意整頓軍紀，約束部下，不殘害百姓，是一位善聽建議、睿智與大度集於一身的人物。如今，項羽在血戰中原之際，劉邦遇到的只是秦國地方守軍，走的又是捷徑，前些日子得到消

息，他們用避實擊虛的辦法已取下中原重鎮陳留（河南開封境），照這樣下去，他們會不會捷足先登搶先占據關中為王？

關中是指陝西中部秦嶺以北，子午嶺、黃龍山以南，隴山以東，潼關以西的區域，也就是戰國末秦的故地。

鉅鹿之戰前，為鼓勵作戰，楚懷王曾與諸將約定：「先破秦入咸陽者王之。」誰先攻入都城咸陽，就封為關中王，項羽、劉邦二人都雄心勃勃，志在必得。

令人十分擔憂的是，項羽面對著秦軍的主力，是一場生死惡戰，若在鉅鹿大戰後，楚軍及時撤出戰鬥，章邯聞聽劉邦西進，勢必回師援救咸陽，劉邦也就困難了。但他沒有休戰，前後和章邯糾纏了八個月，尤其是在秦將王離投降之後，預定任務已經完成，沒有必要在漳水邊和章邯大戰六個多月。

現在的項羽，完全看不到問題的嚴重性。他以為楚軍士氣旺盛，無堅不摧，料定將如攻克鉅鹿一樣長驅關中，劉邦雖有兩、三萬人馬，都是一些烏合之眾，不相信劉邦會成為自己爭霸天下的對手。他甚至連一支幾千人的精幹隊伍也沒有搶先向咸陽方向派去。

事實上，正如韓信等人預料的那樣，搶奪關中王位已是劉邦理所當然的目標，而項羽的纏戰，吸引了秦軍主力，劉邦乘虛而入，坐收漁翁之利。

去年五月，劉邦從彭城出發後，馬不停蹄，先在碭郡召回一些舊部，又收攏陳勝、項梁散兵游勇，由碭郡出發，經成武、栗邑，遇彭越，一起向北襲擊昌邑，戰不利，聽從陳留人酈食其建議，轉攻陳留，繼而攻南陽。此前，浪跡江湖多年、以復國為使命的韓人張良，已取下韓國十餘城。在張良的協助下，劉邦又迅速平定了韓國全部地盤。沿途城邑，見了劉邦隊伍不搶掠、不燒殺，紛紛歸降，大軍所到之處，沒有拿不下來的城

池。接著，用張良計，劉邦派酈食其和陸賈去遊說秦將，用利誘惑，乘秦將懈怠，成功突襲武關，率軍進入關中地區，咸陽一片恐慌！

當時，正值秦國發生內亂，趙高沒有什麼軍事才能，只是一個陰謀家，他見秦朝大勢已去，派人逼二世自殺。作為一個過渡，趙高便推出公子嬰。子嬰又利用在廟堂上舉行即位儀式的機會，殺了趙高，滅了他的三族。子嬰主動去掉帝號，改稱秦王，企圖瓦解義軍的攻勢。

在此前後，項羽卻昏著迭出。當進軍至新安（河南澠池東）附近時，更是發生了一起駭人聽聞的坑殺事件。

這時，秦軍中有人密報，章邯、司馬欣、董翳三人雖已歸降，但他們部下不甚誠服。兵卒們私下竊語：「章邯誘騙我們投降，楚軍如能攻入函谷關，西破秦國，當然很好，而函谷關險，易守難攻，倘若戰而不勝，上將軍一定會將我們俘虜到楚地，我們父母妻子也將為自己的叛秦投楚而被二世皇帝殺掉。與其獲罪朝廷，不如現在逃跑，或者索性反楚。」

項羽無法坐視，以秦卒二十萬之眾，一旦造反，氣勢和力量都是驚人的。如今楚軍都快到關中了，秦卒若要暴亂，這個後果實在不堪設想。項羽定下了決心，要絕後患。只留下降將章邯、司馬欣和董翳三人，但不讓他們和部下接觸，至於兵卒，全部坑殺！

見此狀，韓信等人悚然不安。

自古以來，不殺降卒，況且要坑殺二十萬之眾！對秦人誰沒有家仇國恨，但要想一想，二十萬被繳了械的秦軍將士，一概被坑殺於山谷之中，那是一種什麼樣的慘狀，又是多麼可怕的場面。當年秦始皇用這種酷刑，坑殺四百六十余名儒生於咸陽，引起天怒人怒。如今一報還一報，楚軍再坑殺二十萬降卒，後果恐怕更為可怕。秦卒如果戰死，不會有人記恨，如今歸降，無故為楚軍殺害，他們父母、他們妻子兒女莫不悲痛欲絕，要樹多少仇敵？這將大大地有損於上將軍項羽的品德和聲威，失去天下人心。

項羽行事堅決，他讓英布、蒲將軍等人，待楚軍進入山谷地帶後，劃定降卒露營死地，將他們全部活埋！

這場殺戮讓韓信刻骨於心，這與五十四年前秦將白起坑殺趙軍四十萬人一樣，為秦漢史上觸目驚心的大屠殺，只是六國對秦施暴者易位。後來韓信與漢王劉邦在漢中對談時，念念不忘，憤憤提及。或許，正是這一連串的事件引發了韓信與項羽的衝突？

項羽大約比韓信長兩歲，與老到的項梁相比，或許，年輕人之間會有更多的共同語言，韓信力求抓住進軍機會，多想在途中為項羽出謀劃策，保衛同樣年輕的項羽。然而，史書上說，「數以策干項羽，羽不用」。是說韓信多次嘗試用自己的謀劃影響項羽，卻得不到項羽賞識。也就是說，在兩年多的滅秦戰爭中，被後人譽為「兵仙」、「戰神」的韓信，一無建樹，錯失了人生重大的機會。

第七章　不得不說鴻門宴

當項羽經過十個月苦戰，挾持著擊破秦軍主力的餘威，來到了函谷關下時，分別以項羽和劉邦為領袖的兩支抗秦軍隊，終於在咸陽郊外相遇。

這時候，劉邦已經搶先進入了咸陽，繼位不久的秦王子嬰，自知無力抵抗向劉邦請降，盛極一時的秦王朝至此而亡。隨即，劉邦傳令下來，封閉關口，不論是誰一律不准進入。

「有誰敢擋者，殺無赦！」項羽得到消息後，橫槊下令攻關，頃刻之間，三軍應聲而出，關門在重木衝擊下被撞開，楚軍如潮水般湧入函谷關，守軍望風潰逃。項羽軍一路衝殺，次日下午便來到戲下鴻門（陝西臨潼東北）。

更讓項羽憤怒的是，傍晚劉邦左司馬曹無傷密使求見，說劉邦到咸陽後，打算自立為王，讓投降的秦王子嬰為相，秦宮府庫中的珍寶，一律據為己有。

項羽認為，當初劉邦起事迭遭失敗，連部屬雍齒都背叛了他，是叔父項梁給了四千人馬，使他在失敗中走向成功，劉邦現在的行為，是公開與我為敵，純屬忘恩負義，就是自己稱霸路上的大敵！在謀士范增的建議下，他傳令眾將：「明日拂曉飽飼三軍，擊沛公軍於灞上！」

此時，項羽有兵四十萬，號稱一百萬，駐紮在鴻門，劉邦有兵十萬，號稱二十萬，駐紮在灞上。兩支反秦盟軍，一場血戰，就將在眼前展開。

就在這時，因發生一意外事件而改變。

月夜楚左尹（左軍司令）項伯坐臥不安，他是項羽小叔父，早年曾因殺人，藏匿在下邳張良那裡，兩人成了生死之交。鴻門與灞上兩地相隔不遠，項伯忠於友情，來到馬廄牽出快馬，一路直奔劉邦大營去救張良。

張良，字子房，韓國城父人。他的祖父和父親「五世」擔任韓國的丞

相。年輕的張良還沒來得及在政壇上展露身手，韓國已被秦國所滅。韓國滅亡後，年輕氣盛的他和項羽、韓信等人一樣，都是咬牙切齒的復仇者。當時家裡還有僮僕三百，資產萬金，他將所有的錢財都用於尋求刺客上。後來終於找到一名大力士，鑄造了一把一百二十斤重鐵錘，他們乘秦始皇東巡，埋伏在陽武西南博浪沙阻擊，可惜誤中副車，謀刺未遂。張良隻身逃到下邳潛藏起來，精研十年奇書，成為有漢一代大政治謀略家。

張良知道事態嚴重，他竟拉著項伯來拜見劉邦。劉邦是個很現實的人，一下子驚醒過來。楚懷王熊心雖有關中王約定，但兩軍力量懸殊，無力同項羽抗衡，關中王人選最終並不能取決於熊心，現在除了屈服項羽之外，別無其他的選擇！長袖善舞是劉邦拿手的絕技，他極力拉攏項伯，親自為項伯設宴祝壽，讓兩家結為兒女親家。他還解釋說這是一場誤會，答應親自去灞上向項羽請罪。這樣做的目的是透過項伯給項羽傳遞一個說法。

在閱讀經典史書尤其是《史記》時，前後連繫起來，會讀出一場大戲的感覺。

項羽的劇本是，只要劉邦讓出關中王位，並不想置劉邦於死地。他的頭號謀士、戰略家范增等人的劇本則是，劉邦一定會是爭奪天下道路上的最大勁敵，必欲先除之以絕後患。歷史不能假設，但可以存疑。當時，人們也不認為項、劉之間的矛盾不可調和，項羽與殺害叔父項梁的秦將章邯都能握手言和，與同為義軍兄弟的劉邦為什麼不能呢？兵不血刃地進入關中，對項羽軍最為有利。項伯去見張良，會不會是項羽有意讓項伯去透漏風聲的呢？

韓信是一個中下級武官，無法得知、也無法了解到整個事件的情況。

他雖處於大革命中心舞臺的中心，得到了很好的磨礪，成長迅速，獨具眼光和敏銳的洞察力，但他常常苦悶於無人賞識。他思考的一些問題，

提出的一些問題，一定會為形勢發展所證明。不久前，韓信已被提拔為執戟郎中，官升一級，負責軍營大帳護衛工作，見證了楚軍歷史上許多重大事件，親歷了與時代一起的蕩氣迴腸，也算是不幸之中的大幸。

鑼鼓已經敲響，雙方主角項羽、劉邦，配角范增、張良、項伯以及項莊、樊噲等人，一一登場，殺機四伏的「鴻門宴」，就在這樣緊張的氣氛中拉開了帷幕。

「傳沛公劉邦進帳！」清晨，傳出一聲響亮而肅殺的聲音，沛公劉邦戰戰兢兢與謀士張良通過夾道衛隊，向項羽的中軍大帳走來，紀信等百餘隨行將士被擋在外邊。

只見，劉邦隨張良進入了大帳，他快步走到項羽座前，低頭垂目，謙恭地向項羽跪拜道：「劉三不知上將軍入關，有失遠迎，今日特來登門謝罪，望上將軍海涵。」

項羽欠了欠身體，語氣驕矜，冷笑地問道：「沛公也曉得有罪嗎？」

劉邦微微一怔，很快地平靜下來：「請上將軍容我表明心跡。當初劉三與上將軍同約攻秦，患難與共，情同手足，上將軍戰河北，劉三戰河南，雖是分兵兩路，然而上將軍在鉅鹿大破章邯，名震天下，劉三仰仗上將軍神威，西進途中，才僥倖先行進入關中。入咸陽後，劉三考慮秦法殘酷，民不聊生，不得不破除苛法，與民約法三章，此外毫無更改，目的是穩住人心，真心誠意地等待上將軍前來登上關中王位。上將軍未來之前，我只好派兵守關，防備盜賊。不想上將軍來得如此迅速，未能及時打開關門，劉三之罪也！我與上將軍的友情也不是一兩天，我想，今日有幸見到上將軍，坦承真情，一定是有小人從中挑撥，離間劉三與上將軍的關係，才使上將軍對我產生誤會。望上將軍能原諒。」劉邦一邊說著，一邊落下淚來。

項羽聽到劉邦這番申辯，與項伯所說大致相同，怒釋怨無，也認為錯怪了劉邦。他當即起身下座，攙住劉邦，讓人擺酒上菜，設宴款待劉邦

一行。

以劉邦能力，忽悠一個年輕人項羽不在話下，但坐在身旁的范增卻不是好對付的角色。范增雖年過七十，為了抗秦，他先投項梁，後依轉項羽，在許多重大戰略行動上，表現出卓越的才識，被項羽尊稱為「亞父」。

范增十分清楚劉邦的為人。以前在沛地時，劉邦嗜酒好色，貪饞張狂，現在，他乘虛入關進咸陽，卻變得道貌岸然起來，秦宮的美女一概不要，封存府庫，嚴格軍紀，並派軍封鎖了函谷關，可見關中王位，並不是他的非分之想，他更要攫取的是普天之下。劉邦是個演戲高手，項羽日後絕對玩不過他，十年苦戰也未必能夠彌補！宴席間，范增數舉所佩玉玦，暗諭項羽速下決斷，殺死劉邦，項羽全然不予理睬。

這可急壞了范增！他不在乎項羽真實的想法是什麼，他竭盡全力輔佐項羽，只是為了故人項梁的那份情誼。他不得不使出最狠，也是最無奈的一招，派項羽的堂弟項莊直接進入大帳，讓項莊舞劍助興，趁機殺掉劉邦。

劉邦見項莊舞劍，劍鋒直指自己，知道項莊是衝著他來的。張良也看出了其中門道，他能文卻不能武，只好用眼神求助項伯。

項伯會意便離席，拔劍與項莊對舞起來，甚至有時用身體攔阻。萬萬沒有想到，一場范增策劃的擊殺行動，就這樣被劉邦「親家」項伯攪黃了。這也就是「項莊舞劍，意在沛公」成語故事的由來。

不久，劉邦藉口如廁，叫上駕車的夏侯嬰等人偷偷地溜出了楚軍大營。

「粗人！」韓信目睹了這一切後，心情十分複雜。劉邦、項羽及范增鬥智鬥勇的過程，他們各懷鬼胎，各有圖謀，強悍的一方竟沒有達到目的，弱勢的一方反而獲勝，根本的原因是劉邦利用項羽政治上的不開竅，一番表演，騙取了項羽的信任，不經意翻轉了歷史。

此刻，韓信對登上鴻門大舞臺的各路英雄有了初步了解，對項羽、劉邦二人也有了新的認識。

項羽雖有敢作敢為的大氣量，不在乎世俗評價，剛毅豪邁，英勇無敵，對任何事，只要下定決心，必定抱持極強的信念，克服困難，敢戰必勝。但他過於偏激，目光短視，缺乏謀略和視野，缺少忍耐之心。在章邯率部歸降，他不是對秦卒善加督導，反而怕其暴動，坑殺二十萬之眾。劉邦西進咸陽的勝利，在項羽眼中，不過是投機者的勝利。

鴻門有四十萬大軍，力壓劉邦十萬之眾的重大關頭，他見劉邦卑曲稱臣，卻天真爛漫，優柔寡斷，放棄一個殺掉劉邦的絕好機會。這和當年宋襄公大講仁義又有什麼區別？婦人之仁，愚蠢之至！現在，他雖不可一世，但他沒有政治眼光，不能識人用人，一味剛愎自用，這樣下去終究要被人戰勝的啊！讓人吃驚的是劉邦，有膽識，有謀略，剛柔相濟，能屈能伸。特別是遇事冷靜，不避虎穴，有過人的包容力和忍耐力，化危機為轉機，杯盞交錯之際，全身而退。其原因，主要在於他的性格因素，而項羽也在於此。

韓信清楚「良禽擇木而棲，良臣擇主而事」的古訓，他此時已經有離開項羽的意思了。

第八章　崎嶇蜀道追劉邦

　　劉邦在鴻門宴上向項羽賠罪之後，求得了暫時和解，為了表示誠意，他將咸陽的守軍主動撤回灞上。於是，項羽立即號令三軍，向咸陽城前進。

　　項羽的家族史就是一部血淋淋的抗秦史，戰死者不下數十人，他推翻秦王朝的目的，就是要報仇雪恨，重新恢復大楚國的地位。

　　家仇國恨，注定了他是歷史和文化建設的破壞者。《史記‧項羽本紀》載：「居數日，項羽引兵西屠咸陽，殺秦降王子嬰，燒秦宮室，火三月不滅。」一時間，咸陽城內橫屍遍野，血流成河，慘不忍睹，整個咸陽籠罩在血色恐怖之中。

　　一位名叫韓軱的有識之士，攔住項羽開往咸陽宮的戰車，當面勸阻說：「大王！不知您是否注意到關中地形？她既有秀美的渭水，又有聳峻的華山，東有函谷，西有散關，南有武關，北有蕭關，謂之四塞之地，金城千里。這裡土地肥沃，出產豐富，正是建都稱霸的好地方。您難道不想學學秦王，在此建立國都嗎？」

　　項羽並未看好關中，他十分輕蔑地道：「這裡的人是秦王鷹犬，地是窮山惡水，哪及江淮魚米鄉。俗話說：『富貴不歸故鄉，如衣錦夜行』，誰能看得見？我要讓故鄉父老和以前那些藐視我的人看看，今日的項羽是何等的榮耀！」

　　太陽不是在升起，而是在漸漸沉落。

　　深通兵機的韓信十分清楚，就地緣優勢來看，建都關中是唯一的選擇，放棄關中意味著放棄天下，而彭城四面受敵，進退失據，說明項羽缺乏戰略遠見。在鴻門，他只是失去一人一次機會。在咸陽，一味地衝衝殺殺，殘暴無知，將失去的是天下。韓信徹底絕望了，他不再做任何努力，不再向項羽出任何建議。

漢王元年（西元前二〇六年）二月，在秦宮廢墟煙火未熄時，項羽便開始處理善後。最為棘手的是，如何處理好劉邦和楚懷王熊心的安置問題。

劉邦先進咸陽，楚懷王熊心已有前約，項羽派人去勸說熊心撕毀當初的誓約，不要封劉邦為關中王，沒想到熊心不同意。項羽大為震怒，熊心在盱眙山中牧羊時，為叔父項梁領頭所立，不過是一個傀儡而已，可是他卻在處理前上將軍宋義等許多重大問題上，處處有意為難自己！

項羽決定甩掉熊心，自行做主，名義上尊熊心為「義帝」，奉為天下共主，實際則將他廢置到江南郴縣（今湖南郴州）。

分封方案很快拿出來了。項羽自封為「西楚霸王」。據九郡，都彭城，並將原秦國和六國的疆域分封給十八個諸侯。

范增鴻門宴上未能說服項羽，加深了他遏制劉邦的決心。根據他的建議，為了提防劉邦，不封劉邦為關中王，改立漢中王，據交通閉塞的巴、蜀、漢中之地，定都南鄭。封章邯為雍王，定都廢丘；董翳為翟王，定都高奴；司馬欣為塞王，定都櫟陽；英布為九江王，定都六縣；吳芮為衡山王，定都邾；共敖為臨江王，定都江陵；田都為齊王，定都臨淄；田安為濟北王，定都博陽；田市為膠東王，定都即墨；趙歇為代王，定都代；張耳為常山王，定都襄國；韓成為韓王，定都陽翟；申陽為河南王，定都洛陽；魏豹為西魏王，定都平陽；司馬卬為殷王，定都朝歌；臧荼為燕王，定都薊；韓廣為遼東王，定都無終。田榮屢次棄項羽，不肯合作，又不肯領兵從楚攻秦地，未予封賞。成安君陳餘，鉅鹿大戰與張耳有爭執，拋相印離去，也不跟隨楚軍入關，因其平素賢名遠播，又有功於趙國，封南皮三縣。

昭書下發各諸侯的同時，項羽下達命令，要求各諸侯從速啟程去封地。

當消息傳來，劉邦和將士們萬分震驚！

楚懷王有約在先，誰先進入關中，誰為關中王，霸王後進關中，反把我們發往巴蜀、漢中去受罪，這無疑是在我們頭上拉屎，乘現在還沒有走，不如跟西楚霸王拚啦！

　　丞相蕭何連忙勸阻。現在我們的實力遠不如項羽，如果交戰，必然百戰百敗。巴蜀、漢中雖是偏僻，但並不像我們想像的荒涼，唯願大王儘快前往漢中南鄭，登上王位，招覓豪傑，坐觀天下之變。

　　劉邦接受蕭何勸告，隔天上午倉促拔營啟程，除了項羽允許他帶去的三萬人外，咸陽百姓自願跟著去的還有一萬多人。

　　當劉邦率部走出關中，前面的道路卻是異常難走。要進入漢中，需要跨越三千公尺以上的秦嶺，經過險峻的山峰，必須用一根根椿木打到懸崖上，再在椿木上鋪上木板構築起來，秦人將它稱為「棧道」，這卻是通往漢中，進入巴蜀的必經之路。士兵們背負著乾糧，馬匹馱著營帳，小心翼翼地盤旋在棧道上，一不小心，就會連人帶馬墜入深谷，摔得粉身碎骨。

　　巴蜀，主要在今四川境內。東部為巴，西部為蜀，毗鄰相連。當時四川盆地在地形上為「四塞之國」，荒蠻僻地。「巴」字古體有如蚯蚓，蜀字也包含有「蟲」在其中。古代交通極為困難，唐代大詩人李白發出「蜀道之難，難於上青天」的感嘆。

巴蜀棧道
「蜀道難，難於上青天」，不入其境，不能體會此間交通的艱難。
聯想當年韓信修棧道，出隴西，奪陳倉的情景，不由令人扼腕嘆服。

漢中，北屏秦嶺，南亙巴山。它和關中的直線距離雖不很遠，最大的障礙是北方的高山 —— 秦嶺，所以距關中雖近而很少往還。在秦代，那些犯有重罪，判處流刑的人，就被流配到這些地方。

由杜縣南部，翻越秦嶺，沿著子午道就來到了蜀地的褒中。歷史上的美人褒姒就出生在這山溝裡。入褒谷口不遠，便是險峻陡峭的七盤山，這裡便是出南鄭（陝西漢中市）的古棧道的咽喉，再往前走就到南鄭了。

在此之前，張良已被封為韓國司徒，他本應隨韓王成去陽翟就任，但與劉邦交情很深，不忍分手，所以決定親自將劉邦送往南鄭。

張良是秦漢之際一位非常重要的人物。他面容姣好，很像眉清目秀的女子，雖是文弱之士，但他秉性剛毅沉穩，志向不移。陳勝、吳廣農民起義爆發，張良便去投效，途中得到陳勝兵敗被殺的消息，他不得已轉投景駒。可在沛縣東南相距不遠的留縣，遇到了沛公劉邦。具有遊俠性格不拘小節的劉邦，就將自己心中蘊藏了很久，而無法解決的許多問題，率直地提出來就教於眼前文弱書生，張良逐一分析。聽到張良高論，劉邦大為驚詫。眼前這個不起眼的青年，胸羅之博、見識之廣，是自己前所未見的，兩人愈談愈投契。後張良以復國為志，在失敗後又重歸劉邦，以三寸舌為王者師，竭力幫助劉邦西進咸陽。

前不久，在剛得到項羽分封消息時，張良還將劉邦贈予自己的二千兩黃金和二十升珍珠，悉數送給項伯。請項伯幫助向項羽求情，漢中與巴蜀鄰近，是劉邦手下酈商攻入秦關後一併取下的，劉邦願居漢中領巴蜀。沒有想到項羽與范增居然同意了。可以說，劉邦能有今天，與張良的努力是分不開的。

臨別時，張良又向劉邦獻計，項羽將你封於巴蜀、漢中，顯然是別有用心，不妨將計就計，燒了褒斜道，表明自己無東歸之意，大王可以一心在漢中訓練兵馬，一旦形勢有變，可出其不意殺將出來。

劉邦對張良言聽計從，下嶢關，入咸陽，正是張良的運籌；鴻門宴上，使劉邦安然脫險，也是張良巧於周旋；火燒棧道，儘管劉邦不太想得通，但他還是無情地下達了燒絕的命令。

就在此時，張良送罷劉邦回來，韓信離開楚營卻追了上去！

項羽雖平了強秦，未必是天下人的福分，以恢復六國為起始的韓信，思想上有了重大轉變。韓信預判到，如今像戰國的局面，諸侯之間互為攻伐的局面又將出現，天下必將陷入長久的混亂之中，戰爭的一個重要爆發點就是劉邦。

其一，項羽不是安天下的人。搞分封是春秋戰國時合縱連橫的舊思維，他只想做個諸侯長。目睹了項羽分封的過程，又人為地造成許多新矛盾，除劉邦外，齊國田榮長期與項家對立，現在又沒有封王，對項羽更加不滿；張耳、陳餘一個跟隨，一個沒有跟隨項羽入關，張耳封王了，陳餘卻沒有封王；韓廣和趙歇二人，早在陳勝起義初就分別當上了燕王和趙王，也沒有跟隨項羽入關，這次分別被改封為遼東王和代王，他們都對項羽不滿意。還有長期遊擊作戰的彭越，這次也沒有得到封賞，也是對項羽耿耿於懷。這些都是天下大亂的禍根。

其二，劉邦的潛力很大。受經歷限制，貴族的項羽只是一個復仇者，而一介平民的劉邦不同，在秦時雖一無所有，秦滅六國，也無所失，反秦只是出於大義。所以，他在反秦過程中，能平和相待，從容行事，寬容待人，顯示一種能屈能伸，較雍容的氣度，從弱到強，一步一步地走向壯大，脫穎於群雄。特別是劉邦廢除秦苛法，與秦民約法三章，秦人歡欣鼓舞，明顯發揮了爭取民心的作用。縱觀天下，能安民者，必為劉邦。

其三，自己更換平臺的時候到了。兩年的楚軍統帥部工作，作為項羽的近衛武官，韓信一直無法走進項羽的心靈，他越來越不安，許多想法難以表達。而執戟郎中並非所求，出於門第之見，項羽也絕不會重用自己。

原因很簡單，項羽為故楚國大貴族，韓信出身平寒，彼此難以接近，雖有奇謀妙策也必不被重視。英雄豈無用武之地，要想有所作為，做出一番大事業，必須更換平臺！但他明白，他不是那種呼風喚雨的領袖人物，故投奔漢王劉邦也是一種無可奈何的選擇。

這是一個追逐夢想的年代，就在項羽的聲望到達頂點時，韓信毅然決定，重新出發，準備下一次天下大亂時，一展自己的抱負。

第九章　夏侯嬰刀下留人

南鄭，彌漫著一股失敗主義的情緒。

項羽名義上按照楚懷王之約，將關中屬地巴蜀、漢中給了劉邦，卻將「正宗」的關中一分為三，分別封給章邯、董翳、司馬欣秦朝三個降將。三秦王的受封，意圖十分清楚，劉邦要從巴蜀和漢中復出，首先要過他們這道屏障，讓他三人困住劉邦，封住劉邦。

劉邦心情十分鬱悶。來，是不得而已，無可奈何；來，只是為了保存實力，發展壯大隊伍，伺機東山再起；而走，才是來的真正目的。可是，棧道燒了，歸路斷了，走，哪一天才能走成？就是日後兵強馬壯，三年五載修好棧道，那章邯、司馬欣和董翳三個魔王還卡在秦地，這是現實！不過，劉邦真的咽不下這口氣。

這時，漢軍中三萬多人的老部隊，主要是從崤山、華山以東地區過來的，以劉邦家鄉附近泗水郡和碭郡居多，史稱「碭泗楚人集團」。此外，還有少數是西進途中，陸續加入的關東諸侯國的士兵。讓人頭痛的是軍心不穩，將士逃亡之風已在軍中悄悄蔓延。

對此，劉邦憂心如焚。來南鄭兩個多月，將領逃跑的就有數十人，這樣下去，不出一年，漢軍將士還不跑光！話說回來，在沒有來南鄭之前，無論條件多麼艱苦，戰爭如何殘酷，這些將士又何曾動過一絲消沉的念頭，恰恰是今天，自己封王漢中，他們卻隨自己貶謫到千里之外的南鄭，也難怪他們，心裡疙瘩解不開要回家。可以說，這是劉邦一生中最為失意的時候。

劉邦生於當時楚國沛縣豐邑中陽里，與項羽、韓信的家鄉也都屬淮楚地區。

他父親執嘉，是個老實忠厚的農民，人稱太公，母親王氏，人稱劉媼。他上有哥哥劉伯、劉仲，他是老三，取名劉季，那時季就是三的意

思，後來到社會上混的時候，覺得名字不雅，才改名劉邦。

有人說劉邦是龍生之子，也有人說是野種。有一天，其母劉媼在田間工作疲累後，躺在堤堰樹蔭下瞌睡，她在如夢如幻中，感覺到似乎是有「神」臨幸她。有人說看到像是有一條蛟龍壓在她身上。不久，劉媼發覺自己懷孕了，十月臨盆生下了劉邦。

說來也怪，劉邦長大後，眉骨很高，隆鼻挺直而又多肉，看起來讓人產生一種威嚴感。他的鬍鬚黑得發亮，密而柔軟，足以襯托出他的挺拔俊朗。劉邦長相出名，但懶的形象更出名。連父母兄嫂都嫌他玩世不恭，好吃懶做，遊手好閒，不務正業。他在結婚之前，常年與一個曹姓女子鬼混，生了一個兒子，名肥。

雖如此，他卻處事圓滑，喜歡施捨，小事糊塗，志向遠大，在困難之際能引導他人，以爽朗和迷糊的意識改變人。在三教九流之中，他的朋友最多，三十歲那年，朋友幫忙推薦，當了個泗水亭長。與沛縣衙裡的功曹蕭何、獄掾曹參、駕車的夏侯嬰極為要好，又結交了以屠狗為生的樊噲一幫社會閒雜人等。他們常在一起喝酒，戲謔公所中吏員，追逐女人。他還常向風韻猶存的王溫、武負二人開的酒館賒酒，到年底算帳時，不知道何故，兩人經常撕了帳單，不再向他索要。

劉邦與韓信蹭飯有著不同之處，韓信是一個人，劉邦卻是一幫子人，吵天嚷地，還吃出了名堂。一年春天，不知從哪裡得到消息，沛縣縣令家來了一位姓呂、名文、人稱呂公的貴客。這呂公與縣令早有深交，因與人結下了冤仇，被迫帶著夫人呂媼和兩個女兒來沛縣避難。

縣令手下的官吏與縣內的富門大戶，為了討好縣令，紛紛前來祝賀。劉邦雖職位卑小，卻唱著小曲，擠到賀喜隊伍的前列，大模大樣地吆喝：「賀錢萬！」

呂公大驚，親自起身將他迎到堂上就座。蕭何提醒呂公，劉三好吹

牛，身無分文，不要相信他！呂公似乎並不在意，而對他的長相儀表很賞識，宴席散後，情有獨鍾，將大女兒呂雉許配於他。而立之年得了一位年芳十八，苗條俊俏的媳婦，他好不高興，拈花惹草的惡習便有所收斂，與呂雉恩愛相處，生下了一男一女，男的叫盈，女的叫魯元。

後來他擔任領隊，押解民夫，在前去咸陽服徭役的路途中，由於役夫紛紛逃跑，他激於對秦暴政的義憤，索性將他們全部釋放，但有十多人，仍願跟隨著他。

不久，陳勝、吳廣起義，沛縣令想投降陳勝，找來蕭何、曹參等人商量。蕭何出得一計，要縣令找劉邦回來辦舉義之事。縣令答應下來，蕭何便派樊噲去芒碭山叫回劉邦。但縣令中途變卦，蕭何與曹參採取緊急措施，殺了縣令，推舉劉邦為沛公，並製作了赤色軍旗起兵。劉邦將父親和呂雉及一雙兒女留在家中，托本鄉的朋友審食其照看，留下部分士卒守豐邑，自己則率領人馬一路衝殺，從此，踏上了反秦征程，成為雄居一方的義軍領袖 ——

卻說，當劉邦率軍來到南鄭時，韓信帶著對劉邦的仰慕，也進入漢營，被編入漢軍之中。

漢軍自劉邦起兵後，一直是楚軍一部分，採用楚國的職官制，對於主動投奔的他國將士按對等的原則，進行對等安排。誰知南鄭軍營見韓信一人一劍，無背景可言，好歹給了他個連敖。

連敖為楚國官名，連敖有兩種說法，一是管理糧倉的低級官吏；另一種說法是接待賓客的官吏。連敖實際上是一個可有可無的職務，無論哪一種都沒有得到劉邦的重用，遠不如在楚軍的郎中，那時總算有個接近項羽的機會，現在幾乎沒有一點可能進入劉邦視野。人們不知道有個韓信，更不知道有個想當統帥的韓信。韓信只是一廂情願，這與他的想像並不一樣，原以為寒冬已過，春暖花開，漢王定會重用，但命運再次捉弄，懷才

不遇，滿腹惆悵，失望感與日俱增，他又一次跌入人生的低谷。

說起來可能會有好多人不信，就在這時候，有個幫劉邦趕車的人，卻在刑場上發現韓信是個人才，這個人就是太僕夏侯嬰。

史書記載，剛剛獲職不久的韓信，不知踩到什麼紅線，與其他十三個人一同「坐法當斬。」一次斬殺十四個，可謂不是一件小事，而且韓信是最後一個被監斬。韓信是不是被人慫恿，大家集體逃亡了，還是另有其他什麼事情？當然，我們無法做出進一步考證。只是在韓信被砍頭的千鈞一髮之際，負責監斬的夏侯嬰救下了他。

南鄭，在關中西南部，漢江上游，鄰接巴、蜀。南鄭的南門前面是兩山夾峙的平坦地帶。劉邦進南鄭後，剛剛將這裡新闢用作練兵校場。

這一天，校場上不見將士們操練的身影，校場臨時改做殺人的刑場。這刑場四周布滿了持戟的士卒，氣氛肅殺。刑場的中間壘起了土臺，太僕夏侯嬰以監斬官的身分正坐臺中。臺下，一邊定著十四根木椿。幾個袒胸露臂，手持大刀的劊子手，兇神惡煞地等待罪徒的來臨。

不一刻，罪徒押來。四周人頭攢動，不自覺地向場子中間挪動步子。

這十四人被五花大綁捆到椿上。他們覺得不對勁呀，這殺氣騰騰的架勢，是要砍他們的頭！頓時，一個個散了魂，放下了架子，有的已屁滾尿流軟癱下來。只有韓信，他沒有流淚，沒有求饒，內心對人世間感到無限憤慨。離楚歸漢，目的就是名垂青史，實現王侯將相英雄夢，可萬沒想到自己卻不明不白、稀裡糊塗地要被殺頭。死，並沒有什麼可怕，要說到死，不知道已死過幾回。而今天的這一切是真的嗎？人生追求難道就是今天這樣一個結局？一生的抱負馬上就要灰飛煙滅了？

時刻已到，催魂的大鑼敲響了，行刑很快就要開始。行刑官揣起一壺酒，灑在地上，對綁在椿子上的十四人說：「都記著吧，明年的今天，就是你們的忌日，現在開刀問斬！」

劊子手掄起雪亮大刀，手起刀落，一顆接一顆人頭滾落在地。場外的那些將士們都是久經征戰，少則十餘戰，多則數十戰，生與死看得太多，但像今天這個場面還是頭一遭。舉座皆驚，心臟狂跳，目不忍睹。

「死鬼！把頭低下去。」刑場上劊子手的喊聲吸引了人們的目光。他們放眼望去，只見最後那個死囚昂首挺立，毫無懼色，迥然不同那十三個已問斬的死囚，這人就是不甘認命的韓信！他緊盯著監斬的夏侯嬰，突然吼道：「當初，漢王西向進軍咸陽，廣延天下志士，一戰而使秦降。如今欲要奪取天下，卻要斬壯士！這是為什麼！為什麼！」

「為什麼！」猶如驚雷劈打在刑場上，震撼著夏侯嬰的心，也震撼著在場的每一個人的心。

這人身材高大，儀表堂堂，格局不小！惺惺惜惺惺，夏侯嬰心潮翻滾。

劊子手再一次將大刀高高舉起！夏侯嬰趕快喊道：「快放下！快放下！」

他走近韓信，立刻在十三具屍體旁和韓信聊了起來。

夏侯嬰性格直率，敢作敢為，雖是一個車夫，卻與劉邦的關係非同一般。巧的是，在鴻門宴上，他與樊噲、靳強、紀信等四將跟隨劉邦進楚軍大營，在那裡韓信見過他，當然夏侯嬰記不得這個執戟的韓信了。

簡短的攀談，夏侯嬰意識到，眼前這個差點被一刀砍頭的人，是一個跟劉邦一樣擁有過人才華，但卻一直被埋沒的能人奇士，他非常高興，立即釋放了韓信。

第十章　糧草官難以滿足

　　人生最大的運氣，是能遇到自己的貴人。那天韓信如果不是一聲大吼，不是遇到太僕夏侯嬰，恐怕人頭早已落地。韓信是幸運的，在人生路上終於躲過生死一劫。

　　古人常說，世上先有相馬的伯樂，而後才能有千里馬，如果沒有伯樂，即使有再多的千里馬，也不會被人發現。這話不錯，韓信的命運正和千里馬一樣。

　　救下韓信後，夏侯嬰決定再做點什麼。於是親自找到漢王劉邦，向劉邦推薦韓信。劉邦對夏侯嬰是非常信任的，他在劉邦身邊比其他人的話更有分量。

　　夏侯嬰不是一個簡單的人，在年輕時就能慧眼識人。他早年在沛縣衙門養馬駕車，和當時擔任沛縣泗水亭長的劉邦十分要好。每當他駕車辦完公事返回時，就會找劉邦聊天，一聊就聊到太陽落山，然後獨自趕車回縣衙交差。

巴蜀樂舞
二〇一二年十月，我們南走三峽，並到了巴東一帶考察，聽楚歌，觀樂舞，
當年劉邦初入漢中憤怒的情景，仿佛就在眼前 —— 十年巴蜀，伏翅難飛，
難道真的會被困死此地？

　　能在劉邦發跡前發現劉邦過人才華的，也不多見，就連劉邦的父親，都始終認為，劉邦終不成大器。據現存的史料，在劉邦發跡前發現劉邦的，應當只有蕭何、夏侯嬰、呂公和張良等屈指可數的幾個人。有一次劉邦開玩笑傷及夏侯嬰，按秦律要受到處罰，夏侯嬰幫劉邦掩飾過去。後來有人告發，加重治罪，夏侯嬰挨了幾百板子，關押了一年多，才了結這樁官司。

　　劉邦起兵後，夏侯嬰和蕭何等人首先加入義軍隊伍。由於衝鋒在前，作戰勇猛，常常在危急關頭，不惜一命保護劉邦，他被賜為滕公。項羽滅秦後，封劉邦為漢王，劉邦賜夏侯嬰為昭平侯。現在跟隨來到漢中，又賜他太僕之職，負責劉邦的駕車和保衛工作──

　　其實，夏侯嬰的推薦，劉邦並不認為韓信有什麼特殊的才能，也沒有把韓信當一回事，只是想給夏侯嬰面子，便任命韓信為經濟部門的官吏──治粟都尉，自然比起不倫不類的連敖要高出了許多。

　　秦漢時期的「治粟」，不僅管理糧食，還包括市場、貨幣、土地、運輸。治粟都尉，又稱搜粟都尉，主要管理軍糧生產和運輸，相當於漢軍的後勤部長，屬部別將軍一類。

　　人們以為韓信得了治粟都尉，一定會歡欣鼓舞，感激涕零。事實上，他除了對夏侯嬰感謝救命之恩外，並沒有什麼特別的感覺。打仗是他擅長的事，糧草官從來不是什麼選項。

　　而對劉邦來說，任用韓信是違反當時軍功爵位升遷制的，讓一個沒有戰功的人做治粟都尉已經是極限了。從劉邦的連襟、大鬧鴻門宴的樊噲來看，他在跟隨劉邦進入關中時，職位也就是個郎中，和韓信在項羽軍中的職位是一樣的，直到樊噲隨劉邦平定關中後，樊噲才從郎中升遷為郎中將。

　　一些跟隨劉邦進入漢中的老朋友，他們都是劉邦軍事集團的核心和中

堅，未來漢帝國的功臣宿將，職位也是如此。灌嬰和樊噲一樣為郎中，曹參、周勃、盧綰、酈商為將軍，夏侯嬰為太僕，傅寬為右騎將，靳歙為騎都尉。

巫山高，高以大，淮水深，難以逝。我欲東歸，害梁不為我集？

無高曳，水河梁？湯湯回回，臨水遠望，泣下沾衣。遠道之人心思歸，謂之何！

在短暫的平靜之後，韓信不會為一個治粟都尉而心滿意足。他常常在想，自己的理想和抱負在哪裡？人生如朝露，難道就這樣碌碌無為地一天一天混下去？情之所至，他吟唱著歌謠，不覺流下淚水。

關鍵時候，關鍵人物出現了。

因為治粟都尉的工作關係，卻讓韓信與蕭何有了面對面接觸的機會。韓信不曾想到，自己這一生的榮辱成敗，從此都會與蕭何有著莫大的關係，也就是後人常說的「成也蕭何，敗也蕭何」！

蕭何來到漢中已任丞相，是「赤色王國」的管理者，是劉邦最得力的助手，威望很高，他是除了劉邦之外的數一數二人物。他還與夏侯嬰一樣，都是劉邦未發跡時的好朋友。不過，蕭何則是一個當官的。

在秦朝時，他為沛縣主吏掾，相當於現在縣裡主管組織工作的主管。廉政勤政，每年秦地方官吏考核政績，都名列第一。

劉邦為亭長，他又時時給予幫助。劉邦起兵後，蕭何擁立劉邦為沛公，招子弟三千，組織義軍，專門督促辦理軍中各項事務。劉邦進咸陽，諸將都欲搶奪金帛財物，蕭何卻將秦丞相、禦史府中的律令圖書全部收藏起來，使劉邦得知天下關塞，駐兵強弱，郡縣戶口，民眾疾苦。

他還以天下蒼生為己任，始終不渝地忠於劉邦的事業，至於出謀定計，指揮作戰，殺伐攻取，則不是他的強項。他曾反覆思考，大家跟隨劉邦來南鄭，只是為了暫時找個棲身之處，然後終究要打回去。最讓蕭何著

急的是，劉邦帳下曹參、樊噲、周勃等數十將，雖起兵三年，歷經大小數十戰，也使漢軍規模成為僅次於楚軍最大的部隊，但他們都不是出類拔萃的統帥人物，難以獨當一面。莫說西楚霸王項羽，就是秦降將章邯也打敗不了。

蕭何突然想起，張良鴻門歸來時，曾說過項羽那邊有個胯下小子的奇人奇事，莫非就是這個被砍頭的韓信？

後來的交往中，蕭何與韓信談了很多，他從韓信的口中了解了韓信的身世，知道了韓信為霸王多呈良策，不為所用，以及從漢中打還關中的作戰構想，這些都是有遠見卓識的。數日來，壓在心頭的一塊石頭倏然落地。

在蕭何看來，有些談吐雖不甚恭謙，但令人震撼。韓信和諸將還有一個最大不同之處，曾作為項羽的重要侍己官，對項羽、章邯和天下大勢非常了解，他正是漢王所要尋找的統帥人才，也是唯一能幫助漢王登上廟堂之上的人。真是「踏破鐵鞋無覓處，得來全不費功夫」。韓信來歸應該是天意！

韓信的陳述，不！應該叫遊說。平日十分穩重的蕭何後來竟拍起胸脯，請韓信多加保重，他一定會在漢王面前全力保舉韓信做大將，讓韓信耐心等著好消息。

第十一章　蕭何月下追韓信

關於蕭何追韓信的一段歷史，書中不斷書寫，戲中不斷傳唱。其實，韓信明白，對於一個沒有任何功勞的人，一下子被任用為都尉一類的高官，不是一件容易的事，就是到了其他諸侯國去，也未必能一蹴而就，立即當上指揮三軍的統帥。顯而易見，韓信出走還會有其他一些原因。

劉邦對待「知識分子」，常常展露出不屑的一面。在西進咸陽途中，他大罵高陽酒徒酈食其，人們記憶猶新，韓信會不會也有類似的遭遇？但韓信清楚地知道，如果連蕭何的推薦也沒有作用的話，那自己就一定不會被重用。

韓信再一次失望了，獨行俠和清高孤傲的性格，使他決定逃離漢中，另謀出路。於是，他封存好印綬，一人一劍一騎，踏上了路途。

漢中這個地方，在劉邦那個時代並沒有被開發，又為險阻所隔，外面有人想進去不容易，同樣的裡面的人想出去也不容易，棧道的燒毀，進出就更加困難了。

查閱歷史資料得知，此時走出的道路主要有三條：

一條最早見於史籍的「東歸道」，也稱南江說。據《輿地紀勝》、《南鄭通志》等書籍記載，由四川的巴中，經米倉道，或要跨長江，過三峽，進鄂西。唐宋年間有幾塊石刻記載可為佐證。

另一條是清代道光時的「西走道」，也叫「寧強說」。北入甘南，南進川北，或要進入少數民族聚居地。

馬道碑亭

還有一條是清初出現的北行道，即「馬道說」。經南鄭，過馬道，越秦嶺，重新進入關中。今天陝西留壩縣馬道鎮路旁留有三塊石碑，中間一塊刻著「寒溪夜漲」四個大字，「不是寒溪一夜漲，焉得漢室四百年」典故就出於此。右邊一塊刻著「漢相國蕭何追韓信至此」，左邊一塊字多模糊，細看知是清咸豐時記載著蕭何追韓信的詳細情形。

韓信的出走，應該沒有一個明確目標，走出方向是出漢中進中原，因此北行道還是可信的。讓我們放下這類問題，來看一看一直被人們津津樂道的「蕭何月下追韓信」的歷史故事。

三塊石碑
今天陝西留壩縣馬道鎮路旁留有三塊石碑，
中間一塊刻著「寒溪夜漲」四個大字，右邊一塊刻著「漢相國蕭何追韓信至此」，
左邊一塊字多模糊，細看知是清咸豐時記載著蕭何追韓信的詳細情形。

這是一個迷離的夏夜，月亮像銀鈎嵌在墨藍色的夜空，陣陣清風吹拂著南鄭的山水。

韓信在館舍內無心欣賞這番晚景，白天見漢王劉邦的情景又浮現在眼前。當韓信隨蕭何來漢王宮進謁時，兩人一下子全愣住了，一個女子掌扇，兩個女子捧著銅盆跪在地上為劉邦洗腳。劉邦對蕭何說：「丞相，你也來吧！」蕭何尷尬地旁顧韓信一眼，轉過頭來：「大王……」

劉邦抬起頭看了看韓信，故意問：「你是誰呀？」韓信不緊不慢，作了個揖：「淮陰韓信。」劉邦無賴的毛病又犯了：「哈哈！莫不是那個淮陰胯

下小子，蕭丞相竭力保舉你，想必你一定有高招教寡人？」

「不錯。不知大王是否安於在漢中稱王？」韓信正欲對劉邦闡述自己的觀點，忽然從劉邦的眼神中感到愚弄人的嘲笑，他的臉驀地一下紅了起來，「大王泡腳水涼了，還是快去加些熱水，韓信告辭！」說畢轉身向門外走去。劉邦大怒，一腳踢翻了銅盆：「滾！初生之犢能耐不小，有多遠滾多遠！」

劉邦匪夷所思的舉動，韓信心涼透了。

自己跟隨項梁、項羽叔侄歷經了楚軍的主要大戰，並在項羽占咸陽、霸天下最輝煌、最得意之時，跋山涉水，躲追殺，所追尋的卻是一個渾身充滿無賴之氣的流氓大王。看來蕭何所謂「漢王淳樸敦厚」、「待人以誠，識才用才」、「胸懷博大，能安天下」等等，統統都是屁話！此前蕭何及夏侯嬰數度推薦，劉邦根本就沒有重用我韓信的意思，晦運當頭，嘆自己人生虛度，一事無成，不覺心灰意冷。韓信陷入迷思之中，又一次面臨人生抉擇，忽然傷感襲上心頭：「士為知己用，能用則用，不用乾脆走人！」

夜半三更，有人來丞相府緊急求見蕭何，遇到了衛兵阻攔，吵嚷聲驚動了因公務剛剛入睡的蕭何。當得知韓信拿著丞相府的權杖，已策馬逃走的消息時，他大為震驚，豈能讓這位統帥之才流失於眼前，連忙吩咐：「備馬，快追！」

此時，一衛兵牽來了白馬，蕭何抬頭仰望天空，月亮已經隱去，山風呼嘯，昏暗至極。另一衛兵勸蕭何：「丞相！天要下雨，您還追他做什麼，隨他去吧！」蕭何一反常態，翻身上馬，怒斥道：「你懂什麼！快上馬追人。」他狠抽一鞭，白馬疼得將頭一揚，衛兵冷不防被拽了個跟斗。

蕭何把韁繩一抖，白馬向前奔去。

眾衛兵大吃一驚，紛紛上馬追去，不一會工夫，便追上蕭何：「丞相慢走！夜晚山路難行，現在天又要下雨，馬有失蹄滑倒的危險，若把您摔

了，我們擔當不起，您不怪罪我們，漢王知道了也要怪罪我們。這樣吧，讓我們幾個去追，一定把他追回來，不然，硬捆也得把他捆回來！」

「放屁！你們知道追的是誰？」一向儒雅的蕭何突然暴躁起來，又是狠抽白馬一鞭，馬蹄撒開狂奔。衛兵們加鞭跟上疑惑地問：「追的不就是那個被砍頭的韓信嗎？」

「告訴你們，只有他才是興漢的希望！所以，今夜必須將他追回！」蕭何深知韓信一旦做出走的決定，恐怕不易改弦更張，自己若不親自來追，衛兵們即使追上，韓信也不會回來。

一會兒工夫，蕭何一行已到了城門，守城士卒見是丞相蕭何，不敢多問，打開城門放行，蕭何一行急匆匆穿城而過。

且說，韓信出了北門，向北迤邐而去。三更時分，烏雲驟起，大雨瓢潑而至。人倒了楣，老天也要跟你作對，他急忙躲避到岩下。

夏天的雨，來得快，去得也快。暴雨過後，韓信又繼續上路。一路之上，韓信思緒萬千。一會兒覺得能遇到蕭何、夏侯嬰這樣的有識之士是幸運的，一會兒又為受到劉邦的愚弄感到氣憤。想著走著，走著想著，不覺已經到了馬道鎮。

平時這裡有條溪水很淺，涉馬可過。剛才暴雨使溪水陡漲，阻住了去路。這時已是四更時分，天上烏雲漸開，露出一派月光。

「韓都尉！你等一等，一夜讓老夫追得好苦！」

韓信大吃一驚，本能地緊勒馬頭，從腰間抽出寶劍，心想：「壞了！一定是漢王派人追殺來了。」

一陣急促馬蹄聲後，一行來人滾下馬鞍。啊！是蕭何，韓信胸中湧起一股熱流。

蕭何大汗淋漓。他抹去一把汗，氣喘吁吁地對韓信說：「都尉！你也太絕情了，要走，也跟我打聲招呼，怎能不辭而別？要是外人知道這事，

不罵我蕭何有眼無珠怠慢人？」

「對不起，您對我知遇之恩，容來日再報吧！」韓信激動地上前將蕭何扶坐在渡口一塊大扁石上，苦笑著說，「漢王待人簡慢無理，我實在不想留下來了，切望丞相能體諒在下不辭而別的苦衷，務允所請，讓我走吧！」

「漢王得罪都尉，蕭何給你賠罪！」蕭何撩起長襦要給韓信跪下。

「別折煞我了。」韓信連忙扶住蕭何，「丞相，天下大著呢。此處不留人，自有留人處，十八路諸侯，哪一路都可以去，他們一樣急切需要能用之人。況且，我從淮陰出來投軍，和千千萬萬人一樣，只是為了推翻暴秦統治，恢復故國，以報家仇國恨。現如今，秦國已滅，天下已定，復仇的心願已實現，我等可以安然還故鄉了。」

「恕我直言，這不像是你心裡話。」善於察顏觀色的蕭何，知道韓信並不一定真心要走，他耐心地勸道，「韓信，作為一個忘年的朋友，能否聽我說一句話？想當年，你在淮陰乞食漂母，受辱胯下，為了什麼？還不是有朝一日施展抱負。如今，機會就在眼前，你卻孤芳自賞，遇難而退。漢王雖有時對人傲慢無禮，態度蠻橫，但這只是表面現象，瑕不掩瑜，他仍不失為集仁、智、勇於一身的明主。何況，再明亮的眼睛，也會被灰塵迷住，只要把灰塵吹出來不就好了嗎？我不隱瞞自己的看法，你才智過人，可是也要擁有像漢王這樣的明主，才能珠聯璧合，相輔相成，相得益彰，建萬世之功，創不朽大業，切不可因一時草率從事，失卻時機，誤了前程，遺恨千古呀！」

蕭何誠懇的話語，重重撞擊著韓信心房。蕭何看了韓信一眼，又道：「不知情者不怪嘛。漢王還不了解你，這完全因為我推薦不力！」

此刻，又傳來一陣急促的馬蹄聲，剎那間，數十匹戰馬一陣風似地卷來。韓信驚惑地掃視蕭何一眼，蕭何也不知道發生了什麼情況。只聽得：

「那不是蕭丞相的白馬嗎？啊！找到了……」

蕭何以為是追韓信的，便向韓信靠攏過來：「你放心好了，有我在這裡，誰也不敢對你怎樣！」

轉眼間，眾人已到渡口，遠遠地散開。為首一將，乃騎將灌嬰。他滾下馬鞍：「丞相！我們奉大王之命接你回去！」

「啊！除我之外，大王還要你們接誰？」

「沒有啊？」灌嬰有點摸不著頭腦。

蕭何見是來追他的，又好氣又好笑，心裡輕鬆了許多。轉而，他對韓信說：「都尉呀，一起回去幫漢王做事吧！我會盡我最大努力，你等著消息吧。我也說句心裡話，如若劉邦一意孤行，不納忠言，我可斷定，他必將一事無成，老死在南鄭。到那時，任憑你遠走高飛，哪怕奔到天涯海角。請相信老夫的話吧！」

面對蕭何，韓信眼裡噙著淚花感動不已，隨即，韓信與蕭何、灌嬰等人一道返回了南鄭。從此，「蕭何追韓信」的故事，被定格在歷史時空之中。

第十二章　國士無雙屬韓信

清晨，「蕭何逃跑」的消息像長了翅膀一樣，很快在軍營傳開。劉邦得到消息時，震驚不已。他想，蕭何是自己的主要謀臣，從沛縣起兵，謀劃用兵，調集糧餉，維護治安，哪樣少得了他。如今，還正是蕭何極力勸我接受漢王封號，來南鄭等待時機的呢！可萬萬沒想到，這麼多年的老朋友，竟在自己最困難的時候逃去！

劉邦十分焦急，悵然若失！

蕭何曾幾次推薦韓信。上一次，看著他和夏侯嬰的面子，已封韓信為治粟都尉，這個職位官階很高，相當於秦代治粟內史，既不要直接上戰場，手中還握有經濟大權，是個大肥缺。但韓信志不在此，野心很大，瞧不上經濟部門的職位，可是這已經是破格提拔了。這一次，蕭何又來推薦，自己覺得韓信年紀太輕，等他有了戰功再說，沒想到這小子傲氣太盛，自己罵了幾句，蕭何怎麼就受不了了。我們倆又不是相處幾天，難道你還不知道我這臭脾氣？張良不在，你蕭何再走，這讓我怎麼辦？即便我心比天高，力能搏擊蒼龍，但沒有你們的幫助，哪能上天入地？哪年哪月才能打回關中去？都說我天命在身不是瞎說？進關中下咸陽不是白幹？蕭何的出走，對劉邦打擊實在太大！

有人就有隊伍，有隊伍就有一切，大不了一切重新開始！劉邦讓侍女拿上酒來，努力拋開失意，獨自一人大口喝起來。

到了傍晚，派去追趕蕭何的灌嬰回到南鄭後，立即向劉邦稟報，蕭何已經被帶回來了。

「灌嬰，快快告訴我，抓於何處？」劉邦急切地問。

「馬道渡口。」

「啊？都已跑到那裡了。」

「他不像逃跑……」

「噢?」劉邦鬆了一口氣,積聚在心中的怒氣散去了許多。他捋著鬍鬚,讓灌嬰將蕭何帶進來。

「你這該死的傢伙!」蕭何一進門,劉邦既喜又怒,嘴中罵聲不斷,「你跑了,怎能把我一個人留下來,你到底是什麼用心?要來一塊來,要跑一塊跑,告訴我一聲,我也好跟你跑呀!」

蕭何知道誤解了,呵呵大笑:「我哪裡敢逃跑?我的為人大王你還不了解?我是急著替你去追趕逃跑的人,來不及稟告一聲呀!」

「誰?」

「就是夏侯嬰法場相救的,後來大王封他為治粟都尉的韓信!」

「嘿嘿!諸將逃走已有幾十人,你不去追,卻去追趕這個小子,你不要騙我!」

蕭何平靜地說:「沒有,我確實去追韓信了。我不僅把他追回來,而且還要大王拜他為大將!」

「什麼?什麼?」劉邦幾乎喊起來。

韓信曾乞討漂母,寄食亭長,鑽屠夫的褲襠,是個人見人罵的大渾蛋,霸王尚且不用,蕭何卻老叫封他,難道軍中就沒有一人有他的本領大?三年的戰爭,曹參、周勃、酈商、灌嬰等人斬關奪隘,大小數十戰,還未得其封,現在卻要拜一個手無寸功的小子為大將,這叫他們怎麼看?諸侯又怎麼看?霸王又怎麼看?還有,他才二十五歲,這樣的年齡能壓得住陣腳嗎?劉邦氣憤地對蕭何道:「拜韓信為大將,你說得輕巧!我上次不殺他,委以治粟都尉重任,他不領情,竟敢背叛我逃走,處死他也不為過,你怎麼還要推薦他?」

劉邦這樣的話,說明他對韓信還不了解。「塞翁失馬,焉知非福。」在一片唱哀聲中,卻迎來了韓信。韓信雖未證明能統帥三軍,但具備統帥三軍的潛質。他絕對是劉邦生命中最重要的貴人,如他領兵,一定能統帥三

軍幫劉邦完成大業。這一點蕭何可以保證！

蕭何接著指出了劉邦對韓信的種種誤解，並不失時機地再次向劉邦進言。

舉薦韓信，正是為了漢王的宏圖大業，也是為人臣子的職責，怎敢拿漢國的大事當兒戲。而韓信當初在淮陰窮困抑鬱，披難受辱，寧肯以男兒八尺之軀而乞食漂母，甚至不惜胯下受辱，也不肯去死，因為他有太大的抱負。他在楚營多呈干策，項羽無知不用，現在大王封他為連敖，他不幹，又封他為治粟都尉，他還是掛冠而去。這不奇怪，他才高志大，熟演兵法，並且經歷了楚軍滅秦所有大戰，對天下大事瞭若指掌，奇謀妙略，無人能出其右。所以，有這個本事才會這麼高傲、這麼瘋狂。做帝王的沒有誰比周文王偉大，做霸王的沒有誰比齊桓公偉大，他們都是依靠有道德有才能的人出名。賢明的人，不一定只是古代才有，今人憂慮的是僅聽一些讒言，就輕易武斷地下結論，把賢人一棍子打死。蕭何斷言：「千軍易求，一將難得。至如韓信，國士無雙，當今天下，無一人能與他相比！」

「國士無雙」這個評價非常地高，在整個漢代的歷史上，再無第二人獲此殊榮。後來的事實證明，韓信無愧於這樣的稱譽。

戰看將，治看相，劉邦對蕭何也是信賴的。蕭何一生唯謹，從不敢馬虎以致誤事。自入漢以來，他公忠體國，求賢若渴，特別是今日這個態度，讓劉邦非常詫異，難道韓信真有這麼厲害，不然蕭何何以至此？

蕭何見劉邦不吭聲，以為他還是沒有態度，非常生氣：「如果用韓信還有希望，如果不用韓信，只能坐以待斃，一輩子在漢中稱王，你自己看著辦吧！」

這話點到了痛處，劉邦嘆道：「誰願意鬱鬱不得志長期待在這裡！好吧，先叫他做個將軍。」

蕭何看到劉邦態度的轉變，雖然欣喜不已，仍不依不饒地說：

「大王！韓信棄楚投漢，真是你三生有幸，蒼天降下擎天之柱，不可

不取。如若只用韓信做個將軍，不能指揮三軍，他仍無法施展才華，終究還會逃走！」

劉邦稍顯遲疑：「只要韓信如你所說，我就封他為大將，如果不是這樣，那就趁早滾蛋！」

蕭何生怕劉邦有什麼變化，迫不及待地追問一句：「那就一言為定！」

「一言為定！」

蕭何拍手大笑。不是寒溪夜漲，阻擋住了韓信，縱然是快馬加鞭，蕭何也追不上，看來這真是天意！

此時，劉邦對韓信是否稱職，心中無數，而出於對蕭何的信任，終於作出了同意的決定。這種「用人」的態度，在中國歷代開國君主中也是十分少見的。

平心而論，蕭何追韓信，慧眼獨具，平凡中識大才，確有知人之明，使韓信終於有了發揮才能的機會。如果再為韓信選個恩人的話，夏侯嬰固然重要，但是絕對不可忽視的是劉邦。如果不是劉邦的大度，韓信就不會被任用，如果韓信不被任用，就連整個楚漢之爭的歷史，恐怕也要改寫了。可以說，選擇韓信當大將也是劉邦一生中最正確的決定。

值得一提的是，秦漢之際只有「將」、「上將軍」、「大將軍」，而韓信的「大將」一職，應該是當時獨一無二的特別設置。而當今許多書籍和電視劇都將「大將軍」與「大將」混為一談，不妥當地稱韓信為大將軍。

漢之前最高軍事武官稱為上將軍，如秦之白起，秦末之宋義、項羽，均為指揮重大戰役的臨時統帥。陳勝，吳廣起義時，趙王武臣任命陳餘為大將軍。《漢官儀》載：「漢興，置大將軍，位丞相上。」《文獻通考》卷五十九云：「大將軍內秉國政，外則仗鉞專征，其權遠出丞相之右。」韓信「大將」一職，實際上就是漢國對外戰爭的三軍最高軍事統帥，職位在丞相之下。

第十三章　漢中對首建大策

　　一步登天式的升遷，不乏其人。春秋、戰國時期，管仲原是一位門客，後被齊桓公一舉提拔為齊國宰相，張儀、蘇秦等人還同時身掛數國相印。

　　然而，這些升遷的人幾乎有一個共同特點，都是擔任宰相之類的文職官員，未曾見過一介平民直接被提拔為帶兵打仗的將軍。其原因，打仗是掉頭流血的大事，不能有一絲一毫的疏漏，勝與負，往往直接關係國家的存亡。就在眼前，北征救趙的楚國上將軍宋義，長於論兵，短於實戰，在趙國滯留四十多天，錯失戰機，為項羽怒而所殺。歷史上，紙上談兵的人物並不少見。

　　劉邦是個精明的人，不會輕易地定下軍中主帥，他雖為蕭何誠懇、執拗的態度所打動，但要先見一見韓信，有禮而又慎重地做一次全面的考察。

　　當韓信接到傳令後，立刻動身前來漢王宮。到了漢王宮，見蕭何、夏侯嬰等人也在這裡，韓信知道劉邦改變主意，親自召見，無疑是蕭何極力推薦的結果。他突然感到，今天他是應召前來考試的考生，不過好在自己早已有了充分準備。

　　隨後，劉邦與韓信，就當前的政治、軍事、戰略和戰術運用等話題，進行了廣泛的交談。韓信為劉邦分析了局勢，預言了未來，並提出了還定三秦的構想。這次談話的內容，被詳細地記錄在《史記‧淮陰侯列傳》、《漢書‧韓信傳》等歷史文獻之中，史稱〈漢中對〉或〈漢中策〉。

　　這裡要申明一下，原文交談是放在拜將儀式上進行的，是故事化的處理，極不可能。拜將是一件大事，劉邦在拜將之前，一定會和韓信正式見上一面，因此我們在時間順序上做了一些修改。在交談時，一定還會談到

還定三秦的具體辦法，這是最為重要的部分，否則，交談就是一次毫無意義的空談。不過，古人記事惜墨如金，這一內容卻被放到後面行動中加以記述。這裡，我們不妨以我們的理解提前補上，以期展現完整的內容。

劉邦操著沛地口音，溫和而又客氣地和韓信聊了起來：「蕭何丞相，還有夏侯太僕，屢次推薦韓都尉，寡人倦於事，慣於憂，沉緬軍國事務，開罪於你，還望多多見諒。」

韓信連忙拱手：「豈敢！豈敢！」

劉邦又道：「初來漢中，人生地不熟，天下大事一籌莫展，不知你究竟用何良謀妙策開導寡人？」

韓信凝視了蕭何一眼，蕭何投來期望的目光，並鼓勵說：「都尉有何言語，但講無妨！」

韓信點點頭，然後問劉邦：「敢問大王，東向奪天下，主要對手是項王嗎？」

「正是。」

韓信神色微露：「我曾稟明丞相，項王絕非不可戰勝。如今，以大王和項王試做比較，大王自料勇、悍、仁、強，哪方面能與項王匹敵？」

問題很尖銳，劉邦沉吟良久：「都不能。」

韓信看到劉邦能夠正視缺點，眼神一亮：「大王明智。您不隱惡，能夠納言從諫，確實如此，臣也認為這幾個方面大王不如項王。其一，項王英勇善戰，一往無前，大王卻常貪圖享樂，有玩世不恭之態；其二，項王性情豪爽，仁愛部下，大王卻待人慢而少禮，用人生疑」

以往還沒有人敢在劉邦面前這麼大膽直言，這一席話，深深觸動了他的心靈，像倒了五味瓶，不知是什麼滋味，滿臉脹得通紅。但瞥見蕭何、夏侯嬰時，見他們微微點頭，劉邦於是正襟危坐，雙手一拱：「謹受教誨！」

韓信正色道：「我曾在項王麾下效力，了解他的為人，他的缺點卻是無法克服的。勇悍，是交戰取勝的有利因素，但僅憑勇悍，未必能勝。因為要獲得勝利，主要在於人心向背，靠高度的智慧和戰略戰術靈活的運用。何況強悍，是將軍之事，而不是統帥所具備的。項王的確是一個叱吒風雲英勇無敵的人物，一聲怒吼，千人為之失色，但他只知道憑個人的勇敢去戰鬥，不懂得怎樣任賢用能，取悅人心，以智謀經略天下，也不能使部下將卒都能歸心，樂為所用。所以，我以為項王的英勇善戰，不過是匹夫之勇罷了！」

劉邦緊張的心情鬆弛了，如釋重負。在未遇韓信之前，大家被項羽的強大所懾服，從沒有人認為能真正地戰勝他，只不過希望項羽能踐約，還自己為關中王而已。韓信的話，使人不再對項羽畏懼，不再沮喪。他不禁自語：「匹夫之勇，不足以言萬人敵？」

韓信又道：「不過項王的性格是多方面的。有時他也會有『仁』的表露。項王的柔和一面，能使人如沐春風，感激不已。他為人恭謹、平易，言語溫和而親切，部下生病，他有時竟能難過得落淚。」

「愛憐部下，我不如他。」劉邦認為韓信說得不錯。

韓信話鋒一轉：「雖然如此，在我看，項王的表現只不過是婦人之仁而已。」

「怎麼個婦人之仁？」

「施小惠，吝大體。他對有功之臣吝嗇得很，拿著刻好的大印，反覆磨弄把玩，印角都磨破了，始終捨不得交出，這不是婆婆媽媽的婦人之仁嗎？他這麼做，又怎能得到天下英雄豪傑真心的擁戴？我料定，如今他雖號令諸侯，稱霸天下，但天下攻守之勢遲早會發生轉變。」

「怎麼個轉變？」

「他放棄關中，建都彭城，失卻地利；他違背義帝舊約，分封諸侯不

公,把富庶美好的地方都封給了自己的親故,諸侯們紛紛不平,很為不滿;他趕走義帝,把義帝廢置於江南,自己占據彭城稱王稱霸。故而,一些諸侯回到封國紛紛效仿,驅逐故王,搶奪地盤;他一向殘暴兇狠,在新安坑殺二十萬降卒,火燒咸陽三個月大火不滅,又殺秦王子嬰,百姓早已恨之入骨。由此可見,項羽缺乏戰略遠見,發展下去,將是韌與智得勝,以暴、以猛勃然興起的項王,雖強易弱,是容易被打敗的。大王若能痛改前弊,反其道而行之,任天下武勇之士,何所不誅,以天下城邑封功臣,何人不服?用日夜想東歸的將士,何所不勝?」

「可是秦國毀亡,項羽稱霸,大局已定?」

「並非如此,目前諸侯分立,誰都不能算已經安定,項王以為本身才智,超過了天下所有的人,僅憑一己之力,可以勝天下,這是失敗的起點!」

「可惜啊!章邯、司馬欣和董翳斷了我東去的歸路。」

「三秦王並不可怕,怕的是大王猶豫不定,失去戰機。您看,雍王章邯、塞王司馬欣、翟王董翳,他們都是原秦朝降將,曾率關中子弟出關作戰,數年之間死亡者不可勝數。他們又欺騙士卒投降項王,一夜之間被坑殺二十多萬,唯獨他三人得以保全性命,封王關中,秦地父兄早已恨之入髓。而大王從武關入咸陽,秋毫無犯,與民約法三章,除秦苛政,使民安居,關中百姓無不企盼大王按楚懷王之約,在關中稱王。可見,若攻三秦,民心可用。如果大王舉兵東向,奪取關中則易如反掌,傳檄而定。得了關中,可恃關中之險,地方之富,民眾之多,何愁東進爭奪中原不成!」

韓信跟蕭何談得簡單些,這次他將思考已久的完整想法一一道出。

「高見!高見!」劉邦非常震驚,漢軍中還有這樣天馬行空的人。這一席話語,把天下形勢分析得透澈,為漢軍描繪了一幅爭奪天下的藍圖,

這對長期看不清形勢、找不到出路的劉邦來說，如同撥開烏雲見了太陽，在苦悶中找到了前行大道。這時，他才用心體會到蕭何為什麼要稱韓信「國士無雙」了，真是一葉遮眼不見高山，險些誤了大事。

蕭何與夏侯嬰相視而笑。

「韓都尉，何時還定三秦呢？」劉邦迫不及待地問。

「當然越早越好。大王你想，漢軍將士多為崤山以東之人，歸心似箭，任何高山大澤是阻擋不住他們的，若心境冷落，天下安定，百姓安居樂業，將士們就不願苦戰死戰，這比什麼都可怕呀！以臣之見，不如此時決策，東向出兵，利用大家還鄉之情，爭權以取天下！」

聽到這裡，劉邦覺得話說得太有道理，但重要的是當前怎麼辦？他搖了搖頭：「通往三秦的子午、褒斜棧道都已燒毀，先前是無腿無腳，現在是有腿有腳卻無路。要是等褒斜道修好，還不知要到猴年馬月，真是急煞人也！」

此時，不輕易啟齒的韓信神祕地笑了起來：「要戰勝強楚，鬥智勝於鬥兵，否則難於取勝！貫通秦嶺主要道路已被燒毀，修復五百里褒斜道，不但難以辦到，且引人注目。所以，棧道燒了正好，可採用聲東擊西的改道之術。」

「改道？」劉邦抑制不住內心的衝動。劉邦入蜀漢以來，曾三番五次派人前去探測查尋，但因地域廣大，高山連綿，深谷河道交錯，森林茂密，都被一一擋了回來，難道還有其他小道可走？！

韓信走到劉邦面前，將一份自己早已畫好的帛圖，攤在桌几上。蕭何、夏侯嬰也都圍擁了過來。他指向圖中一條小徑：「此道可行。」

「此為何道？」

「陳倉故道。」

《漢書·高惠高後文功臣表》載，一位名叫趙衍的人，引路有功，指

出了一條小道，漢軍得以最終進入關中。漢朝建立後，趙衍還被封為「須昌侯」，位列功臣表第一百零七位。大家知道，韓信初到漢中時，任連敖一職，連敖的一種說法是接待賓客的官吏。或許，正因為在連敖任上有了接觸到當地首領的機會，從此人這裡打聽到一些從間道通往關中的具體情況？這僅是筆者的一種推測。

此時，韓信指著漢中位置說：「大王可先派一軍，大張旗鼓，修復褒斜道，吸引章邯的注意力，然後，整兵北上，從漢中翻越山嶺，打章邯一個措手不及！」

韓信早已對楚、漢大勢瞭若指掌，他的謀略實在令人嘆服。像韓信這樣的人，不僅會打仗，還能把整個天下局勢都裝在腦海裡，漢軍就需要這樣的人來指揮。突然間，劉邦有些害怕了，不是項羽、范增不能識人用人，拱手將韓信相送，自己還能有什麼機會戰勝項羽？進而，又想到了蕭何，不是他月下追得韓信，恐怕韓信早跑了，真要感謝蕭何的鍥而不捨，高瞻遠矚！

劉邦拍了拍蕭何肩膀，再沒有說什麼。

這一天，是劉邦最快樂的日子。鴻門涉險以來，劉邦不斷受到重挫。先是被逼拱手讓出關中，再是丟失張良，入漢以來，將士連連出逃，軍心不穩，可以說跌到人生一個新的低谷。而韓信的〈漢中對〉，為劉邦在黑暗中送來了一抹曙光，劉邦集團之後的東進爭天下種種攻略皆基於此。後人把這番宏論，比作三國時期諸葛亮對劉備分析天下大勢的〈隆中對〉，確實是很有道理的。

第十四章　漢王築壇拜大將

漢王元年（西元前二○六年）七月一天，劉邦突然宣布一個爆炸性的消息：翌日將齋戒三日，修築拜將臺，選擇良辰吉日，以古禮來拜統軍大將。

軍營沸騰了！漢川沸騰了！將士們多麼盼望能有這一天──意味著等拜了大將，東征指日可待，可以早日打回山東老家去，與自己親人團聚。

南鄭的百姓則感到好奇，有些上了年歲的人，依稀記著還是從老輩人那裡聽說過周文王拜將的故事，這可是一段不尋常的佳話。殷商末年，飛熊應兆，上天垂象，至仁至德的周文王在渭水邊，聘得年邁八旬的姜子牙，築壇拜為軍師，子牙果不負期望，為文王之子武王姬發贏得了天下，建立了西周，子牙被尊稱為尚父。現如今，難道漢王也尋到了治國平天下的大賢？這位大賢又是誰？

應該說拜將是一場的政治秀。與其說是蕭何向劉邦提出的，不如說是韓信私下要求的。

韓信塑像
供奉在淮安「漢韓侯祠」內，
一九八○年代，
由浙江美院根據明代典籍韓信畫像所造。

拜將臺

位於漢中石城南門外，歷來被視為漢高祖的發祥地，也是四百年漢室帝業的根基。
臺腳下東西各樹立一石碑，東碑陽刻「拜將壇」三個字，陰刻「登臺對」。
西碑陽刻「漢大將韓信拜將壇」八個字。

　　此時，劉邦已經認定韓信就是他所要尋找的統帥，但是韓信沒有軍功，一下子擔當這麼重要的軍職，那些跟劉邦出生入死的將軍們，肯定不服。這得把戲演好了，才能讓人相信。於是，就有了名揚天下的登壇拜將儀式。

　　拜將這一天，人們帶著不同的心情，爭先恐後，競相來到南鄭郊外，一睹大將風采，一睹拜將場面。

　　土壇已築起來了。土壇四周插滿了赤幟，隨風飄展，格外醒目。隨劉邦進南鄭的文臣武將差不多都已到齊，他們按爵位站在左右兩側。

　　土壇下方的將士及圍觀的百姓，興高采烈地猜測、議論著。他們的目光大多交錯在曹參、樊噲、周勃、酈商和灌嬰等五人身上。這五位將領個個昂首挺胸，正襟「危站」，內心卻忐忑不安。這麼隆重的禮儀，與劉邦平常馬馬虎虎的作風不相吻合，大將是誰？怎麼一點風聲都不透漏？不過，憑著他們的戰功，都有希望成為漢大將。

　　沛縣人曹參，字敬伯。早年為秦朝沛縣監獄管理員，也是劉邦平民時的

好友。曹參當上官吏時，在縣裡名聲很好，劉邦則大為不同，他在父老眼中相當於一個地痞。劉邦舉義，曹參與蕭何等人裡應外合，將沛縣縣令殺死，正式宣布反秦起兵。起兵後，他隨劉邦經歷了許多大戰，攻城掠地，身遭數十創。在救援雍丘時，他擊殺阻止吳廣大軍西進的秦將李由，戰王離，破楊熊，兩敗趙賁。平定南陽後，一路向西進發，破武關、戰嶢關、下藍田，終於進占秦都咸陽。進入漢中後，升遷為將軍。漢軍中素有「文蕭何武曹參」、「漢軍中的白起」之譽，可見曹參大名鼎鼎，他人難與匹敵。

樊噲也是沛縣人，原本是一個狗肉販子，生得雙目溜圓，滿面虯鬚，臂闊腰圓，功績也是無與倫比。論私交，他年少時就與劉邦交好，又是劉邦的連襟。當年呂公相中劉邦後，劉邦牽線搭橋，又向岳父舉薦樊噲，將他介紹給二姨子呂須。他們二人情誼自然非同一般。論戰功，他隨劉邦起事，衝鋒陷陣，身先士卒，善打惡仗，天下聞名。攻胡陵，定豐沛，克濮陽，破李由，下開封，被賜封賢成君。他雖然粗魯莽撞，性情急躁，好殺成性，但治軍有方，行止有矩，忠心耿耿，頗有智謀，是不可多得的良將和統帥。鴻門宴上，他更是威劫項羽，勇救劉邦。這時，樊噲有些迫不及待了，以為漢大將他已唾手可得。

沛縣人周勃，年輕時以織草席為生，兼做喪事中的吹鼓手。跟隨劉邦起兵後，他以中涓身分攻胡陵，取方與。沛公為漢王，賜予威武將軍，進入漢中，拜為將軍。後來劉邦認為他「厚重少文，然而安劉氏者必為周勃」。

高陽人酈商，有勇有謀，在陳勝舉義時，聚眾四千多人反秦，當劉邦進軍秦地來到陳留時，酈商將所屬部眾交給劉邦。他陷陣卻敵，攻長社，破秦軍洛陽東，西進宛穰，一舉定漢中，戰功卓著。項羽滅秦立沛公為漢王，賜爵信成君，後拜將軍。他哥哥就是那位被賜廣野君、人稱「高陽酒徒」的酈食其。兄弟倆一文一武，聞名於漢軍內外。

睢陽人灌嬰，年齡較小，身高不過七尺，卻給人處事幹練、英氣勃勃的感覺。他原本是一個做買賣的二道販子，在劉邦起兵初，從河南前來投奔，並以中涓身分隨劉邦轉戰各地，破東郡尉於成武，從攻秦軍開封，南破南陽守，西入武關，激戰藍田，勇敢作戰，一直打到灞上，被賜予執珪爵位，號昌文君，進漢中後的中謁者，並被拜為騎將，全權負責騎兵團的組建和指揮——

點將臺

不久，拜將儀式開始了，鼓樂齊鳴。

臺下將士和百姓，人聲躁動，歡騰一片。只見劉邦在眾人簇擁下，登上了拜將臺，走到几案前，虔誠地燒了幾炷香。跪下去，以示對帥旗、帥印的尊崇。然後，從禮儀官手中接過大將印綬，面向臺下，洪亮、威嚴地宣布道：「拜治粟都尉韓信為漢大將！」

話音剛落，全場譁然。

誰也沒有想到，拜一個小小的治粟都尉為漢大將，諸將有的憤憤不平，有的嫉妒不服，韓信能有什麼資格！

以他們對韓信的了解，韓信是個胯夫，而且是個沒有勇氣的無能之

輩。韓信又是從楚營過來的，難保他不是奸細。韓信犯過罪，還當過逃兵，本來就應當被殺頭。這樣的人，怎麼可能當大將，用誰都比這小子強，由他帶著大家打西楚霸王，開什麼玩笑！可以說，漢軍上下除了劉邦、蕭何和夏侯嬰，沒有一個心服口服。

眾將不服這是意料之中的事，卻沒想到反應如此之大。史書上用了「一軍皆驚」四個字來形容。而劉邦要的就是這樣效果，高明的政治家，往往會借勢造勢。

劉邦是集大智大勇於一身，善於駕馭各種場面的人。他知道曹參、樊噲等多年跟隨自己出生入死的朋友，攆不走，轟不跑，忠心不二，矢志不移，有什麼不滿，教育教育就行。而拜將這一招，穩定了軍心，凝聚了人心，打仗有了主將，回家有了希望，將士們也就不再逃跑了。

同時，高規格的拜將，更讓韓信死心塌地感動一輩子。當時韓信的心情可想而知，劉邦如此厚愛，絕非項羽之輩可比，就是古代文王對待子牙也不過如此。他的淚水溢出了眼窩，心中默念，老天開眼，烏雲終於驅散，如今輪到我韓信出場了，不管前面是萬丈深淵，還是刀山火海，韓信都將義無反顧，為漢王轟轟烈烈地大幹一番！以後發生的一切均證明了這一點。

隨後，劉邦向大家做了慷慨激昂的演說。演說的主要內容就是〈漢中對〉的部分，非常切中要害。這次雖為拜將，實則是漢軍進入漢中以來的一次誓師。

隨著現場氣氛抬高，二十五歲的韓信神思飄忽。機會總是留給有準備的人，在自己的謀劃下，今天終於登上了歷史舞臺。一個從淮陰南昌亭走出來的胯下小子，不鳴則已，一鳴驚人，在即將拉開楚漢戰爭帷幕中，一定會迎來真正屬於自己打天下的時代。

其實，劉邦任命韓信為大將，也是一場賭博。劉邦是天生的賭徒，他不賭，只能一輩子困在漢中，與死無異。賭輸了，他頂多損失些兵馬，還有漢中可依。賭贏了，他就能依靠韓信贏得天下。

　　儘管如此，劉邦還是留有一手。他並沒有把兵權立即交給韓信，因為從起兵那天起，劉邦始終站在戰爭的前頭，統兵作戰能力極強。而拜韓信，主要是以高官厚祿留住頂級人才，完全沒有必要因為找到一個更能打仗的將軍，或者有才華尚未經戰場證明的將軍，就把軍隊全部交出去。

　　當然，未來的某一天，如果需要分兵，劉邦自然就會把一部分軍隊交給韓信，他後來也是這麼做的。

第十五章　暗出蜀中奪陳倉

如人們預料中的一樣，自從項羽分封諸侯後，天下未曾得到一日安寧。

漢王元年四月，諸侯各歸其國。韓廣不肯按照項羽的分封去遼東，發兵阻止臧荼就任，雙方大戰數月，臧荼消滅了韓廣，兼併了遼東。

五月，田榮起兵反楚，打敗項羽分封的齊王田都，繼而殺了膠東王田市和濟北王田安，自立為三齊王。田榮還把彭越扶植起來，彭越揮軍南下，打敗了楚將蕭公角，直接威脅項羽的安全。

同時，陳餘對張耳被封為常山王而自己卻沒有被封很是不滿，他得到田榮支持後，與張耳大戰七八個月，最後張耳兵敗逃奔劉邦。陳余則把趙歇從代地接回來繼續當趙王，自己做了代王兼任趙國丞相。

在中原地區再次陷入一片戰亂之際，劉邦爭奪關中的心思一刻也沒有停止過。五月，他已令曹參取了下辨（今甘肅成縣）和故道（今甘肅兩當、陝西鳳縣），為進軍關中搭好了跳板。八月，拜韓信為大將後，立即部署諸將日夜操練，並基於秦的兵制，對漢軍進行全面整頓，重申軍法。在荒蠻悶熱的漢中，憋了四個多月後，劉邦終於決定正式反攻三秦。

古代的漢中盆地，是通往秦、隴、蜀、楚的重鎮要隘。進出漢中最大的難題是交通。秦嶺山脈東西長四百公里，平均海拔在兩千公尺以上。從漢中到關中，必須通過貫通秦嶺（古稱南山）的幾條山間古道。早在春秋時，這裡就有了子午、褟駱、褒斜、陳倉和祁山等棧道，成為三秦連接漢中的紐帶，可謂「棧道千里，無所不通」。

子午道，北起今西安市終南山子午峪，南至漢中市西鄉子午鎮，全長三百三十公里。古代稱北為子，南為午，南北方向的道路即稱子午道。但子午道全線並非正南正北，由秦嶺分水嶺開始折向西南。

　　儻駱道，北口位於周至縣西駱峪，南口位於漢中洋縣儻水河口。全長約二百四十公里。是子午、褒斜等道中最為快捷也最為險峻的一條古道。

　　褒斜道，北起眉縣斜谷口，南至漢中大鐘寺附近的褒谷口，沿途穿過褒斜二谷，為秦地通往巴蜀的主幹道路，全程二百四十九公里。在歷史上，褒斜道開鑿最早、規模最大、沿用時間最長。

陳倉道
為古陳倉道黑水河淺灘一段。

乾隆年間石碑

　　陳倉道，即故道、嘉陵道。從陳倉向西南出散關，沿嘉陵江上游谷道到鳳縣，折向西南，經兩當（漢故道）、徽縣（漢河池）至今略陽（漢嘉陵道）接沮水抵漢中。

　　祁山道，從甘肅天水經禮縣，翻越祁山，沿西漢水過西和、成縣，到達徽縣，或從白水江順流而下，向南翻越青泥嶺，沿略陽東行至漢中。

　　就在四個月前，劉邦由關中去漢中，走的是秦入蜀的褒斜道（《史記・留侯世家》中有記載）。當時張良送劉邦入漢中，火燒褒斜道，表明劉邦無東歸之意。在秦滅六國時，除褒斜、子午道外，儻駱、陳倉諸小道都已廢棄。漢軍如果想從這些小道出來的話不僅路況險峻，還可能遭遇設伏在谷口的敵軍阻擊。那麼，劉邦最先要做的，就是修復褒斜道上的棧道。

　　就地緣關係來看，控制關中盆地以西的是雍王章邯。他奉項羽之命，

以廢丘（今陝西興平縣南）為雍都，作為第一重門戶。因此，他是漢軍北出的直接對手。然而，他認為褒斜道已燒毀，劉邦就是插翅也難以飛過，平時他並未秣馬厲兵，只是經常派人巡察一下，提防著劉邦出來就是。

很快，章邯得到報告，劉邦新近拜了韓信為統軍大將，還派人日夜搶修褒斜道，準備擇日東征。

章邯十分吃驚，褒斜道燒毀容易，修復卻是萬難。當今天下唯有劉邦能與項羽對壘，棧道之險劉邦不是不知道，為何如此囂張，莫不是有其他企圖？棧道一年半載未能修好，漢兵又從何處出來？他判斷修褒斜道只是虛晃一槍，明擺著要造成他的錯覺，轉移視線，以達成偷襲的目的。

他料定，漢軍將向西占西縣、上邽，走祁山之道攻擊關中。漢軍已占有西部下辨一些地方，西出關中最為有利，也是唯一的路途。因此，雍軍必須提前分兵堵截漢軍，以防萬一。

其時，章邯對韓信並不了解，傳說中的韓信只是個胯下小子，他覺得韓信玩陰謀詭計還嫩了點。雖這樣想，但憑藉多年作戰經驗，特別是鉅鹿大戰的慘痛教訓，心中仍有餘悸。承蒙霸王委以看守秦川重任，近來又有范增檄文傳來，他自然不敢掉以輕心。

章邯是舊秦大將，也是唯一能稱得上項羽的對手。他曾是主持驪山陵營造的少府，讀過許多簡策。在陳勝、吳廣發難，諸侯並起時，承擔起大秦帝國的最後命運。他憑藉手中一路人馬，先敗周文數十萬大軍，又破齊楚聯軍，再殺楚軍最高統帥項梁於定陶，擊敗了函谷關以東的各路叛軍。在鉅鹿之戰中打得六國人馬都不敢救援趙國，但後來被擊敗，隨項羽進入關中，封為雍王。現在，他強烈感覺到在此安度晚年是不可能了。

不過，在楚營時韓信已對章邯和他的大兵團作戰戰法研究過，如何利用山區地形，選擇好進軍路線，是一個重大問題。

漢軍只有十來萬人馬，需要長途作戰，而章邯以守為攻，以逸待勞，

如果按常規的打法，一定難以取勝。此戰的關鍵，是要造成攻擊的突然性，避開章邯的正面防禦，調虎離山，聲東擊西，打他個措手不及。為此，漢軍須先多路越過白水，向三秦西部進軍，進一步吸引章邯分兵援助。爾後，漢軍主力可出其不意經陳倉道再轉從故道，倒攻散關，出陳倉縣。

陳倉（今陝西寶雞市東）是一大軍事重鎮，也是關中盆地的門戶。南鄭離今天的陝西省漢中市不遠，而咸陽則是在今天的陝西省西安市以西。陳倉和咸陽連線呈東西走向，和秦嶺山脈平行，南鄭卻在秦嶺的這一邊。陳倉、南鄭、咸陽三地的連線幾乎是一個等腰直角三角形，陳倉就在直角頂點上。如果，漢軍先入陳倉，就等於繞到三秦王軍隊的後面去作戰。

韓信部署先行四路兵馬出擊。

第一路，以曹參為先鋒，率部先從漢中渡過白水，由兩當趕赴故道，增援陳倉，然後轉而攻雍地；

第二路，樊噲率部，從漢中渡過白水，攻西縣，得手後亦從陳倉道轉從故道，增援陳倉；

第三路，靳歙率部過白水，再從下辨以西渡過渭水，直接插入隴西。可打著漢王旗號，虛張聲勢，待雍軍率師東移之後，全力平定隴西各縣，切斷章邯的西去之路；

第四路，酈商率本部人馬，與靳歙一起大造聲勢於隴西，並乘勢攻取北地、上郡，進一步引誘章邯北援。

當得知章邯下達命令，雍軍向西縣、上邽一線集結時，韓信大喜過望。隨即，他與劉邦率領主力出漢中向北暗暗開去。

漢軍沿著斷斷續續的殘痕行走，偶爾可以看見懸崖陡壁上的石窟窿，或者，在深山裡撥開瘋長的雜草，依稀可見故道上靜躺的石塊。當地寶民特意趕來做嚮導，使隊伍在大山峽谷中輾轉前進。

從褒中向西二十里到達勉縣。勉縣在歷史上是漢中盆地的西北門戶，它有「前控六路之師，後據西蜀之粟，左通荊襄之財，右出秦隴之馬」之稱。

　　從勉縣出去後，經沔縣的鐵爐川、鳳縣的陳倉溝，到故道河，繼而麾動三軍，逢山開道，遇水搭橋，牽藤攀葛，登高投險，翻越秦嶺，直取陳倉城，一舉打開了通向關中的門戶。至此，韓信「捉迷藏」似的戰略目標得以初步實現。

　　韓信第一次帶兵作戰，就創造出具有深遠意義的軍事傑作。這次戰役《史記》、《漢書》記得很明確，特別是此役漢軍主要將領功臣行動線路表明，這是一個大的戰略欺騙。

　　事實上，韓信一面派兵多路明出隴西，明修褒斜棧道，吸引章邯注意力，造成他判斷錯誤，使得雍軍主力向西移去。一面暗中率軍西走陳倉故道，從而，以迅雷不及掩耳之勢一舉成功偷襲陳倉，攻入關中。至於「明修棧道，暗度陳倉」一說，只是元代以後才在小說戲曲中出現，在此之前任何史書中都沒有提到過，這應該是後人的穿鑿附會。

第十六章　還定三秦創奇蹟

韓信暗出陳倉，倒攻散關，出奇用兵，趁機殺入關內，控制了進入關中這一最為關鍵的戰略要地。緊接著漢軍渡過渭水，如神兵天降出現在關中平原上。

散關，是關中地區的四大關口之一。位於今天陝西寶雞西南的大散嶺上，自古以來就有「秦蜀噤喉」之稱，是南控漢中，北制關中的兵家必爭之地。

當得知漢軍走陳倉道入關時，章邯大為吃驚，自己是秦地人，又曾任秦朝少府，掌管著秦地的河流、山川、道路各類圖集，可是圖集上從沒標注過，更沒有聽說有人走過，只是一個傳聞。陳倉古道曾是歷史上一條北通秦隴的小道，古年十代已經廢掉了，險惡難行的古道，漢軍是怎麼知道的？又是怎麼走過的？

很快就有答案，因為山險水惡，在當地人范目的協助下，從故道而出，漢軍才得以成功偷渡。

范目為賨人（當地少數民族，又稱寅人、板楯蠻）部族頭領，他勇敢善戰，有遠見卓識，在巴人中影響很大。史稱：「漢軍入漢川後，范目徵召巴人組建巴渝勁旅近萬人，親率巴軍幫助劉邦還定三秦。」

到了這個時候，章邯完全如夢方醒，漢軍主力的出擊方向，是陳倉而非隴西，攻打隴西是虛張聲勢的佯攻，可是許多雍軍已經調出，無法回防，他對自己的輕敵和誤判後悔不已。

但章邯畢竟曾是統帥過百萬人馬的大將，此時，並沒有被意外完全擊倒。他認識到陳倉城失守，意味秦地將被攔腰切斷，咸陽、好畤、廢丘危在旦夕，這該怎麼辦？他在堅守廢丘的同時，一面令其弟章平守好畤，屏障廢丘；一面將隴西一線的人馬迅速向東收縮，保障其側後安全，並火速

向塞王、翟王和霸王求援。

在這一切安排好後，他親自帶上廢丘的機動兵力，由東向西開赴陳倉攔截漢軍。而此時，攻下西縣的漢將樊噲率軍也已趕到陳倉附近，配合漢軍主力協同作戰。

漢、雍兩軍相遇，漢兵是積憤已久，銳不可當，好似猛虎下山，一經遭遇便將雍軍殺了個人仰馬翻。這時又傳出消息，西去隴西的漢將靳歙、酈商等諸路兵馬進展順利，前去增援的雍軍，欲進無力，欲退無能，被緊緊拖在那裡。章邯綜合分析情況後，自度勢劣，迫不得已退回廢丘。

至此，韓信成功完成了「還定三秦」的第一個目標，從漢中突圍，在關中地區獲取立足之地。

廢丘是雍王城，位於秦地中部的陳倉和咸陽之間。初戰告捷，漢軍鬥志更盛，諸將紛紛向韓信請纓，爭當攻擊廢丘的先鋒。

韓信告誡大家不要著急，有的是時機，三秦王主力尚在，塞軍和翟軍尚未出動，章邯必然還要組織反撲，大戰還在後頭。

關中向來被稱為秦，又因為防止劉邦勢力的擴張，項羽把關中分割為三部分，分封三王，後世因而稱三王為「三秦王」。除了章邯分封雍王外，司馬欣封塞王，王於咸陽以東到黃河一帶，建都櫟陽。董翳封翟王，王於陝西北部，建都高奴。而咸陽則成了三秦的分界點。

章邯退守之後，韓信第二個目標便是東下咸陽，攻打三秦聯軍。韓信命曹參、樊噲和周勃為前鋒，繞過廢丘，深入敵後，包圍章邯其弟章平固守的好畤城，配合主力部隊在廢丘作戰。韓信則和劉邦親率大軍沿渭水河谷推進，兵鋒直指廢丘，誘使章邯反攻。

果然如韓信所料，不久，章邯得到了塞王司馬欣、翟王董翳的增援，聲勢大振。他親統三秦聯軍十萬人，西出壞鄉之東的高櫟，來和漢軍戰鬥，企圖一決取勝，消滅漢軍的主力。

就當時態勢而言，雙方幾乎勢均力敵，在兵力對比上章邯占有一定的優勢，漢軍將士則在大將韓信和漢王劉邦帶領下，唱著鄉曲，鬥志昂揚地迎了上去。

　　與此同時，韓信命令曹參、樊噲自好畤南下，切斷章邯的退路，前後夾擊，章邯由於腹背受敵，遭到漢軍突然襲擊，結果全軍崩潰，不得已第二次引敗卒逃回廢丘，閉城自守，等待項羽發兵前來救援。

　　韓信雖殲滅了三秦聯軍主力，取得決戰勝利，但形勢仍不容樂觀，章邯絕不會甘心失敗，企圖以守待援做最後掙扎。現在漢軍主力屯於堅城之下，一味拖下去，漢軍仍有被合擊的危險。

　　隨後，漢軍不待雍軍喘息，發起了猛烈攻擊，奈何廢丘城池堅固，漢軍一時難以攻克。

　　當時有幾種可供選擇的方案：一是強行攻取，這要花相當大的代價，要死多少人？二是引渭水注入廢丘，這樣可以迅速取勝，而城中黎民百姓要一起遭殃；三是不受章邯牽制，擱下廢丘，圍而不打，擴大作戰範圍，來個四面開花。其實，要與項羽爭鋒天下，民心最重要。用水灌廢丘，現在不行，一灌，劉邦跟三秦王、跟霸王還有什麼兩樣？

　　軍事是手段，政治是關鍵。三秦王在關中地區毫無政治基礎，一旦軍事力量被摧，其政治統治便會頃刻瓦解。而漢軍目標不是一城一地的得與失，漢王仁厚形象，在關中深得人心，放開廢丘，很可能造成破竹之勢，有利於迅速占領關中。這樣，既避免了大軍屯於廢丘城下，又能迅速平定三秦。至於廢丘什麼時候攻取，那要視情況而定，怎麼個攻法，自然水灌也是一個辦法，但必須到萬不得已。

　　於是，韓信確定了第三個目標，放開廢丘城，立即向關中各地進軍。他留下少量兵力圍困章邯，自己與劉邦率主力長驅東進，迅速拿下了咸陽。然後馬不停蹄地分兵東進北上，以凌厲攻勢，迫降了塞王司馬欣、翟

王董翳。接著，又令灌嬰率軍攻下了櫟陽，酈商攻下了關隴北地，斬歇平定了隴西六縣。

雖然廢丘未下，但其已是孤城，難成氣候。這樣，韓信總共不到一個月時間，就基本上平定了關中各地。

這個奇蹟，是青年英雄韓信創造的，充分展現了軍事天才。這也是他平生所指揮的第一個戰役，初出茅廬，一鳴驚人，開創了中國歷史上，從漢中出兵攻占關中的唯一成功戰例。取得勝利的原因主要有三條：一是成功地隱蔽用兵方向，從根本上打亂了敵軍部署，明出隴西，暗走陳倉，以奇蹟創造奇蹟；二是靈活用兵，以主力正面誘敵，以前鋒迂迴奇襲，分兵合擊，始終掌握戰場主動權；三是不屯兵堅城，大膽神速進軍，確保了「三秦之地可傳檄而定」預言的實現！

第十七章　東方形勢突轉變

八月底，漢軍重入秦舊都咸陽。

劉邦率諸將來到了阿房宮廢墟前，神采飛揚，入川時的窘態一掃而光，彷彿困在水中的蛟龍，又重新游回了大海。咳，秦嶺的大風依舊在呼嘯，關中卻換成了漢家天下！

「關中王」即「秦王」，能夠成為「秦王」意味著能夠獲得當時雄視天下的資本。劉邦望著這片斷垣殘壁，十分感慨。西楚霸王一把火燒了阿房宮，然後給三萬人馬把自己打發到漢中，當時唯有隱忍。如今，韓信打了一場迅速而又非常漂亮的進攻戰，僅僅四個月，自己即成功地從漢中突圍，一舉拿下了關中地區。

進入巴蜀之後是劉邦的一個低谷，但同時也是一個機遇，這個機遇便是韓信創造的。之前劉邦的種種舉動，似乎看不出有多大的雄心，更多的是要按楚懷王之約，得到關中王的寶座。但進入漢中以後，韓信的建言，則堅定了他與項羽爭奪天下的決心。

現在目標當然不是單單做關中王。劉邦擁有了巴蜀、漢中和關中之地，政治影響、軍事實力和經濟實力迅速增強，具備了東爭天下的條件，足以取代項羽成為新一代天下霸主。也由此可知，漢中策對劉邦事業的定位有多麼重要，還定三秦對他人生有多麼大的意義。

而項羽自東歸彭城之後，整整十個月的時間裡，完全陶醉於滅秦的勝利和沉湎於從秦宮搶走的珍寶美人之中。雍王章邯死守廢丘十個月之久，日夜盼望項羽來救，可他置若罔聞，一動不動。

在項羽眼中，自己就是一個天下無敵的英雄，無論形勢有什麼變化，到時候只要自己親自出馬，沒有解決不了的問題。正是項羽這種盲目自信，給了遠在千里之外的劉邦發展時間與空間。

這時候，張良、陳平、王陵等許多楚漢戰爭中的重量級人物紛紛歸漢，更使劉邦如虎添翼。

在漢初，王陵也是一個響噹噹的人物。現在劉邦是漢王，可是早年在沛地市面上混的時候，劉邦一直像侍奉大哥那樣侍奉王陵。王陵缺乏素養，愛意氣用事，喜歡直言。到了劉邦進軍關中抵達咸陽時，王陵自己也聚集黨羽幾千人，駐紮在南陽。他曾派人連繫過王陵，王陵拉不開臉面，拒絕了劉邦。

不過，兩人關係還不錯。現在劉邦剛剛打回關中，連忙派將軍薛歐、王吸帶一支隊伍出武關，借著王陵兵駐南陽，準備強行到沛縣去接太公、呂雉。可是事不機密，項羽聽說後，怕劉邦一家人質被搶去，派兵在陽夏阻截，漢軍計畫未能實現。戰爭要靠拳頭說話，項羽也認為王陵是一個有本事的人，亂世之中，得地百里，強而有力。為了拉攏王陵，項羽將王陵的母親安置在楚營中，想招降王陵。不過王母並不領情，最後項羽還是殺了王母。為此，王陵痛不欲生，發誓要為母親報仇雪恨，下決心幫助劉邦打敗項羽。

更讓劉邦喜出望外的是，老朋友張良也已來到咸陽。鴻門宴上，張良幫助劉邦欺騙了項羽，但張良是項伯的朋友，不便直接加害，於是遷怒於韓王成。項羽來到新都彭城後，首先做了一件事，就是殺了韓王成。殺了一個韓王成也沒有什麼了不得，偏偏作為韓相國的子孫，張良把他視為復興韓國的命根子，發誓要報仇雪恨。從此，張良再無牽掛，一心一意地投奔劉邦來了。

褒中一別，相思綿綿。

劉邦就天下形勢，與張良進行了長時間交談。韓信幫助自己攻占了雍、塞、翟，打回了關中，而章邯在廢丘死守多月，苦苦等待楚軍來援，可是就不見任何動靜，項羽這麼長時間在做什麼？他難道真的不要關中

了嗎？不是！

對項羽裂土分封形成的政治格局提出挑戰的，正是項羽自己。他把秦朝滅亡的原因，歸咎於秦朝的集權殘暴，有心要做一個舊時代的英雄。如韓信預料的那樣，他封王授爵，隨心隨意，全憑自己喜好，人為地造成許多新的矛盾，招致秦亡後天下大亂的局面。

起先，項羽為了定都彭城，把義帝趕到長沙郴縣，他覺得有「天下共主」義帝的存在，對自己是個威脅。經過一番祕密策劃後，他讓九江王英布、衡山王吳芮以及臨江王共敖，擊殺義帝於郴江之中。義帝怎麼說也算是君臣關係，萬沒有想到，風聲走漏，這樣做陷自己於不仁不義的罵名之中。

接著，臧荼為了搶奪封地，和他的老主子韓廣發生矛盾。韓廣原是燕王，不肯離開燕地到遼東去，臧荼乾脆把他殺了，連遼東的地盤也吞併過來。

最令項羽頭痛的還是齊國舊王室田氏。秦末亂起，田氏中的幾位豪傑相繼起兵，而以田儋的影響最大。他起兵之後，很快控制了原齊國大部地區，自立為齊王。當時，秦軍章邯，利用田儋遠來增援被包圍的魏豹兄弟之機，在臨沂城下發起夜間襲擊，田儋被殺。田儋的從弟田榮，整編了田儋的餘部，成為田儋事業的繼承人。

另一位齊王室的後裔田假，也趁機自立為齊王。田榮立即率兵攻打田假，田假戰敗逃亡，田榮於是擁立田儋之子田市為齊王，自居齊相。田榮是位個性極強的人，在他被秦軍包圍時，項梁派項羽、劉邦等人為他苦戰解圍，事後，他卻為全力爭奪齊地的控制權，而拒不與項梁協同作戰。項梁被章邯打敗後，項羽對田榮心懷不滿。項羽分封天下時，因記恨定陶失援之仇，不肯功封田榮。田榮竟擊殺項羽所封齊王田都、膠東王田市和濟北王田安，自立為三齊王。趙相國陳餘聯絡田榮，驅走常山王張耳，恢復

了故趙王歇的趙王封號，趙王歇為了報答陳餘，又封陳餘為代王。田榮還派人拉攏彭越，令其興兵梁地，明目張膽地與項羽作對。

項羽對這樣的背叛活動，勢難容忍。

就在這時，劉邦已接受韓信建議，聲東擊西，暗出陳倉道，打敗了三秦王。項羽聽到三秦地被奪的消息，準備讓鄭昌對付劉邦。而在彭城的張良唯恐對劉邦不利，就給項羽寫了一封密信，漢王名不副實，所以他想得到關中，只要按當初的約定得到巴蜀、漢中、關中，他絕不敢再向東發展了。張良又把田榮、陳餘聯合反抗的事件渲染一番，試圖轉移項羽對劉邦的注意力。項羽思之再三，覺得張良說的有一定道理。劉邦得了巴蜀、漢中及關中也算理所當然，且離楚地較遠，對自己尚不構成直接威脅，而齊地在楚國首都彭城之旁，豈容田榮作亂！於是他決定先對齊地用兵，將齊國作為首個打擊對象。

深秋，項羽揮軍北上，直趨齊地城陽，田榮哪裡是天下無敵的西楚霸王的對手，齊軍很快潰散下來，他在原平被當地人殺死。項羽重新冊立了田假為齊王。到此，可以結束戰爭，但項羽沿途又大肆燒殺搶掠，以滿足對田榮的報復心理。一次坑死數千人，連老弱婦孺未能倖免，由此引起齊地的激烈反抗。田榮其弟田橫也趁機而起，在城陽一帶收集田榮的散兵數萬，擁立了田榮之子田廣為齊王，打敗了田假，整個齊國處於戰亂之中，楚軍陷入泥潭，不能自拔。

天下大亂在意料之中，但沒有想到，亂得如此迅速，規模如此之大。

劉邦一向待機而動，雄心勃勃。天下能人，都能自覺不自覺地站在自己的赤旗之下，特別是那漢初三傑的韓信、蕭何和張良都樂為所用。劉邦玩政治，韓信負責軍事，蕭何、張良負責管理、出謀略，從此，還懼怕西楚霸王什麼呢？而關中沃野千里，阻山帶河，居高臨下，是漢軍穩固的戰略後方，況且自己手中已有數十萬人馬。而如今，項羽陷在齊地，其都彭

城只是一座空城，四面受敵，現在不端掉他的老窩，更待何時？

　　張良歸來，劉邦平添了膽略。這期間重要的謀士陳平，也從項羽的營壘中分化出來，棄楚投漢。陳平滿腹韜略又不拘小節，是天下少有的「鬼才」。劉邦最後決定由蕭何總理後勤支援，漢軍抓緊時間，盡快整軍東出函谷關與項羽作戰。

第十八章　五國聯軍占彭城

在東征準備緊鑼密鼓聲中，一個新政權的架構呼之欲出。

劉邦首先採取的措施是，將漢國的都城由閉塞的南鄭遷至關中櫟陽。

櫟陽在咸陽之東，北依荊山，南眺渭水，原為秦國遷往咸陽之前的舊都。這樣的地理位置，更有利於直接指向廣大的關東地區。

同時，劉邦還頒布政令：深化軍改，激勵將士奮勇殺敵。諸將如果率領一萬人能夠招降一個郡的，封萬戶侯；整治關中河道，開關被項羽大火燒毀的秦朝皇家園囿，還民耕作，爭取民眾的支持；大赦罪人，建立一個穩固後方。

要奪取天下，穩固的後方至關重要。如今劉邦的後方，當然是指秦人所占據的漢中、巴、蜀、北地、隴西、關中、上郡等地。可以說，劉邦不僅完整地接收了秦國的地盤，而且還採取了和秦國奪取天下相同的戰略。他的一系列政令和之前的約法三章一樣，獲得秦人高度擁護。得民心者得天下，民心是多麼重要。

由誰掛帥東征，也是要解決的大問題。劉邦一定和張良反覆商量過，他對張良的尊敬，可以說超過了蕭何和其他任何人，兩人關係也非常特殊。

西進路上，正是張良的運籌，才得以順利占領咸陽。鴻門宴上，是張良的斡旋，才闖過險關。霸王分封，是張良向項伯說情，替自己爭得了漢中之地。還因為張良講義氣，輕生死，又小心謹慎，深謀遠慮，高人一籌。況且，張良多病，未曾單獨掛帥出征，只是個高參，只文不武，手中沒有刀把子。

而韓信和張良不同，他雖是一個二十多歲的毛頭小子，文武雙全，還有一種懾人的氣魄。自己五十來歲，閱人無數，每當見到韓信心中卻有一

種莫名的不安。亂世出英雄,會不會有一天壓不住他?

由用人問題,想到了揭竿而起的陳勝。天下群起響應,前後不到一個月就攻占了陳地,建立了「張楚」。不到三個月,這股狂飆就席捲天下,數十萬人馬突入中原,威逼秦都咸陽。可是又過了三個月,他就像一朵鮮花,遭到了風霜,一下子凋謝了,正是「其興也勃焉,其亡也忽焉」,這裡面到底是什麼原因?

泗水亭長出身的劉邦,並不是胸無點墨的粗野漢子。他對歷史和現實情況了解甚深,陳勝速敗是因策略上分兵多頭出擊,被秦將章邯一一所破,而主要的是陳勝成天待在宮裡,高高在上,把指揮作戰的征伐大權輕易地授予他人,自己卻成了聾子的耳朵 —— 擺設!當然,這樣例子歷史上還有許多。

因而,劉邦深恐韓信功勞過高,權威過大,有損於他的聲譽和形象?或者認為,不用韓信也能取勝。所以,一向高傲自負的劉邦要親自帶兵出關東進了?

不久,劉邦召來了圍攻廢丘的韓信。這也是韓信、張良兩位巨星第一次正式相見,他們有說不完的話,道不完的情。張良更是稱讚韓信出隴西、襲陳倉、還定三秦的壯舉,真是相見恨晚!

緊接著,劉邦告訴韓信欲突入中原的打算,韓信驚詫不已。

張良帶來的消息確實不壞,項羽被拖在齊地,中原諸侯紛紛反叛,而漢軍還定了三秦,士氣高漲,實力大增。但項羽不是章邯,天下有幾人可以與他匹敵?關鍵是項羽的力量在多大程度上受到了削弱,必須有一個清醒的估計。

項羽軍心未渙散,號召力依然強大,雖有一些諸侯叛離,項羽仍是天下共主,現在並不是全面出擊的時機,因為強敵一夜之間是打不垮的。他雖不會處理國與國的問題,事事用戰爭和武力解決,可是,他很會用兵。

以三萬之眾破釜沉舟，擊潰章邯數十萬大軍，以少勝多，足見他的過人之處。

那年，項羽放火燒掉秦宮，殺秦王子嬰，率軍東歸楚地，大家都覺得他殘暴無知，目光短淺。經過這些天，人們的想法有了一些轉變，難道他不想和秦始皇一樣當皇帝？不是，是他力所不及，不得不為之。因為，他以楚國的名義聯合諸侯發兵，誅無道，伐暴秦，替天行事，怎能占著秦地不走，這樣會失卻道義。而楚軍的兵源主要來自江淮和太行山以東地區，他們妻兒老小都在那裡，西破咸陽之後，將士們歸鄉之心無可阻擋。「富貴不歸故鄉，如衣錦夜行」，那是口號，否則，他統率的數十萬之眾潰散，楚國的天下有誰能夠頂著？可見，項羽對天下大勢還是了然於胸，並不好對付。

此時，正處在興頭上的劉邦，許多人傾向發兵意見，助長了他的激昂。

千難萬難已成功奪回了關中之地，自己再也沒什麼顧忌。西進關中的路途中，只是兩三萬人，在張良先生的幫助下，一路勢如破竹，取得攻破秦關的偉大勝利！

人生就是在賭博，過了這個莊，沒了這個店，機不可失，不趁項羽困在齊地，漢軍哪一天能夠打到彭城去？劉邦以為，這一把如果賭贏了，項羽就被動了。

隨後，劉邦收回了韓信的兵權，重新調兵遣將，做了西圍東進新的部署。

章邯雖被困廢丘，不可輕視他的戰鬥能力，關中戰事尚未了結，壓力依然不小。劉邦分兵一部與韓信，命令韓信繼續圍困廢丘，清剿隴西和北地三秦王殘餘勢力的抵抗。劉邦則自任統帥將大部漢軍置於自己完全指揮之下，讓張良做軍師，曹參、灌嬰、周勃、酈商、夏侯嬰、王陵、靳歙、

盧綰等大小諸將，悉數隨軍東征。

　　漢王二年（前西元二〇五年）三月，劉邦正式宣布出關東征。漢軍從偏僻的漢中，經由棧道，越秦嶺而下，席捲關中全境，為時四個多月便進入了中原，與處於混亂中、應付不遑的項羽競逐天下。

　　漢軍先由武關，向南陽迂迴，再由臨晉北渡黃河。不過，劉邦自出關以來，每戰必勝，不到一個月時間，已抵達洛陽。

　　到了洛陽，他接受百姓代表董公建議，師出要有名，不能為了打仗而打仗。項羽「弒君」，這是多麼惡劣的行徑，為義帝報仇，又是多麼正當的理由。於是，他發動了一場大規模的政治戰、外交戰。親自到洛陽給義帝熊心發喪，袒而大哭，全軍哀臨三日，追悼被項羽殺害的義帝。然後遣使遍告天下諸侯，稱義帝熊心為項羽所害，為義帝報仇，號召諸侯與他一起打倒項羽。

　　軍事上劉邦未必是項羽的對手，而政治上項羽絕對不是劉邦對手。這一招很靈，軍事威脅與政治攻心相結合，劉邦一下搞臭了項羽，贏得了人心。

　　這時，秦末反王魏王豹舉眾歸降，受到優待。河南王申陽和韓王鄭昌也向劉邦投順。舊趙的大將司馬卬，被項羽封為殷王，漢軍大舉攻殷，殷軍上下離心，旋踵之間，司馬卬為漢軍所俘。其中韓王鄭昌被廢掉，改立了戰國時韓襄王之孫韓王信。在此之前，獨立活動的常山王張耳已經歸附。可是趙相陳餘提出條件，只要漢王殺了和自己有仇恨的張耳，他才能讓趙國出兵。劉邦就挑一個與張耳面貌相像的罪徒，殺了將腦袋割下送來，陳餘不辨真假，中了「計中計」，也派出部分人馬，協助劉邦作戰。英布等人雖沒有公開表態，消極觀戰，則讓項羽更加孤立。

　　劉邦將降將、降卒編入漢軍。一時間，各地諸侯、豪傑，紛紛歸附，多達四十多萬，加上劉邦本身十多萬，兵力驟然增至五十六萬！

四月，聲勢浩大的聯軍，已湧向楚都彭城，守城楚軍倉促應戰，大敗而逃！然而，劉邦已經超負荷運轉，他的軍事才能，根本指揮不了「五國聯軍」。

　　就在劉邦得意忘形，置酒高會，沉浸在美人貨賂中時，惱怒的項羽並沒有惶然失措，料定劉邦的諸侯五十六萬大軍，不過是東拼西湊起來的龐然大物。他以超人的氣魄，獨自率三萬鐵騎，晝夜兼程地向蕭縣疾進，一定要殺劉邦一個措手不及！

第十九章　大逃亡中的反思

劉邦用兵不像韓信那樣，以殲滅敵人的有生力量為主，而是置項羽主力在齊地於不顧，兵分三路，將攻擊目標直接選定在千里之外的彭城。

漢將曹參、灌嬰、周勃率軍從圍津渡過黃河，戰定陶，兵進胡陵，從西北襲擊彭城；漢將薛歐、王吸、王陵率軍由宛城，經葉縣，出陽夏，從南面攻楚；劉邦則率夏侯嬰、盧綰及各路諸侯軍經曲遇，占外黃，由西向東再攻下了碭縣、蕭縣。由於楚軍主力陷於齊地，後方空虛，劉邦輕易地攻取了彭城。

當項羽得知彭城丟失後，惱怒無比，他命令諸將繼續作戰，自己親率三萬精銳騎兵，立即揮師南下。經過晝夜行軍，突然殺到漢軍後則的蕭縣，切斷了漢軍歸路。

蕭縣是彭城西邊的門戶，尚未脫盡睡意的諸侯軍，對項羽的攻擊，猝不及防，營中頓時大亂起來。項羽取了蕭縣，立刻將兵鋒直指彭城漢軍。

劉邦驚訝萬分，近來他日夜沉湎於酒色之中尚未清醒，早已將防備楚軍之事，放在了腦勺後，他不願接受這麼嚴峻的事實，楚軍難道從天而降？但事已至此，他只得調集兵馬，開城出戰。

來到陣前，劉邦心中不由一沉。只見楚軍戰旗飄揚，士氣旺盛，氣勢洶洶，而自己的士卒，倉促上陣，面帶懼色。

「活捉劉三──衝啊！」隨著項羽一聲大吼，楚軍將士潮水般撲入敵陣，誓要奪回家室。漢軍的防線不斷被衝破，戰至中午前後，漢軍全線崩潰。劉邦見大勢已去，便撥轉馬頭，落荒而逃。

漢軍失去了主帥，便成了沒頭的蒼蠅。許多將士追趕上來問劉邦怎麼辦？劉邦已醒悟，他知道項羽的可怕和厲害，要是不能阻止楚軍的進攻，後果不堪設想。現在唯一能夠挽救危難的，只有遠在關中的韓信，他便讓

人飛馳關中召喚韓信。

楚軍乘勢濫殺無辜。當聯軍逃至睢水，為活命，爭搶過河，自相踐踏數以萬計。還有二、三十萬人不及過河竄入南面山中。最不忍心看的，就要算靈壁和睢水河面上，數十萬大軍倉促逃竄，一時找不到許多船隻，擁擠之間，被楚騎驅趕落水者竟達十多萬人！

到了靈壁，劉邦就地建立營壘，將兩翼的隊伍漸漸收攏，得數萬將士。就兵員數目來說，這仍不是一個小數字。但是，楚軍已切入了靈壁西南地區，使滎陽那邊的漢軍，無法及時援救劉邦。幾位楚將又分別襲擊了東北地區的漢軍，將漢軍分割開來，大有一氣吞食之勢。

劉邦在眾將士掩護之下，逃了一程竟被楚軍追上。這時，身邊已無一員大將，眼看將要被活捉。突然一股狂風吹來，滿天飛砂障目，白天成了黑夜，咫尺之間不能辨清你我，趁楚軍無法前進之際，劉邦拚命緊夾馬肚，催馬奔跑，終於又逃脫了包圍。

劉邦獨自一人一騎走了幾十里路，已是紅日西沉時分。

一天沒有吃喝，現在追兵漸遠，他立刻感到飢腸難挨。策馬前行穿過樹叢間，來到了遠離市鎮的一戶人家。上前一問得知老翁家姓戚，避秦末戰亂來到這裡。當晚戚翁盛情款待，並留宿後並以小女相配。兩人以茅屋為洞房，同宿一夜。正是這快活的一夜，戚姬後來生了個男孩，取名如意，使劉邦在立太子問題上大費腦筋。也正是這樁婚姻，給戚姬帶來了富貴，也帶來殺身之禍！這是後話，按下不表。

翌日，劉邦與戚女告別後，大約有一個時辰，就到了汴水東岸，心想過了河就沒有多大問題了。正想著，前方塵土飛揚，劉邦趕忙閃入樹叢觀察動靜。只見赤旗閃爍，走近仔細一看，原來是張良、樊噲、周勃、陸賈一行人，他們虛張聲勢，打著韓信的旗號，意圖招集散兵。前面那個趕車的是夏侯嬰，車上還坐著自己的一雙兒女！

夏侯嬰告訴劉邦，和劉邦走失後，他到沛縣豐邑取大王家小。一打聽，劉邦父親劉太公、呂王后帶領家眷，避楚逃難，且有舍人審食其相從。他們扮作難民，從小道潛行，偏偏追來的楚軍中，有人認出了他們，竟將他們當作人質擄走了。夏侯嬰不得已，離開沛縣向西尋找劉邦，半路上碰到了公子和公主，走了一天一夜，才來到這裡和大王相遇。不過，能夠救得公子、公主，還算是不幸中的大幸，只是劉太公和呂王后生死不明。

　　驚魂稍定後，劉邦忙詢問兵敗情況，真是兵敗如山倒！由於政治情勢的變化，塞王司馬欣與翟王董翳又重新降楚，韓、趙等各路殘兵，都已跑散，不知去向。其他諸侯，見風使舵，都開始打起自己的小算盤。

　　劉邦百感交集，還定三秦後，卻被眼前的勝利弄得飄飄然，倉促發動彭城之役，輕易把自己的弱點暴露給了項羽。五十六萬五國聯軍，有組織無紀律，精神渙散，使漢軍蒙受了巨大的損失。同時，手下的張良、陳平等人，皆無預判，都以為項羽陷入齊地，不會從蕭縣方向襲擊，對項羽的作戰能力估計不足。如果聽從韓信的意見，或將韓信放在身邊，會有如此慘敗嗎？但值得欣慰的是，這一役中，張良、陳平、曹參、灌嬰這些主要謀臣宿將均無重大傷亡，骨幹力量得以保存。

　　劉邦雖讀書不多，並不是什麼全才，在許多問題上都有失誤，但他最大長處是頭腦靈活，不肯服輸。他暗暗發誓，無論付出多大代價也要報仇雪恥，與項羽戰鬥到底！他意識到，楚漢戰爭將是長期、複雜的，僅憑一己之力，難以最終打敗項羽，只有從分化諸侯和項羽同盟入手，爭取時局向有利於己方轉化。他尋問張良：「經此一敗，漢軍已無法控制關東了，我願以關東之地，分授天下豪傑，哪些人可以助我？」

　　張良知道劉邦心思，對於劉邦不肯任用韓信做東征統帥一清二楚。而漢軍中的人才不少，丞相蕭何是綜理後勤及政務的天才，自己則長於謀

略，唯有韓信是大將之才，用兵神出鬼沒，天下無人匹敵。於是，他婉轉地將韓信推薦了出來：「九江王英布，是有名的驍將，彭越曾與田榮結盟反楚，也是一位難得的將領，英布、彭越兩人都可為我所用。而漢王將領中唯有韓信可以託付大事，獨當一面。如果大王決意把關東之地，交給英布、彭越和韓信三人，以此換來支持，他們分得關東，定會感激涕零，死力圖報，滅楚絕無多大問題。」

英布，又叫黥布，六縣人，是秦漢之際一位大名鼎鼎的人物。小時候有人給他看相說「受刑而王」。陳勝起義時，英布去求見番君，並跟從他的部下一起反秦起兵。番君還情有獨鍾地把女兒嫁給了他。章邯消滅了陳勝之後，英布聽說項梁平定了江東，於是，帶領幾千人歸屬了項梁。在攻打景駒、秦嘉等人的戰鬥中，英布驍勇善戰。項梁到達薛地，擁立了楚懷王，項梁號稱武信君，封英布為當陽君。項梁定陶戰敗，秦軍加緊攻趙，等到項羽殺死宋義派英布做前鋒，他率先渡過黃河攻擊秦軍，以少勝多，使秦人震服。到達新安，項羽又派英布等人領兵活埋了章邯部下二十萬人。到達函谷關，英布從隱蔽的小道突擊，打敗了守關的秦軍。項羽分封將領時，封英布為九江王，建都六縣。

彭越昌邑（今山東省金鄉縣）人，也是秦漢之際有名的人物。早年在巨野澤以打魚為生，受大澤鄉起義的鼓舞，秦二世二年，彭越配合劉邦北攻昌邑，未能攻克。劉邦率軍西行，彭越數年間一直留在那裡活動。項羽入關後，裂地分王，他因未曾投靠項羽，所以未得其封。齊國田榮不服項羽的分封，意欲反叛楚國，作為一種策略，鑄就將軍印信，派人送給彭越，讓他們進軍濟陰打擊楚軍，騷擾楚國的北方邊境。現在彭越已占據魏國東部十餘城，隊伍發展到三萬多人。

劉邦思考片刻，心動神移：「韓信、彭越好說，而英布為楚將，怎樣才能使他背楚從漢呢？」

張良回答說：「齊王田榮背叛楚國，項羽前往攻打齊國，向九江徵調軍隊，英布托詞病重不能前往。彭城大戰期間，英布袖手旁觀，仍不肯發兵助楚。項羽因此怨恨英布，多次派使者前去責備並召他前往。這一切都說明英布已與項羽貌合神離。」

　　隨即，劉邦按張良的策劃，派鐵嘴隨和去九江策反英布，從南翼牽制楚軍，又派酈食其聯絡彭越，在梁地騷襲楚軍後方。劉邦還要發揮韓信更大作用，他一定會是項羽的剋星！

　　這就是漢史上著名的「下邑之謀」，又稱「下邑畫策」。下邑，秦縣名，在今安徽碭山縣。張良眼光獨到，他所推薦的三個人，後來都為漢國戰勝強楚立下汗馬功勞。其中，對韓信的「獨當一面」的評價流傳千古（《史記·留侯世家》）。可以說，張良是繼蕭何之後，慧眼識韓信的第二人。

第二十章　力挽狂瀾救滎陽

將酈食其、隨和二人打發走後，劉邦一行便來投奔同樣參加彭城大戰失敗先到下邑的妻兄呂澤。

可是，剛行一段路程，楚將季布又率一路人馬追殺過來。「快走吧！」劉邦慌忙催促加快趕車。車子向前飛奔，後面的楚兵緊緊追趕。眼見追兵逼近，心中萬分著急，為減輕重量，他毫不猶豫，一把將兩個孩子推下車去。

「這是幹什麼？」夏侯嬰趕快下車，把兩個孩子搶了上來。劉邦再次把孩子推下，夏侯嬰再次把孩子拉上車。劉邦大聲怒喝：「我等自己的命都保不了，還管孩子幹什麼！你想害死我！」

「這叫什麼話？孩子是大王的親骨肉，不要這樣！」

「幹大事的人不能婆婆媽媽，心腸要硬，你趕快推下孩子，否則，我會殺了你！」劉邦兩眼通紅，又將兩個孩子踢下車去。

夏侯嬰又跳下車去，愛心滿滿地將兩個孩子，一邊一個挾在兩胳肢窩，並從士卒手中奪過一匹戰馬，飛身躍上，緊緊地跟在劉邦車後。確實，丟下兩個孩子和夏侯嬰，車子跑得快多了，楚將季布等人漸漸追趕不上，只得勒住馬頭。

孩子得救了，劉邦的父親、妻子卻沒有那麼幸運，已被楚軍俘獲押送楚軍大營，這讓劉邦傷心不已。

初春，韓信接到了劉邦的命令，立即率軍出關。當他趕到時，漢軍已退到滎陽，如果再往前撤退，就到關中了。

漢軍的失敗，卻也在韓信意料之中。在楚軍主力未受損的情況下，漢王聰明卻缺乏理性，冒險而為，能有多大取勝把握？但也沒有想到會敗得如此迅速，如此慘不忍睹。

漢軍的慘敗，非大智大勇者不能獨當一面。韓信率部迅速地衝破楚軍封鎖，與劉邦軍會師，但會師未能扭轉戰場形勢，楚軍突擊迅速，野戰力極強。

他隨即調整部署，集中力量，以攻勢掩護劉邦退卻，確保大批漢軍撤往滎陽方向。這樣有組織攻防，楚軍追擊被迫停滯，並逐漸形成多塊戰鬥的局面，分散了楚軍兵力。

見到了韓信，劉邦竟第一次在戰場落下淚來。分化諸侯是長久戰略方針，但當務之急是怎樣才能與強楚抗衡？

關中和天下都已知道劉邦打了敗仗，魏、趙、齊等諸侯紛紛倒戈，重新歸順霸王，一旦漢軍匆匆退守秦關，丟掉滎陽到函谷關一帶的險要地形，以後再想和項羽抗衡就困難了。若是這樣的話，那漢軍注定會失敗。韓信覺得如能堅守滎陽，穩住軍心，可不斷向關中徵發兵卒，用關中的人力和財富支持我們在這裡與楚軍一搏，漢軍必能重拾信心，重新奮起。

劉邦從韓信身上看到了希望，但自己身心疲憊，無力再戰，楚軍追上來會將自己徹底打敗，而韓信有抗衡楚軍的計畫和能力，在目前，必須啟用韓信收拾殘局。劉邦留下人馬，命韓信在滎陽全權指揮抗敵，自己先回櫟陽休息去了。

滎陽（今河南滎陽東北），秦時三川郡治，黃河從北面流過並與濟水交匯，關中與東方六國的來往必經此地。東北靠近黃河的地方修建了秦漢時期國家糧倉——敖倉，可解決軍隊的糧食補給。以西七十里是成皋（今河南滎陽北）。成皋便是後世人們常說的險關「虎牢關」。

彭城之戰的慘敗，劉邦經營幾個月的戰略優勢化為烏有，被迫轉入戰略防禦，能否建立穩固的防線，對漢軍來說生死攸關！

韓信沿途布置了收容站，流失的數萬士卒陸續歸來，增強了實力。楚軍得知情況後，以免形成日久難下的拉鋸戰，遂加快全面出擊速度，力圖

迅速地解決問題。韓信則利用滎陽以南山區有利地形，以漢軍步兵之長，制楚軍前鋒騎兵之短，多次打退了楚軍進攻。

　　秋風漸起，夏季將要過去，韓信力挽狂瀾，阻止了楚軍的西進。此時，他重新編隊，將丞相蕭何在關中徵召的兵員，悉數充實軍隊。還將蕭何送來的軍糧和物資不斷地送往前線。又夜以繼日加固以滎陽為中心的成皋、鞏縣、洛陽一線的防線，構築了北連黃河的甬道，搬運敖倉糧食，以供軍隊長期作戰。並在敖倉三皇山上築起東、西廣武二城，加強滎陽守備。接著，組織局部反攻，派出曹參、灌嬰、靳歙等將分別出擊，先後奪回了雍丘、外黃、燕縣、葉縣等地。僅用了三個多月時間，就構築一個較為強大的正面防守體系，扭轉乾坤，結束了自彭城慘敗以來漢軍大逃亡的局面，為劉邦又立下一大戰功。由此，楚漢兩大軍事集團逐漸形成了對峙局面。

　　劉邦得到捷報，欣喜異常。

　　他決定不惜一切代價，令樊噲引水灌廢丘城，除掉章邯。城破，對有著複雜經歷的章邯來說，自殺身亡，也是一個不錯的結局。關中地區全部平定後，劉邦立兒子劉盈為太子，使蕭何輔佐，制定法律，建立祭廟、社稷、宮室，以安定人心。

　　不過，此時形勢仍很緊張，楚軍不斷向西推進，企圖殲滅在黃河一線的漢軍。而原先歸附的「五國」聯軍之一的魏王豹，在項羽派人勸說下，他以母親病重為藉口，回家省親，一到魏國平陽，便調兵遣將，在雷首山至臨晉渡一線，布設重兵，截斷了河口，公然與漢軍為敵！

　　魏國是中原戰略要地，從魏國都城安邑出發，向西可以進攻關中，打擊劉邦的後方；向南可以切斷楚軍的糧道；向北可以威脅趙國，向東可以威脅齊國。魏豹的反叛使關中與滎陽被攔腰切斷，滎陽戰場將無法堅守。

　　剛剛從彭城大敗陰影中走出的劉邦，意識到問題的嚴重。於是重返滎

陽前線與韓信匯合，並做出兩項部署，讓不久前歸順的彭越開闢敵後戰場，破壞敵人後方；讓英布開闢南方戰場，打擊楚軍左翼。

不過，這時劉邦還對魏豹存有幻想。

為了全力對付項羽，他決定先派「外交特使」酈食其去見魏豹，曉以大義，講明利害，兩家免動刀兵。可是魏豹拒絕了。魏豹的理由是：「漢王傲慢無理，辱罵諸侯如同對待奴僕一般，我是不想再見到他了。」其實，這時諸侯已形成共識，劉邦永遠不是項羽的對手，由古及今，無人能與西楚霸王匹敵，他們紛紛與楚國重新結成聯盟，這對漢軍來說，形勢極為嚴峻！

「狗娘養的東西，給諸侯樹立了一個壞榜樣。」酈食其氣憤地對劉邦說，「一定要教訓教訓魏豹！」

氣憤歸氣憤，為慎重起見，劉邦要先聽聽韓信的意見。要知道，韓信是劉邦真正的救星，在關鍵時刻，唯有韓信能夠召之即來，來之能戰，撐得起大局。

沒想到，韓信意見和他們高度一致。

戰爭避免不了，那就不如先動手。魏豹在為楚軍張目，儘管漢軍目前困難重重，但不能置之不理。一旦天下有變，楚軍一定會從這個方向進攻，漢軍就徹底被動了。因此主動出擊，防患未然，戰爭就成為外交努力之後，一種不二的選擇。

在張良推薦下，他隨即任命韓信為左丞相、統軍大將，獨領一軍破魏。

用人不疑，這是劉邦的高明之處。左丞相一職雖是行政職務，其地位僅次於丞相蕭何，但從政治角度看，有利於韓信對魏國的用兵。劉邦還從關中、上郡、北地、隴西，抽調三萬兵馬，並將追隨自己多年的曹參、灌嬰、陳賀、孔熙等將領一併交給韓信。他與張良、陳平、王陵等人守衛滎陽一線。

第二十一章　聲東擊西擒魏豹

臨晉渡對面是魏國的蒲阪津，歷代倚為秦晉間重險。

蒲阪至魏國重鎮安邑（今山西夏縣西北）一線為開闊地帶，是東去中原的主要通道，也是魏國布防的重點。

半年前，劉邦就曾從這裡出發，率聯軍去襲擊楚都彭城。現在，魏軍在蒲阪（今山西永濟西蒲州鎮）集中了大量人馬，每當夜晚東岸渡口的燈火密密麻麻，只等楚軍取了滎陽，就要配合楚軍發起進攻。

韓信問酈食其，魏軍起用的大將是不是周叔？他回答說不是，用的是柏直。韓信顯得輕鬆了許多，柏直是個少不經事的小子，不必擔心柏直為大將！

韓信率人馬來到臨晉（今陝西大荔縣東）後，隨即召見了部分先期到達的將領，聽取了他們敵情報告。

他告誡大家，魏豹背信棄義，在黃河對岸設置了重兵，搶占渡口，占據有利地形，如此猖獗，應狠殺他的傲氣。由於形勢危急，項羽一定會調整布置，將矛頭指向漢王，必須趕在項羽發動大規模進攻之前，先解除北顧之憂。

接著，他強調，與還定三秦和京、索保衛戰相比，伐魏之役雖算不上什麼硬仗，但意義特別重大。漢王在滎陽已將攻擊魏豹的任務交給了自己，自己已立下了軍令狀，只能取勝，不能戰敗。但是，漢軍在臨晉只有三萬人馬，敵眾我寡，且遠離滎陽，遠離關中，得不到及時支援，如何戰勝魏豹還是一個不小的問題。

「大將放心，我們一定會打好這一仗！」眾將齊聲說。

魏國主要部分在大梁（今河南開封）一帶，魏豹的封地本應在大梁附近，但項羽為了西線安全，卻把魏豹攢到平陽（今山西臨汾）。

魏豹，是原魏國王族的公子，也是早期義軍中有影響的人物。當項羽北上後，魏豹積極回應，連克魏地二十餘城，並隨項羽進兵關中，被項羽封為西魏王。

劉邦重奪關中，為了報復項羽，魏豹立即加入漢軍聯盟，魏地成為通往楚地的重要通道。但劉邦東征途中，十分輕視魏豹，許多事情根本不徵求魏豹意見。為了籠絡反楚的彭越，竟任命彭越為魏相國，並讓彭越獨領一軍，在攻克彭城後，回頭西進，平定了原魏國大梁一帶。對此，魏豹十分氣憤。

彭城大戰失敗後，魏豹自感劉邦不是霸王的對手，又在霸王利誘下，返國後立刻隔絕與漢地的交通，重新歸楚反漢。此時，一個江湖術士給魏豹妻子薄氏看相，說薄氏生的兒子將來貴為天子，魏豹信以為真，兒子是天子，老子就是太上皇。於是他雄心勃勃，準備瀟灑地大幹一場。

這時，項羽的正面進攻尚未開始，魏豹處於守勢地位。為配合楚軍，在楚將項佗幫助下，他們從河東、河西擄掠了大量人口、糧食和船隻，目的是阻擋漢軍自臨晉關渡過黃河。

連日來，韓信分析敵情，查看地形，緊張地做著戰前各項準備工作。

臨晉渡在大荔城東的黃河西岸，水大浪高，岸邊峭壁如斧劈，險峻異常。沿黃河北上，就是夏陽（今陝西韓城南）渡口。黃河像一條巨龍從黃土高原，經龍門跌跌撞撞地奔瀉而下，又由於對岸汾水匯入，這裡河床特別寬闊，且水勢較緩。

魏豹扼險據守，在蒲阪早有準備，揚言不會放過一隻飛鳥，若強行泅渡，船隻目標太大。而臨晉與黃河上游的陽夏之間，只有百餘里路程，漢軍可否在臨晉渡一帶安排大量船隻，佯裝做出要從這裡進攻的模樣，以此迷惑魏豹，暗中卻將主力派到夏陽，再從夏陽過河，出其不意地搶占魏國的安邑城。而且，目前戰場條件非常有利，無能的魏將柏直，疏於陽夏的布防，兵力薄弱。

此想法雖好，但要渡過黃河，大量的船隻到哪裡去尋找，且渡船目標太大，形成不了突襲。渡河的關鍵是既要隱蔽，又要迅速解決戰鬥！

　　翌日，韓信找來當地艄公，進一步了解黃河夏陽段的水情。

　　黃河淺灘較多，水流湍急，在豐水期可行使船隻，平時只能用羊皮筏載一至兩人。要渡萬餘人，上萬隻羊皮筏子到哪裡去尋找？要麼紮木筏，可是黃土高原雨水稀少，天氣乾燥，植被稀疏，成材的樹木並不很多。一時間，數萬棵樹木又到什麼地方去砍伐？又要弄成多大動靜？

黃河古渡

　　「智者樂水，仁者樂山。」韓信生於水鄉淮陰，一生用兵最善於依託河流水勢，艄公們的介紹，倒啟發了他。淮水邊常常會遇到大洪水，一天漆黑的夏夜，暴雨頻降，漫天的大水呼嘯而來，天亮後，只見一片白茫茫的大水，與天相接，一些大人小孩抱著罌瓮漂浮在水面上，竟也能倖免於難。他馬上有了破敵之策！為什麼不能用罌甕加木棍，紮成木罌（北宋曾公亮《武經總要前集》卷十一：「木罌者，縛甕罌以為筏。」），用它去渡河，既簡單省事又隱蔽突然。

　　不經意間，韓信為自己的奇思妙想而擊掌。

　　方案拿出來了，韓信先召一裨將入帳，讓他帶著部分士兵進夏陽山裡

就地砍伐木料，不論大小都可合用，只要求越快越好。裨將不知什麼用意，又不便多問，便奉命進山去了。

不久，一切準備妥當後，韓信迅速地下達了攻擊令。這次仍採用還定三秦之術 —— 聲東擊西，明裡佯攻蒲阪，暗裡則從臨晉上游的夏陽偷渡黃河，打魏軍一個措手不及！

韓信喚來騎將灌嬰，令他從即日起，沿臨晉渡口，虛插大旗，擂起戰鼓，製造攻擊蒲阪假像，吸引魏軍的視線，數日後，當守衛蒲阪的魏軍守將因重鎮安邑被奪去，出現陣腳混亂時，可率本部人馬，直衝對岸蒲阪，向魏國腹地挺進。

接著，韓信又喚副將曹參，令他率領人馬打主攻。今晚人去甲，馬卸鈴，趁著夜色祕密向夏陽進發，可以先將隊伍隱蔽在大山後，後天午夜時分渡河出擊。大軍上岸後，立刻燃起篝火向河西報信，並迅速繞道汾陰，分兩路直插安邑。至於渡河工具，可以領取木罌。

木罌是什麼？韓信告訴曹參木罌的構造。木罌的造法，就是用木棍夾住罌甕，四周縛成方格，用繩綁住，一格一罌，兩格兩罌，數罌合為一排，數千罌分作數百排。並說在你們開往夏陽時，已有人在山中把木罌造好等待來取，到時你們可卯足勁兒，幾個人抬一排，只管去渡黃河好了，但要注意安全，提前做好檢查，不能發生碰撞和損壞，否則後果嚴重。

曹參等人恍然大悟，原來尋找的罌甕是作渡河用的臨時工具，真是絕妙主意！從來沒有聽說過有這樣的東西，簡單實用，聰明絕頂。

午夜，晉北高原西風颯颯，明月半空。在曹參的率領下，成千上萬排木罌投入河水中，場面蔚為壯觀，人心震撼。儘管渾濁的黃河水，一浪高過一浪，但木罌浮力很大，恰似一隻隻羊皮筏子，在風浪中隨波逐流。漢軍將士情緒高昂，一個個奮力划動木槳，木罌直向黃河東岸。

安邑在蒲阪東北，漢軍既然從夏陽方向過來，必然切斷蒲阪與魏都平

陽之間的通道，可以說，漢軍控制了安邑就能控制整個魏國。

當漢軍突然出現在安邑城下時，魏軍以為漢軍從天而降，極為震驚！守將孫遬倉促應戰，被曹參賣個破綻，輕身一閃，順手牽羊，生擒下馬。魏軍見主將被捉，如驚弓飛鳥，一哄而散。曹參乘勢直入，沒費多大氣力，奪得了安邑城。

同樣，守蒲阪的魏軍主將柏直，見對岸鼓聲震天，漢軍在忙忙碌碌地調遣船隻，以為漢軍來攻，連忙率部迎戰。當快馬飛報安邑丟失時，他急忙分兵，回援安邑。不知是計，他前腳剛走，韓信、灌嬰便率軍從河西掩殺過來。蒲阪的魏軍驚慌失措，毫無鬥志，一觸即潰。

當魏王豹接到安邑失守的消息時，驚得目瞪口呆，完全打亂了他的作戰部署。得知漢軍用木罌偷渡後，恍然大悟，連呼上當，終於明白為什麼驍勇善戰的章邯，在韓信手下一敗塗地，為什麼英勇無敵的楚軍，在京、索地區，再也無法向前推進一步。

水來土擋，兵來將擋，必須奪回安邑！驚愕之餘的魏王豹，下定決心，親自率大軍向安邑開去。漢、魏兩軍在安邑與平陽之間的曲陽相遇，過了黃河的漢軍，自知已深入敵後，有進無退，個個奮不顧身，銳不可當，只是幾番衝殺，魏軍便潰不成軍，向東逃竄。到了東恒，漢軍又將魏豹團團圍住。魏軍將士自知已陷絕境，抵抗無益，紛紛丟下武器。此時，魏豹考慮再三，投降尚可保全性命，無奈之下，也只好下馬伏地，舉手投降。

就這樣，在前後不到一個月的時間裡，韓信消滅了黃河以北的一個強大的敵對勢力。伐魏的勝利，這是韓信在北方戰場獨立指揮的第一個戰役，旗開得勝，一舉滅掉魏國，拔掉了橫插在漢軍脊背上的一根芒刺。同時，伐魏的勝利也是劉邦彭城大敗後取得的一次重大勝利，為漢軍進一步東進奠定了堅實的基礎。

第二十一章 聲東擊西擒魏豹

第二十二章　對楚作戰新方針

占領了夏陽後，韓信迅速分兵略地，一舉掃平了河東三郡五十二縣。但是，戰爭遠未結束，與西魏接壤的趙國，也已加入以西楚為首的反漢聯盟，他們正在增兵邊地，關上國門，準備與漢軍對抗。

在下魏以後，如何鞏固和發展勝利的形勢，爭取更大勝利？不久，韓信提出了對楚作戰新方針：「北舉趙燕，東擊齊，南絕楚之糧道，西與大王會於滎陽！」（《漢書‧韓信傳》）

他的闡述是，目前項羽忙於對付漢王劉邦，又派大將龍且去剿滅英布，無力顧及魏、趙、燕這些反覆無常的諸侯勢力。若能以破魏為突破口，再行北伐東討，消滅代、趙、燕、齊等諸國，擴大疆土，進而斷絕楚軍糧道，迫使項羽陷入兩線作戰、腹背受敵的境地。韓信和漢王對應作戰，漢王堅守滎陽西線，不停地與楚軍周旋，而韓信則向東進攻，不斷開闢廣大戰場，一守一攻，分進合擊，使楚軍疲於奔命，首尾難顧，最終徹底打敗不可一世的西楚霸王。

真是驚人的計畫！

不久，韓信派人押著五花大綁的魏王豹和他的愛妃薄姬，前往劉邦滎陽行宮，並帶去了韓信一份請戰書。

到了滎陽，來人就將魏豹押進宮來。一見魏豹，劉邦沉下了臉。

魏豹與漢軍一經對壘，就被韓信徹底打敗，太上皇的美夢就此破滅，真是造化弄人。劉邦對左右唬道：「還留著這傢伙幹什麼？難道要我為他養老送終不成？傳我的令，將魏豹及其全家斬首示眾，並將他的頭顱懸掛在滎陽城上示眾三日，讓諸侯看看，讓天下看看，我劉三也不是好惹的！」

劉邦拍案大罵，慌得魏豹匍匐座前，乞求免死。劉邦用手扇了扇鼻

子：「你膽量哪裡去了，早知今日，何必當初？我派酈食其苦口婆心上門去勸你，你不但不給面子，還要辱罵於我，你太缺德性了，這叫玩火者自焚，咎由自取！」

「漢王！饒命啊！饒命啊！」魏豹面無血色，搗蒜般地叩頭。

「慢著！」驀地，劉邦意識到殺雞只能給猴看，不能給諸侯看，激成諸侯異變，誰肯與我聯合，要想對付項羽，人心最重要，殺掉一個魏豹，卻壞了統一戰線的大計，絕不能做這樣的賠本買賣。

劉邦朝張良看了一眼，張良頷首。他拉起早已軟癱在地的魏豹，又好言安慰道：「好了，念你我兄弟份上，留你一條性命，只要你能夠忠於漢事，好好做人，寡人定會與你共富貴！你的性命留下了，但要將你的家屬全部沒入織室，這算給一個處分，讓你長長記性。」說罷，將趴在地上的魏豹攆了出去。

留下性命就算不錯了，魏豹也顧及不了薄姬。其實，劉邦將魏豹眷屬扣下，是因為他聽說魏王豹的寵姬薄姬是魏國第一大美人，便將她留下送往後宮。身不由己的薄姬，被劉邦一番雨露，一年後生了一個男孩，取名恒。說來也巧，這男孩便是後來的漢文帝。

劉邦處置了魏豹，隨後聽取了來人的彙報。

來人忙向劉邦呈上請戰計畫：「大王！趙王歇蠢蠢欲動，欲想與我們分庭抗禮。據此，大將益請增兵三萬，一不做二不休，繼續向東進軍！」

哦？增兵三萬不是問題，只是劉邦對破魏以後的時局如何運籌，與韓信的看法不盡相同。

就在不久前，魏地尚未完全穩定，劉邦就已派人前來，把被俘的魏國精兵，以及繳獲的大量作戰物資調往滎陽，以加強滎陽防衛，幾乎拿走了韓信的全部勝利果實。劉邦這樣做的目的，固然是為了加強正面戰場防禦能力，準備抗擊項羽的大規模進攻，但同時也有一個不可告人的祕密，即

抑制韓信發展，控制其所用兵力。至於在戰略指導上，劉邦和他的謀士們卻根本沒有想到要進一步開闢北方戰場的問題。

來人退下後，劉邦私下盤算開了。

楚、漢及趙國都處於中原地區，各占一大塊地方。但陳餘和楚漢都有矛盾，項羽分封諸侯沒封陳餘，只給南陂三縣。自己也不用說，曾假殺張耳騙過他。故陳餘既不屬楚，也不屬漢。從天下大勢來看，這樣現狀卻大大有利於楚軍。而韓信能夠不斷擴張勢力，開闢第二戰場，對項羽構成牽制，自己滎陽一線所受壓力就會大大減輕。但韓信能用兵，會打仗，運籌帷幄，從拜為大將以來，在十分險惡的境地下，反應敏銳，極善於掌握局勢的變化，度陳倉，定三秦，堅守京索。每戰必勝，越打越精彩，如今又攻取了魏國，他的聲勢日益強大，會不會擁兵自重？若如此，依眼前的形勢，自己是絕對制止不了。當初把軍隊交給韓信，是迫於無奈，破了魏，解除了威脅，目的也就達到了。因此，劉邦對韓信心理很複雜，既欣賞，又欽佩，也害怕。

這是一份全新的戰略計畫，事關重大，他連忙召開漢軍核心成員會議，商討韓信請戰內容。

大家認為，彭越、英布雖都是天下梟雄，但用兵作戰與韓信不能同日而語。好有一比，韓信是大刀，彭越、英布是小刃，所起的作用完全不同。現在，漢王占據滎陽地區，韓信破魏後，中原西北門戶即被叩開，為北伐提供了可能，若再拿下趙國，中原地區就算基本搞定。這樣，漢軍與楚軍對抗就會占據優勢。

大家還認為，韓信北伐是極佳選擇，這個計畫主要有三層意思：第一，大王堅守滎陽，利用滎陽、成皋一帶有利地形，持久與楚軍周旋；第二，由韓信在北方戰場繼續東進，完成對楚戰略合圍；第三，最後韓信由齊地揮師南下，占領楚國後方，轉而西向，會漢王圍殲項羽於滎陽。

這是戰史上第一次有人提出的正面持久防禦、與側翼大舉進攻相結合的戰略計畫，它不同於一般所謂的後發制人的方針，是想透過正面防禦疲憊消耗敵人，透過側翼進攻發展壯大自己，最後奪取全域的勝利。此計畫如能順利實施，北方戰場必將發生有利變化，對扭轉目前戰局，最終能夠戰勝項羽創造出條件。

以上分析，劉邦沒有任何反對理由。不過，這支軍隊不能只交給韓信一個人，以免尾大不掉，難以駕馭。

「大王，何不派常山王張耳到韓信軍中去做『督軍』？」心眼極多的外交「特使」酈食其也有同樣的顧慮。既要限制韓信的兵力，又要能找一位「督軍」，與韓信並駕齊驅，分享權力，他認為張耳去一定能牽制韓信，又對韓信方案的實施十分有利。

張耳是魏國人，早年在陳勝舉兵初期就是趙國的頭面人物，十分熟悉代國、趙國情況，在那裡有著廣泛的人脈關係，政治影響力極大。

「一箭雙雕」，此言正中劉邦下懷。劉邦笑罵酈食其，這老酒鬼心可夠損的，不過，叫張耳去倒更有利於韓信用兵。

隨後劉邦下令，將魏地一分為三，分別設為河東、上黨、太原三郡。同時，他讓使者到平陽傳旨，正式任命張耳為督軍，使者與張耳帶三萬新募之卒前往交割，並由使者從韓信軍中挑選部分精兵，調往滎陽。

韓信得知劉邦同意了自己的計畫，非常高興。囑咐將要離去的使者：「你們的擔子不輕，一定要保護好漢王的安全，我們這邊才能放開手腳大幹！」

第二十三章　張耳督軍助韓信

幾年前，劉邦為拉攏張耳，將自己的女兒魯元公主，許配給張耳的兒子張敖，兩家成了兒女親家，派張耳來監督韓信，正是因為政治聯姻這層關係。不過，除此外，兩人早年還有一段鮮為人知的故事。

當時秦國還在興旺的時候，張耳就在趙、魏等地從事反秦抗暴活動。他在那一帶聲望很高，極受那裡父老鄉親的崇敬。信陵君是戰國時四大公子之一，竊符救趙的故事世人皆知。正因為張耳曾經做過信陵君魏無忌的門客，賢名遠揚。當時，就連在楚地落拓的劉邦，在未發跡之時，也曾崇拜張耳，像狂熱的追星族一樣，從沛地一直跑到數百里外的河南外黃張府，追尋張耳，在那裡一住就是幾個月時間。張耳並沒有看輕劉邦，竟能視之為一個了不起的人物。

項羽占領關中，張耳被封為常山王。常山只是小小邊邑，陳餘攻取了趙國，奪走了常山，張耳非常痛恨，他以常山王的身分，隻身逃難來投劉邦，欲借劉邦的力量抵抗陳餘。對張耳兩手空空到來，劉邦沒有另眼相看，而是禮遇加倍。現在，劉邦將征伐代國、趙國的任務交給韓信和張耳，張耳非常高興，復仇的機會終於來到，恨不能立即過去殺了陳餘！

在未和韓信見面以前，張耳很擔心，自己率數萬未經戰陣的新兵前來，是否會引起威勢正盛的韓信疑心？他知道，自己是代表劉邦到魏地來監視韓信的，如何相處，不免有些尷尬。想不到見了韓信後，發現韓信並不這樣認為。

「老前輩，你來到安邑，我就放心了。」

張耳沒有出聲，他不想猜測韓信所指「放心」是指什麼，他只想從韓信的表情上了解他對自己的態度。

韓信並沒有注意張耳在觀察自己。指揮作戰是自己的專長，但打仗離

不開政治，如何處理好政治，如何處理好政治與打仗關係，如何穩定民心，自己並不十分在行。收魏以後，一遇到處理地方政務就感到頭痛。當地百姓都稱讚張耳是個君子，幸虧張耳來了，可以好好地工作，勸撫他們安心地歸順漢軍。他直率地說：「你來了，我可集中精力投入作戰。」

當晚韓信設宴為張耳洗塵，並引各將與張耳見面。

大家儘管初次見到大名鼎鼎的張耳，對於張耳和陳餘之間的恩怨，也早有所聞。他們覺得任何人都會有私欲，有私欲沒關係，但不能利慾薰心。張耳、陳餘是個極端的例子。

張耳長陳餘十多歲，早年陳餘十分崇敬張耳，曾像對待父親一樣。秦滅魏，秦始皇聽說他二人為魏國的大名士，懸賞捉拿張耳一千金，陳餘五百金。張耳、陳餘改名換姓，一起逃到陳地當差打工。不久，陳勝、吳廣舉義，張耳、陳餘前往，得到了陳勝的重用。他們請兵掠河北，攻趙地，陳勝派親信武臣為將軍，張耳、陳餘任左右校尉，領三千人馬前來。

這支隊伍從白馬津渡過黃河，一路上得到當地人的支持。可是不久，他們就脫離了陳勝，武臣自立為趙王，陳餘任大將軍，張耳任丞相。後來武臣遭到將領李良襲擊被殺，張耳、陳餘又奉舊趙王室趙歇為趙王。秦將章邯擊殺楚軍後，渡河攻趙，將趙歇、張耳包圍在鉅鹿城內。陳餘在外面不敢援救，張耳對此深為怨恨。

鉅鹿之戰取勝後，張耳責問陳餘，陳餘沉不住氣，一怒之下，將大將軍印綬推予張耳，張耳毫不客氣收取了他的兵權。陳餘只好率親信數萬人脫離張耳，從此兩人反目為仇。後來張耳跟隨項羽入關，項羽立諸侯王，將原趙國分為常山、代兩國，封張耳為常山王，改封趙王歇為代王，對陳餘僅封南皮附近三縣為侯，陳餘大為憤怒。不久，田榮在齊地起兵反楚，陳餘就派親信夏說遊說田榮，並向田榮借兵，田榮也希望壯大反楚聲勢，便派遣一支人馬給陳餘，陳餘又調集南皮全部武裝，去襲擊張耳。張耳不

敵陳餘，兵敗後無家可歸，於是投奔漢王劉邦。彭城大戰後，陳餘得知劉邦殺了一個與張耳面貌相似的人來欺騙他，義憤填膺，認為劉邦不講信義。於是在楚軍策動下，回到趙地後，他準備憑藉太行山險隘來阻擊漢軍，並布下兩道防線，一道鄔城防線，一道井陘防線。

韓信問起陳餘是一個什麼樣性格的人？在這個世上，只有張耳對陳餘最了解：「還看不出來嗎？好鬥、倔強。」

「他越好鬥，越倔，對我們越有利。」韓信又起問陳餘和趙王歇之間到底是什麼關係？

「相互利用，狼狽為奸。」

代原本是陳餘地盤，陳餘以趙王歇的名義下趙，仍立趙歇為趙王，自立為代王，任命親信夏說為代相守代，而他則以師傅的名義留在趙國，輔佐趙歇，行控制之實。忽然，張耳嘆了口氣：「可惜自己帶來的全是未經征戰之卒。」

「沒關係，把新來的摻進，以老帶新，讓他們在戰鬥中鍛鍊吧。」接下去，韓信談了自己破趙的一些想法，可將趙、代做一個大戰役準備，方案已醞釀一些時日，還請張耳最後定奪。

「不敢！」張耳表示自己不過督軍而已，指揮部署，該由韓信自專，如蒙眷顧，他願洗耳恭聽。

趙、代一體，取趙必先取代。代原是個很狹小的地區，力量微弱。春秋時是晉國的附庸。戰國時，臣屬於趙國。但代國在太行山以西，趙國卻在太行山以東，中間被太行山隔開。這個地區，在地理形勢上，不太有利於防守，趙、代聯軍難以做到真正的配合。

事實上，自韓信滅魏之後，身為代王兼任趙相的陳餘，就預感到對漢作戰已迫在眉睫，準備抵抗韓信的進攻。他先令代相夏說率代國的主力駐守鄔縣（今河北井陘東南）之東，並由代將戚公率兵屯守鄔城，阻止漢軍

的北上。同時，陳餘和趙王歇動員了全國兵力，開赴井陘（今山西介休東北），準備應援代軍。

韓信行動計畫是：一，傲縱陳餘，讓他以為漢軍正面臨著與楚軍決戰，魏地尚未鞏固，遠離後方作戰，人困馬乏，不可能再與趙交鋒，但這就為漢軍後發制人準備了條件；二，派一軍圍住鄔城，先吃掉這一塊；三，閼與（今山西和順）是通往井陘口的戰略要道，屏障趙國的門戶，在代軍被殲後，閼與的守敵必然驚慌失措，向趙救援，這時可佯攻閼與，引蛇出洞，漢軍在閼與跟井陘之間的太行山中，伏下重兵，殲滅來援的趙軍。

韓信首要的作戰目標是殲滅代軍的有生力量，然後奪取鄔城。漢王二年（西元前二○五年）後九月（閏九月），他率領漢軍自平陽沿汾水河谷北上，祕密行進至鄔縣之東，突然向夏說軍發起攻擊，夏說率軍東逃，企圖越太行山向趙軍靠攏。漢軍置鄔縣城的代軍於不顧，全力猛追，至閼與附近，終於全殲代軍主力，夏說被擒。

緊接著，曹參率兵回師包圍鄔城。這時，由於夏說部被殲，鄔城成為一座孤城，代將戚公不敢堅守，棄城而逃。至此，代國的武裝力量基本覆滅。

這次作戰，既未屯兵於堅城，也未被阻於險隘，而是以迅雷不及掩耳之勢一舉殲敵。儘管這場戰役看上去沒什麼難度，但仍然體現了韓信用兵的一貫特點，即先消滅敵人的軍隊，而後再解決攻城問題，即使作戰的對象兵力弱小，也要突然襲擊，以出奇謀制勝。

第二十四章　天才與白癡對決

不久，展開了對閼與的圍攻行動。漢軍分別迂迴穿插到閼與和井陘西坡，悄悄撒下一張大網，欲伏擊援代的趙軍。可是一連數日，全無趙軍的動靜。

正當疑惑之際，韓信得到一個可靠消息，趙軍決定徹底放棄太行山以西的代地，調集大軍，號稱二十萬，占領了井陘口以東有利地形，築起了堅固的營壘，拒敵自保。

韓信大為吃驚，調虎離山這一招被趙軍識破，趙軍憑險拒守，我們必將勞師無獲，這難道趙軍有高人指點不成？

這話提醒了張耳，哎呀！怎麼給忘了，趙歇是個無能之輩，他原來就是陳餘所擁立的花瓶，事實上的權力在陳餘。陳餘是個不切實際的傢伙，軍事上並沒有什麼了不起的才能，但趙地有兩個奇才，一個是蒯徹，一個是李左車，他們說不定正在幫助趙王歇。

此時，張耳向韓信著重介紹了李左車。

李左車為土生土長的本地人，以謀略見長，他的祖父是趙國名將李牧。將門虎子，很有膽識。當年秦國伐趙，王翦用反間計離散趙國君臣，李牧被賜死。李左車在李牧舊將的協助下，巧妙地盜取祖父屍骨後運回故鄉。在反秦復國中，李左車一馬當先，奔走呼號，賜封廣武君，現為趙國主要謀士。然而，家學淵厚的李左車，涉獵百家，尤擅兵學，然而非尋常之人不能用之。

韓信點點頭，知道遇到了真正的對手。他怕夜長夢多，再拖下去毫無意義，命令攻下閼與。

趙軍改變戰略，沒有援救閼與，不久得到消息，證實的確是李左車的主意。對漢軍包圍閼與，李左車曾冷靜勸阻陳餘，急救閼與多有不利，閼

與和趙地相隔很遠，需翻越太行山，由於山勢險要，地形複雜，容易遭到漢軍伏擊。況且，閼與無險可守，要保住閼與代價太大。現在漢軍放著閼與不打，顯然，他們企圖調虎離山，圍點打援，一旦中計，後果不堪設想。

李左車的勸說，陳餘一時拿不定主意，於是他將救援之事耽擱下來。如今閼與丟失，夏說被擒斬，陳餘倒又後悔自己聽了李左車的話，使他慘澹經營多年的地盤，一仗不打，就拱手送人。由此，他恨李左車，但更恨張耳、韓信的心狠手辣，發誓不惜任何代價一定要報仇雪恨！

這一天，陳餘得到消息，楚軍已在滎陽一帶發起冬季攻勢，劉邦頻頻告急，且楚軍大司馬龍且已破了不久前反叛項羽的九江王英布，回軍滎陽後，楚軍聲威大振。他拍手稱快，魏王豹沒有等到這天，可被我陳餘等到了，這下要你韓信好看！

就在這時，又發生了一件意想不到的事情。滎陽戰場受到楚軍強大壓力，戰況吃緊，劉邦又給韓信下發了一道命令，從魏地抽調大量精兵趕往滎陽接應，支援那裡的戰鬥，連東征副將曹參及其所部，也一併調回滎陽。這恐怕既是為了加強滎陽的防守力量，也是有意為了抑制韓信的發展，韓信受到了極大削弱，所率兵力已經十分有限。

陳餘更加放心，以區區萬人攻趙，無異是癡人說夢，絕對無法成功。

太行山脈位於黃土高原東部，北起幽燕，南抵黃河，是中國東部地區的重要山脈和地理分界線。過了太行山，向東便是一望無際的華北平原。韓信如果想從魏地攻入趙國，主要的進軍道路就是要穿越太行山。

太行山由一道一道峰棱組成，形成細長峽谷，而狹窄的谷底，便是通道經過處。由於山巒夾峙，道路十分狹隘，當地人把這種自然山脊稱為「陘」。

「太行八陘」，即古代晉、冀、豫三省太行山八條咽喉通道，只要太行

山以東的敵人守住這八個隘口，以西的敵人，就休想通過八百餘里的太行山。在八隘中，又以「井陘」最為著名，為歷代兵家必爭之地。

過太行山，和過秦嶺完全不同，過太行不是靠棧道，而是靠太行關隘通行。如在井陘兩端設兵駐守，其進兵之難絕不亞於漢中棧道。可是，陳餘沒有控制隘口，卻在隘口之東較遠的地方安營待戰。他認為，控制隘口漢軍將不得前來，只有網開一面，待他們過了隘口之後，再以絕對優勢兵力發起攻擊，才能一舉撲殺漢軍。

李左車見陳餘如此布置，大驚不已。放棄有利地形於不顧，卻要打開國門引狼入室，這是萬萬使不得的事。他又面見陳餘，誠懇地勸道：「代王，此次漢將韓信、張耳出征鋒芒銳不可當，我軍強攻不利，應以智取方為上策。」

「怎麼個智取法？」

李左車說：「韓信遠渡黃河，俘虜了魏王豹，血戰閼與，擒了夏說，又在張耳的幫助之下，前來攻我趙國。漢軍乘勝而來，士氣旺盛。兵法云：『無輜重則亡，無糧食則亡。』井陘道狹路窄，車不能並驅行駛，騎不得排成佇列，在這樣的道上行軍數百里，糧食勢必落在後面。代王若能給我三萬步卒，讓我斷他們的輜重糧餉，您卻深溝高壘，堅壁不出，這樣，韓信進不得戰，退不得還。我再以奇兵從背後襲擊，漢軍定會首尾不能兼顧，軍中無糧，軍心必亂。不出十日，韓信、張耳兩人頭顱就可獻至麾下。否則，雖有險阻，不足深恃，兵多將廣，難以匹敵，那時……」

陳餘一聽急了，靠陰謀取勝，贏了能算光彩嗎？他一臉深沉：

「何必要費這麼多心機，繞這麼多彎呢？你的意思是派兵守住井陘道口，不讓韓信進來，把他拖垮，然後施以計謀，再消滅他。我以為這不是好辦法。自起兵以來，本王就是以信義為本，助武臣收趙地，抗拒不義暴秦，助趙王歇趕走張耳，向霸王討回公道 —— 取勝之道，乃為義兵不用

詐謀！如今，劉邦居心險惡，欺人太甚，前時他矇騙於我出兵彭城，現在又讓貪得無厭的張耳與韓信搶我代、趙，對這樣不仁不義之師，可明刀明槍地解決問題。」

陳餘要把事情弄壞，他不了解韓信，不知道韓信厲害，耍小聰明，還自以為得計。李左車焦慮不安：「代王！韓信非尋常之人可比，他的兵機將略無法預料，一著失當，後悔晚矣。如今漢軍氣勢正盛，犯不上碰在他的鋒頭上，最穩妥、最有效的辦法，就是先冷他一冷，冷得他沉不住氣，輕舉妄動，自投羅網，那時施以雷霆一擊，方能取勝。」

李左車怎麼這麼婆婆媽媽？陳餘回答說：「趙是個泱泱大國，擁有太行山以東、黃河以北千里之地。僅井陘一地就有十萬大軍。而韓信、張耳兵力號稱數萬，其實不過數千，且千里來襲，疲憊不堪。若不敢與他們交戰，恐怕要被天下人恥笑，視我們為膽怯之輩。哼！若怕他們，以後就沒有好日子過了。」

陳餘不僅沒有接受李左車的建議，反而認為李左車一再誇張韓信的將才，是對自己的輕蔑不敬。他又說：「如韓信、張耳敢冒逆天理，侵我趙地，我就是堂堂正正保家衛國，這是正義之師，正義之師人心所向。我要將他們放進來，乘其長途跋涉，人困馬乏之際，掩殺過去。兵法有云：『十則圍之，倍則戰。』但，我們若拒守井陘口，韓信、張耳就進不來，那這仗怎麼打？」說完，竟置李左車於不顧，揚長而去。

李左車不禁一愣，陳餘死讀兵法卻根本不懂兵法，無可理喻，相當迂腐。望著陳餘的背影，他長嘆一聲：「意氣用事的陳餘，並非成就大事的長者，他這樣做，無疑是將趙國推上絕路！」

第二十五章　背水列陣破陳餘

面對強敵，韓信在行動上不敢有半點馬虎，借張耳的人脈關係，派人潛入趙國，把陳餘的軍事部署，打探得一清二楚。

他最擔心的就是怕採用李左車的計謀，如果那樣，漢軍將進不得退不得，會陷入覆滅的境地。李左車計謀被否決，韓信大喜過望。李左車真是高人，倘若在漢軍通過井陘關時，只用三千人，設伏在井陘關道路兩側，勢必危也。李左車良策難施，使漢軍有可乘之機！

韓信突然意識到，陳餘主動放開井陘口，這是有意向自己下戰書！如今的情況，有如當年項羽的鉅鹿大戰，破釜沉舟既是萬不得已，也是險絕之處的求生路。

這時，漢軍中卻議論開了。

陳餘分明是欺我人少，放開袋口，引誘我軍朝裡鑽，豈能上他的當！現在漢軍的兵員，主要的是剛剛從魏地徵發來的烏合之眾，曹參、灌嬰等將領又被調走，兵少將寡，這個仗怎麼打？漢王是不是不再信任我們了？

事實上，韓信也是有想法的。登壇拜將後，儘管劉邦對韓信的謀略深為賞識，但在統軍這個問題上，韓信身為漢軍之帥，卻不能獨當一面。從還定三秦和進軍彭城兩大戰役上可清楚地看出這一點。攻打魏豹，固然是張良的推薦，但主要因素還是項羽強兵壓境，一籌莫展的緣故。如今，漢王是不是對東進戰略動搖了，欲抽調韓信去滎陽？就韓信而言，巴不得去滎陽痛痛快快決戰，以報答劉邦的重用之恩，但現在還不是時候，楚軍最大特點，就是擅長打正面突破的野戰，而漢軍恰恰相反，打不得攻堅。若即刻開赴滎陽，也未必能夠取得勝利，最終一盤活棋將變成死局，對漢軍十分不利。現如今，擺在面前只有兩條路：一條乾脆地返回滎陽，參加滎陽防守會戰；一條按既定方針，不論代價拿下趙國。按目前漢軍的境況，

攻趙確實難度太大。曹參部隊絕對是主力，曹參的部隊及曹參本人被抽走，嚴重削弱了部署，伐趙能否繼續進行下去，不得不重新考慮。只是趙軍主動放開井陘口，這是個千載難逢的戰機，可遇不可求！在此關鍵時刻，作為一名軍人，要頭腦冷靜，時刻從滅楚大局出發，不計較個人得失，敢於承擔政治風險和政治責任！

　　漢王三年（西元前二〇四年）十月，經過長達十三個月的準備後，整個戰役設想已經成熟，韓信便最後決定揮師井陘攻打趙國。

太行秋色

　　東去的路上，奇峰插雲，壁立千仞，氣象森然，地形異常複雜。山谷中時時傳出猿啼虎嘯之聲，令人十分恐懼。回首仰望險峻的高山，此地活像個井口，唯一一條彎彎曲曲的羊腸小徑，橫插在叢山峻嶺之中。車不得方軌，騎不得成列。真是「一夫當關，萬夫莫開」，

　　「鳥可以過，人不得還」。

　　韓信不禁想到了李左車為陳餘所謀劃的計策，以險相阻，以守為攻，真是一條奇謀妙計。幸虧陳餘沒有採納，否則，漢軍將死無葬身之地。

　　漢軍疾速推進，安然進抵井陘口前方三十里的山谷中，紮下營寨。不顧行軍疲勞，韓信即刻升帳，布兵點將。

　　漢軍已順利翻越了太行山，進入井陘口。出了山口左側是葦山，趙軍

主力便駐紮在萆山前的壁壘，靠山臨水。往東，冶河攔住東進的去路。趙壁往南就是綿蔓水。綿蔓水從東邊的冶河分流而來，西與滹沱河相接。

韓信指著帛圖對眾將說：「從上面可以看出，井陘口附近是重山疊嶂，河水縱橫，地形險要。故此，漢軍可先在萆山之後，埋伏兩千輕騎，然後著一萬人沿綿蔓水布陣，引陳餘、趙王歇出戰。陳餘欲置漢軍於死地，必會傾巢出動，那時埋伏在萆山後的人馬乘虛進入趙壁，拔去趙幟，插上漢軍的赤幟。趙軍見壁壘被占，必然驚慌失措，我主力趁機拚殺，定能一鼓而勝！」

「一鼓而勝？」眾將心中驚愕，漢軍人馬三分兩分還有多少，能頂住趙軍的衝擊？

韓信看出大家的疑惑，笑了。他囑託眾將，破趙成功與否關鍵在此一役！希望將士們樹立必勝的信念，同心同德，敢打惡仗，就一定能夠取得勝利！

他下令：「軍情緊急，今夜三更起身，四更出發，不得生火造飯，多預備乾糧，待明日破趙後，本將會好好地犒賞三軍！」

接著，他喚來兩裨將：「你二人率兩千騎兵，每人手持一面赤幟，從小徑潛入趙壁後的萆山，依山隱蔽，窺伺趙軍的動靜，待其傾巢出動、追逐我大軍時，你們立即乘虛馳入趙壁，拔去趙旗，全部換上我軍赤幟，動作越快越好！」

韓信又喚來靳歙、孔熙、陳賀等將領：「趙軍占有井陘山口的有利地形，並修築了堅固營壘，目的是等我大軍都出了井陘口再行決戰。你們隨我帶一萬人馬去趙壘前的綿蔓水布陣，引誘他們出擊。只要你們不打出大將旗號，我料定他們不會出來，是怕我軍遇險而退。」

有人鼓起勇氣，怯怯地問：「大將，兵法云：『背水列陣為絕地』，萬一趙軍突入陣中，後有綿蔓水……」誰都能聽出他的潛臺詞，大將怎麼

了？是讓我們跳入背後的綿蔓水溺死嗎？

韓信不得不略加解釋：「這毋庸置疑，本將這樣安排自有道理，只要你們記住『死戰能生』就能取勝，心情上要放鬆，一定要放鬆！」

信心是取勝的保證，這些聽韓信的話，跟隨韓信從漢中走出來的將士，認為韓信就是一個兵仙神帥，一切不用懷疑，從漢中到關中，再到魏地，有如秋風掃落葉，再強大的敵人也會被徹底消滅。

拂曉時分，他們穿過井陘口來到了綿蔓水東岸，顧不上揩一把汗，乘著尚未完全退去的夜色，靠著綿蔓水東岸邊，排開一字長陣。排畢，韓信又親自巡視一遍，很為滿意。他這才噓上一口氣，清瘦的臉龐露出了自信的微笑。

紅彤彤的太陽從山崗上升起，光芒四射，忙碌一夜的漢軍並沒有疲倦之色，一個個精神百倍。可是，當萬餘名漢軍沿綿蔓水布陣時，無論趙軍將帥士卒，都在哈哈恥笑。人人都稱讚韓信是個天才，但今日看他點兵布陣，連兵法中的要義都不知道，還打什麼仗，真不愧為胯下將軍！

「代王！事情不對，背水列陣乃兵家大忌，韓信怎會不知道？他這樣做難道其中有詐不成？」趙王歇不放心地對陳餘說。

放漢軍進來，陳餘嘴上說不緊張，可是心裡還是十分緊張的。他仔細眺望漢軍旗鼓，只見漢軍悉數在此，隨即發出一陣輕蔑的笑聲：

「我可不像魏王豹那麼嫩，輕易受他的欺騙。韓信是勢窮力竭，兵力不足，部隊戰鬥力不強，遠離後方作戰，他定在劉邦面前誇下了海口，硬行來攻，所以不得不背水列陣，以決勝負，難道強大的趙軍鬥不過他漢軍？」

「自然是，那就請丞相發兵吧！」趙王歇連忙說。

「不急！君子打仗不做不仁不義之事，我乘他陣腳未穩去進攻，打勝了也不光彩。等他布好陣，大將旗號出來了，我們再行出擊不遲。放心，不怕破不了這個鑽褲襠的傢伙，且叫他輸得心服口服！」正在說話之間，鼓聲

震天，大將旗號打出了，韓信親率一隊漢軍，大搖大擺地來到趙壘前搦戰。

在戰史中，使用誘敵之計的前例不少，但像韓信這樣，以大軍統帥身分親作為誘餌，來釣敵方大魚的，倒是前所未見。

背水陣古戰場

韓信利用趙軍主將陳餘輕敵麻痺，擺下兵家大忌的背水陣，以死激勵將士奮勇作戰，又另調兩千輕騎，趁隙奪取了趙軍營寨。當趙軍退回歇息時，驚見營內赤幟飄揚，以為漢軍已全部占領趙軍營地，於是軍心大亂，一哄而散。

看清楚了，張耳也出來了！陳餘氣不打一出來，張耳是自己的死敵，豈能輕易地放過他。陳餘立即傳命趙軍，大開寨門，搶奪井陘口，切斷漢軍退路，與漢軍決一死戰。他親率大軍，有如潮水般地蜂擁而來。

戰鼓聲如雷鳴，喊殺聲震天動地，漢、趙兩軍就在趙壘前偌大的地盤上大戰開了。只是趙軍來勢太兇猛，兵力太強大，不久漢軍漸漸力不能支，紛紛丟棄旗鼓器械，爭先恐後地隨韓信、張耳向背水陣方向退卻。

綿蔓水嗚咽地流動著，它能阻擋得了退路嗎？陳餘見漢軍退卻，激動得不能自持，只要再加一把勁，漢軍失敗似乎已成定局。他將令旗一揮，命守護趙壘和攻打井陘口的將士全部出動，追擊漢軍。

古時的綿蔓水比今天要寬得多。當漢軍退到綿蔓水背水陣時，個個驚傻，河水洶湧奔騰，若被趙軍趕入綿蔓水，將死無葬身之地！回頭再望鋪

天蓋地、殺氣騰騰的趙軍，意識到已經身陷絕境！

真正決戰的時刻到了！紅了眼的漢軍，求生的本能點燃了決死的信念！拚殺成仁，成了共同吼聲！漢軍將士沒有孬種，個個是漢子，以一當十，喊殺聲撕心裂肺，驚天動地，響徹整個井陘口！

漢軍與趙軍絞殺一團，塵土飛揚，遮天蔽日，死傷遍地，血流如注。綿蔓水岸邊戰場縱深不大，趙軍雖人數占有絕對優勢，但根本無法展開。不久，混亂中的趙軍卻透出了慌張——

萬餘漢軍竟奇蹟般地頂住了趙軍的衝殺，個個著了魔似的不怕死！正在這時，從井陘口衝出一支漢軍，直撲綿蔓水。得到生力軍的援助，原先拚死搏殺的漢軍將士更加精神抖擻，而趙軍不願為代國的陳餘賣命，軍心不穩，鬥志全無，有些士卒甚至被漢軍趕下水去。

真是不可思議！原先一邊倒的戰鬥，怎麼會變成這個樣子？戰力強大的趙軍，怎麼像霜打的茄子蔫了？陳餘大罵韓信狡猾。罷了，罷了！不如收兵回趙壘，休整一宿，明天再行決戰不遲。他怕拖下去對趙軍不利，只得鳴金收兵，往趙壁撤回。

不一刻，趙軍後隊已來到壁壘前，抬頭望去，竟傻了眼！趙軍旗幟不見了，數以萬計的漢軍赤幟，在陽光下，隨風招展，匯成一片紅色的海洋。

這怎麼是漢軍大營？

「漢軍已經偷襲了趙壁？」陳餘如夢方醒，後悔莫及，韓信的算度是多麼精確！他竟敢以自身為誘餌，將數萬新兵一分為三，與大軍相抗，還偷襲了我的壁壘，太小看這胯下小子了。

陳餘急令攻趙壁，一陣滾木礌石落下，趙軍紛紛斃命，使他更加手足無措。這時，韓信、張耳率綿蔓水漢軍已經殺奔過來，城上城下齊呼：「趙軍完蛋了，活捉陳餘、趙王歇！」

陳餘眼前一黑，差點從馬上摔下來，幸虧眾將扶住。經此衝擊，趙軍心理徹底崩潰，個個像中了邪似的，風聲鶴唳，草木皆兵，潮水般地潰散，任由漢軍兩頭獵殺。趙將砍殺數人，無濟於事。到這時候陳餘才真正地明白，除了勝利什麼都不是，不禁仰天悲呼：「我陳餘是個不中用的傢伙，韓信用兵如神，趙國亡矣！」之後陳餘被斬殺於泜水之上。

第二十六章　虛心請教李左車

夕陽銜山，晚霞滿天。

剛剛脫去鎧甲，抹乾血跡的漢軍將士們，興高采烈地準備在襄國（故城在河北邢臺市西南）城中的趙王宮，舉行祝捷會餐。

難以想像白天曾在這裡發生過一場慘烈、殊死的漢、趙兩軍大廝殺，韓信巧布背水陣，力破趙國，一舉完成了進軍任務，在北方戰場上又取得了空前的勝利。井陘之戰與鉅鹿之戰均為秦漢之際經典戰役。鉅鹿之戰使項羽名滿天下，如今井陘之戰，同樣也使韓信成為眾人敬仰的大英雄。

當韓信來到宴會廳時，將士們向可敬的大將歡呼著。

這時，有將校來報打掃戰場的情況，陳餘在泜水邊被斬殺，趙王歇被擒獲，只是李左車下落不明。

陳餘伏法令韓信興奮，但遺憾的是李左車不知去向，他是一個讓韓信感興趣的人物，惺惺相惜，還有一些問題需要請教。韓信隨即下令：「能活捉李左車，賞黃金千兩！」

平定趙國之後，北方諸國僅剩燕、齊兩國，韓信下一步就要考慮繼續向東征伐的問題，他的最終目標就是要打到彭城去，與劉邦一起合圍項羽。而燕國雖然沒有像太行山這樣的險阻，但國大兵眾，城池堅固，漢軍由於遠離後方，又連連征戰，士卒疲憊，在此情況下，用什麼樣的辦法去奪取燕國，這是必須認真思考的大事。

重賞之下，必有「勇」夫，不一刻李左車被人捉到。韓信和張耳親自到襄國城外，迎接被俘的李左車。見到李左車後，韓信挪步向前，為李左車解開綁繩。

李左車是個有骨氣的人，當他驚懼的眼神和韓信溫和的目光交織在一起時，他表示要殺要砍隨便！

　　怎麼會殺李左車呢？未來東征的歲月，一定會荊棘叢生，困難重重，韓信身邊，正缺少一位像張良那樣智囊式的人物。韓通道：「廣武君，秦失其鹿，天下共逐之，高材捷足者先得焉。漢王仁慈大度，廣羅天下俊才，定能結束楚漢紛爭。你若歸漢，既是漢王的福分，也是你自己的福分，豈不兩全其美？我相信，到那時你一定能發揮自己的才幹，實現自己的抱負，我真誠希望你能夠過來，我已期待你很久了！」

　　沒想到，用兵如神的韓信，待人卻謙恭而真誠。

　　「廣武君，大丈夫身處動亂之世，當擇主而事，切莫辜負大將一片深情。」不由分說，張耳將李左車拉起來扶進了準備好的馬車上，往襄國城中駛去。

　　此時，王宮中酒筵已經擺好。韓信不以勝利者自居，執意請踟躕不安的李左車東向主座，自己西向作陪，儼然以待老師之禮對待他，十分謙遜恭敬。《史記》詳細記載了韓信這次參加宴會的情況，以及和李左車對話的全部內容，讓我們一起來看一看。

　　酒過數巡，勝利的喜悅，增添了激情，將士們話匣子打開了。說真的，破魏下代的那種打法，諸將覺得易於理解。對於守衛井陘的十多萬趙軍，韓信不按兵法行事，卻贏得了空前的勝利，創造了軍事史上又一個驚人的奇蹟。他們知道韓信不是那種只知魯莽輕戰，卻不知勝負利害的起起武夫。相反，韓信既善戰而又慎戰，每戰之前，他都能做到對敵情己情，天時地利，瞭若指掌，並進行周密的部署。他指揮的戰鬥，總是未戰即已穩操勝券，既戰則有章有法，必獲全勝。那麼，破趙之戰到底怎麼取勝的？祕訣在哪裡呢？

　　一將軍拜服於地，請教道：「大將，兵法云：『右倍山陵，前左水澤』，白天您卻讓我們背水布陣，並說破趙後會餐，我們雖不相信，但軍令如山，不敢多提異議，更不敢違抗軍令，沒想到，大將這樣做竟真的取得了

最終勝利。這種韜略深高莫測，騙了敵人，怎麼連自己人也騙了？實在讓人不能理解，又讓人不能不相信這是事實！」

「對！這仗打得太神，請大將將祕訣講出來，讓大夥聽聽。」許多將領跟著說。

「這，沒有什麼祕訣。背水列陣為絕地，弄險而為，實在也是不得已。」韓信微笑著說，「諸君都是帶兵打仗之人，常讀《孫子兵法》，我的計謀就在上面寫著，只是你們沒有在意罷了。兵法云：『陷之死地而後生，投之亡地而後存』。其一，背水列陣，我軍左右兩翼是河流，兩面皆是天然屏障，一時難以逾越，後翼是綿蔓水和太行山，趙軍不得擊；其二，擺背水陣，示愚示弱，麻痺趙軍，引誘其出壁而戰；其三，常言道：『寧帶千軍，不帶一夫。』最為關鍵的是我軍戰士大都為新徵調之人，未曾與我親歷戰陣，同生共死，對他們來說，我沒有什麼恩德可言，在此關鍵時刻，必不能為我所用。這有如率領素不相識的市井之徒去作戰，若有退路，敵方勢大，將不戰自潰，唯有置之死地，人人才會死裡求生。所以，趙軍雖眾，奈何我軍以一當十，豈有不勝之理！」

背水列陣，天下沒有人敢這樣做，只有藝高膽大的韓信一人敢為！看著韓信，眾將崇敬之情油然而生，一齊再拜。

韓信話鋒一轉，卻主動向李左車請教擊燕方略：「廣武君，我欲乘勢北攻燕，東伐齊，時至今日無計可施，願不吝賜教。」

李左車感嘆地說：「古人云：『敗軍之將，不可以言勇；亡國之大夫，不可以圖存。』今我為大將階下之囚，哪有資格討論郡國大計？請大將另擇高明之士相助！」

韓信知道李左車的疑慮，懇切地道：「先生之言差矣。春秋時，百里奚在虞國做官，但虞國卻被晉國滅亡了。後來他又被秦穆公請到秦國，結果幫助秦穆公實現了霸業。這並非為虞計拙，為秦計巧，是因為虞國的國

君不肯採納百里奚的建議，而秦穆公卻對百里奚言聽計從。同樣，如果書呆子陳餘，肯聽你的計謀，現在被俘的恐怕會是我韓信，正因為陳餘不用你的計謀，我才僥倖打了勝仗。韓信誠心求教，務請先生不要推辭！」

李左車為韓信誠意所感動。韓信確非陳餘、趙王歇之輩可比，他是當今難得的天縱之才。士為知己者死，他把我當人，敬重於我，我就心甘情願地做牛馬。陳餘把我當牛馬，蔑視我，我卻要昂頭挺胸做人。於是，李左車轉變了態度，真誠地說：「智者千慮，必有一失；愚者千慮，必有一得。狂夫之言，聖人擇焉。左車之策未必適用，願效愚誠。」

宴罷，韓信獨留李左車，促膝請教。

李左車道：「大將統兵東征以來，涉黃河擒魏王豹，調虎離山擒夏說，東下井陘，一日破趙軍十多萬，名聞海內，威震天下。但迭經戰陣，師勞卒疲，其實難能再戰。如果強行攻燕，兵屯於堅城之下，欲攻不克，日久糧盡，情必勢危。而齊國也會趁機備戰，堅決與大將為敵。如不能迅速解決燕、齊兩國問題，那麼，楚漢戰爭就難見分曉，形勢變化就難以預料。這就是大將目前的短處和不利所在。」

「依先生所言，將如何行事為好？」

「當今之計，可按兵息甲，先安撫趙民百姓，豐饗將士，鼓勵軍心，然後，暗中派遣一辯士下書，大張聲勢，陳說利害，勸降燕王，燕王畏懼大將聲威，豈敢不從？燕一旦降服，齊必定聞風而從！」

韓信十分贊同李左車的計策，擊燕不如降燕，這是目前漢軍進軍的最好辦法。他擊掌說：「先生說得對！這是先虛張聲勢，嚇破敵膽，然後再實施進攻。謹遵教誨！」

依李左車計行事，韓信一邊大張旗鼓屯兵邊境，一邊派人到燕國去遊說。燕王臧荼是個明白人，在這生死關頭，懾於韓信的聲威及魏、代、趙等國滅亡的教訓，果然舉國歸降，這也為韓信擊齊解決了後顧之憂。

後來，北宋大政治家王安石讀史至此，對韓信用兵藝術心生感慨，認為做人做事應當放下架子，不恥下問，才能取得成功並作七言絕句一首：「貧賤侵凌富貴驕，功名無復在芻蕘；將軍北面師降虜，此事人間久寂寥。」

不久，韓信差人將燕王降書送往滎陽，同時奏請劉邦恢復張耳為趙王封號。

很快便接到回信，劉邦稱讚韓信能用他人之智者為上智，獲李左車而不殺，筵為上賓，卒用其謀而下燕，正是韓信聰明過人之處，沒動一兵一卒，卻屈人之兵，一舉收復了燕國，創造了戰爭史上一個範例，這與愚蠢的陳餘恰恰形成鮮明的對比。他還稱讚韓信破趙脅燕，靈活用兵，做得有聲有色，瓦解了楚軍的進攻，鞏固了趙地防線，這對漢軍又做出了一個重大貢獻。並同意韓信建議，封張耳為趙王，同時，還一併送來了頒授給張耳的趙王文誥、璽綬。

其實，劉邦的內心真正感觸，韓信一定不會想到。劉邦對張耳的忠誠毫不懷疑，但對韓信為張耳請封一事，認為是在拉關係，給自己出難題，封也不是，不封也不是。

第二十七章　離間計致亞父亡

　　韓信一路高歌猛進，以劣勢兵力，僅用三個月時間，接連取得破魏、下代、滅趙、降燕的勝利，而人員、物資的大量補給，有力地支援了劉邦，即便如此，劉邦守護的滎陽戰場，還是危機四伏，險情不斷。

　　項羽先是派悍將龍且、侄子項佗，率大軍圍剿被隨和成功策反的英布，沒想到，一代猛將根本不堪一擊，只是短短幾個月，就被徹底打敗。接著，楚軍發兵截擊漢軍的糧倉，攻克了滎陽以東漢軍的全部據點，將矛頭直指漢軍總部滎陽，要一鼓作氣地奪下它。

　　面對楚軍強大的攻勢，漢軍已透出慌亂，劉邦十分憂懼，寢食難安。「外交特使」酈食其跑來給劉邦出了一個主意，就八個字：「分封諸侯，恢復六國。」

　　酈食其是想讓在漢掌控下的諸國舊王室成為諸侯，透過他們來對抗楚國，分散力量，緩解漢軍的壓力。然而，這能做得到嗎？劉邦竟聽從了他的建議，令人刻印，要酈食其去分封諸侯。

　　劉邦還將此事告訴了張良。大事完了！張良很少這樣激動。如今楚國勢力最強，就算恢復六國，六國與項羽之間的關係，就像六隻小狼，面對一隻強壯的大狼時，牠們照樣會搖著尾巴，依附過去。再說，商湯、周武的時候，封桀、紂後人，以示寬大為懷，天下沒人反對。而如今，漢弱楚強，天下豪傑離開故土，追隨大王，無非是盼望得到一塊封地。如果把六國都恢復起來，拿什麼去封賞？他們一定會各回其國，各事其主，還有誰會來為大王奪取天下？

　　「豎儒！盡出餿主意，幾乎壞了我的大事！」聽了張良的一席話，劉邦嚇得一身冷汗，立刻下令取消酈食其的任務。當晚，垂頭喪氣的酈食其，獨自一人喝得酩酊大醉。

耍嘴皮子尚可，謀劃天下大事，酈老先生遠不及張良。張良真是天下少有的大謀略家，思維縝密，考慮問題切中要害，為了保住滎陽，他又建議劉邦先穩住項羽，示和罷兵。

劉邦於是派出專使，試探性地到楚軍遊說，願意訂立盟約，把滎陽以東的地方全部劃歸西楚，滎陽以西的地方立為漢界，然後再收回韓信東路兵馬，從此楚、漢兩家各自收兵。

項羽覺得劉邦勢力漸大，韓信又善於用兵，而楚軍糧草不足，長期征戰，將怠兵疲，楚漢議和，也似無不可。但此議卻遭到了范增的竭力反對：「大王！議和這是劉邦的緩兵之計，把戰局拖住，坐等韓信救兵，如今一定要猛打窮追，千萬不可再錯過了，否則，又是一個鴻門之恨。」

「亞父！」項羽從范增聲色中似乎看出什麼，猶豫起來。使者返回滎陽城，將情況一一轉告劉邦。劉邦心知范增從中作梗，恨恨不已，下決心要除掉范增。

護軍中尉陳平了解劉邦的心思。他提醒劉邦，項羽部屬中只有亞父范增、鍾離眛、周殷等人有些謀略，其中范增和鍾離眛威脅最大。項羽為人猜忌，最容易聽信謠言，如能離間他與范增等人關係，就可以瓦解楚軍核心組織，削弱他的進攻力量。

「好計！」劉邦忙讓陳平帶上四萬斤黃金去楚營賄賂，到處散布謠言，詆毀范增、鍾離眛。項羽不免起了疑心，終於先失去了對鍾離眛的信任。緊接著，又讓項羽懷疑范增和劉邦私通，暴怒之下，項羽竟要把范增抓來質問。

人人都清楚，只有范增蒙在鼓裡。他心中非常焦慮，項羽怎麼對攻打滎陽懈怠下來？他又來勸說：「時間就是一切，請大王快快攻城！」

項羽就是不予理睬。范增終於明白過來，自己的忠心和苦心卻換來項羽的懷疑，多年的心血將要付之東流，楚地大好河山將要被劉邦奪走。他

痛苦絕望的心情湧上心頭：「天下大勢去矣，請霸王好自為之！老朽不堪為驅使，請賜回鄉。」項羽沒有再做挽留。

范增年七十，平時好設奇計，見識不凡，可以稱得上是項家肱股之臣，被項羽尊稱為「亞父」。「亞父」在當時的意思和叔父差不多。他先後輔佐項氏叔姪二人，殫思竭慮，吃盡了萬般苦頭，從來都是忠心耿耿，毫無二心。當年，是他挺身而出，力主恢復大楚國，用一招「挾天子以令諸侯」讓人追隨項梁的腳步，為其征戰四方，因此，才有今天項羽稱王稱霸的局面！

記得起兵初，秦將章邯率領二十萬大軍，一路破關斬將，來勢洶洶。這時又得到確切消息，大澤鄉舉義的幾位主要領導人已經死亡。趙國的趙歇、齊國的田儋、燕國的韓廣、魏國的魏咎等人瘋狂搶占地盤，跟義軍分道揚鑣。而秦軍主帥章邯在殺掉陳勝後，正調動大軍，集中兵力，攻打楚軍。在薛城大會上，項梁惴惴不安地提出了一個嚴肅問題，在此緊要關頭，不可一日無主，楚軍將何去何從？

盱眙人陳嬰臉色平和，並沒有什麼表示，韓人張良好像在深思。沛縣泗水亭長劉邦卻站了起來說：「項梁將軍世代將家，有名於天下，今欲舉大事，當立項梁將軍為楚王，亡秦必矣，請大家速速決定！」隨即，響起一片附和之聲。

「不妥！不妥！」項梁謙虛地對大家說，「前些日子我擊殺了秦嘉，不僅因他阻擋我們進兵滅秦，更是因他還沒有得到陳王確實死去的消息，就擅自立景駒為王，這是不義之舉。」

「確實如此，老朽以為將軍不可稱王。」范增看了看項梁，接著談了自己的看法，「無可諱言，陳勝的死是在意料之中。他本非望族，又缺乏容人之量，不聽忠言，匆忙稱王，還不自取其咎？想當年，六國為秦併吞，其中楚國最為無故，楚懷王被秦昭王騙至秦國，一去不返，楚人至今十分

悲憤。楚南公曾言，『楚雖三戶，亡秦必楚！』如今，將軍起兵江東，為何天下反秦義士都趨之若鶩？那是相信將軍準能恢復大楚國，立楚王的後人為王，大公無私替六國報仇。因此，希望將軍因勢利導，順乎民心，何愁暴秦不滅！」

范增的一席話語擲地有聲，全場一片寂靜。

項梁非常贊同范增的政治謀略。片刻，只見項梁表態：「范老先生之言正合我意。如立個楚國後代，有利於凝聚天下人心，有利於大楚國與暴秦展開決戰，就按先生的意思辦！」韓信和在場的人們一齊歡呼起來──

項梁對范增言聽計從，十分敬重。沒想到他這糊塗、沒有政治頭腦的侄子，卻在耍野！現在，他雖有機會贏得了霸王的稱號，卻錯失了成為天下霸主的機會，而自己也成為最委屈的失敗之人。范增坐在一輛牛車上回鄉，悲憤的心情難以平靜。當到達彭城時，他便「疽發背」，憤懣而死。

陳平的離間計獲得了預期效果，劉邦輕而易舉地除掉了項羽最得力助手。後來劉邦總結時曾說：「項羽有一范增而不能用，此其所以為我擒也。」

事實如此，只有人死了，活人才會明白許多，項羽對范增的死非常悲傷。項梁戰死時，項羽剛滿二十五歲，范增卻已經七十多了，高官厚祿，珍寶美女，對於他來說，已經沒有太多意義。他所以輔佐項羽，完全是出於與故人項梁的情義。但也正是這種關係，使得他在項羽面前知無不言，言無不盡，甚至像訓斥一個孩子一般。由此項羽產生叛逆心理，給了陳平以離間機會。劉邦手下，有蕭何、張良、韓信、陳平等人，而自己這裡卻實實在在只有范增一個王佐之才！

復仇的怒火在胸中燃燒！項羽讓季布、鍾離昧、項伯日夜不停地揮軍猛攻滎陽──

第二十八章　將軍替身救漢王

正當韓信準備進兵伐齊之時，項羽抽調精銳軍隊，幾出奇兵，北渡黃河，進攻趙國戰略要地。

韓信與張耳往來迎戰，擊敗了來犯的楚軍，逐漸控制了趙國全境。他還多次將部分將士調往滎陽，「發卒佐漢」。

然而，由於范增的死亡，項羽發誓要打敗劉邦，給范增報仇。到了這年五月，項羽奪取了滎陽以東漢軍的全部據點，切斷了滎陽與敖倉之間的甬道，形勢出現了新的危機。

滎陽城被圍日久，以劉邦為首的漢軍統帥部不能逃脫，憂慮與恐懼，籠罩著全軍上下。劉邦不得已向張良、陳平做最後交代，乾脆開門投降，一來能保住將士們的性命，二來滎陽城裡的大人小孩，男女老幼皆能不被屠殺。

投降還有活路？這話倒提醒了張良。如今楚軍勢力強大，城破只是早晚之事！他對劉邦說：「在此關頭，只有因勢利導，金蟬脫殼，才能轉危為安。可搞個假投降，騙過霸王，逃出一條生路。」

「逃」對劉邦來說已是一種常態。然而，看似東奔西逃、極為狼狽的劉邦，很多時候似乎都到了山窮水盡的地步，但每到關鍵時刻，他都能逢凶化吉，轉危為安，沒有誰能捉住他。這一次不知是否也能倖免於難？

此時，與劉邦長相十分相似的紀信將軍站了出來：「末將相貌、體態與漢王極像，軍中難找第二個，可替漢王矇騙霸王。」劉邦遲疑未決。張良、陳平來勸：紀將軍將個人安危置於度外，只要紀將軍願意這樣做，你就同意吧。

陳平又使出一絕計，著人寫了投降書，單請項王傍晚間受降，並請看在昔日結盟兄弟份上，免其一死。項羽心軟了，慨然同意劉邦全部請降

條件。

這裡讓我們先來了解一下陳平其人。陳平是楚漢爭霸中謀略比肩張良的人物，眼光獨到，才華橫溢，但手段狠辣，「陰謀」是史家最喜歡用來描述他謀略的詞彙。

陳平，陽武戶牖鄉（今河南原陽東南）人。他本來是一個農民，家裡很窮，但從小就喜歡讀書，秦末戰爭爆發後，他先投魏王咎，後又投項羽得到重用，任都尉一職。關中分封後，殷王司馬卬一度叛楚，陳平受命平定。劉邦滅殷，司馬卬降漢，項羽遷怒於陳平。陳平料想大難臨頭，又知項羽失道寡助，終將難以輔成大業。於是，他攜著一柄寶劍，偷偷地逃走了。他想起在漢王手下的魏無知是自己的老朋友，不如也去投奔劉邦。

那天天快黑了，他逃到了黃河邊，可巧一艘船划過來。兩個船夫把陳平上下打量一番，但見陳平衣冠楚楚，是個美如白玉的大帥哥，他們居心叵測地嘀咕著什麼。陳平一想，糟了，二人可能是強盜，以為我身上帶著什麼財寶，想圖財害命。他為人機靈，渾身是計。為了保全自己的性命，馬上脫了衣服，扔在船上，光著上身來幫船夫划船。船夫看他腰間什麼也沒有，知道身上沒貴重東西，也就打消了加害他的念頭。一場凶險，竟被陳平輕而易舉地化解了。

陳平終於逃到了漢營，經魏無知推薦，面見劉邦。陳平曾在咸陽幫助過劉邦，今日來歸，劉邦十分高興。兩人縱論天下大事，十分投機。劉邦欣賞陳平的才華和灑脫的性格，破例任陳平為都尉，留在身邊做參乘。這比起當年投漢的韓信，不能不說，劉邦更欣賞陳平。這也引起了許多人的不滿，他們向劉邦告狀說，陳平這個人很壞，一來他曾和自己嫂子通姦，生活作風有問題；二來他來到漢軍，收了下級的錢財。更為嚴重的是，此人反覆無常，最早效力魏王，卻反叛魏王歸順霸王，而現在又投奔大王。

劉邦經不住眾人再三詆毀，便也心生疑團，召陳平來質問。陳平不緊

不慢地回答說：「我的信義絕對沒有問題，同樣一件有用的東西，在不同的人手裡作用就不同了，我侍奉魏王，魏王不能用我，我離開他去幫助霸王，霸王也不信任我，所以我才來歸附大王。我雖還是我，但用我的人不一樣了。我久慕大王善於用人，故才不遠千里前來投效。來到這裡，我什麼也沒帶，所以什麼都沒有，才接受了人家的禮物。若大王聽信讒言，不起用我，那麼，我收下的那些禮物還沒有動用，我可以全部交出來。請大王給我一條生路，讓我辭職回家，老死故鄉吧。」

寥寥數語，話中有話，劉邦疑慮頓消，對陳平好感倍增，並重重地賞賜一番，提升他為護軍中尉，專門監督諸將。也因為劉邦的態度轉變，此後再也沒有人找陳平的麻煩了——

卻說，第二天傍晚，天空下著細雨，天地間一片昏暗，滎陽城東門按約洞開。正在圍城的楚軍見狀，急忙擂動戰鼓，從四面八方向這裡彙聚。

從城裡，先過吊橋的是一隊隊披紅戴綠的婦女，楚軍士卒大為驚奇，紛紛舉著火把前來圍觀。二三千名婦女之中，有不少姿色豔麗者，她們一片哭喊。楚軍的統帥部對這些女子也沒有任何戒心，他們只想是劉邦開門投降，保住了滎陽生靈，百姓們為了感激劉邦，出來送行也在情理之中，只是行動過於緩慢。過了一個時辰，才見一輛黃屋車從城門內駛出，那車子用黃綾作蓋，車的左側插著漢王大纛。這是劉邦的專用車！

楚軍將士又驚又喜，他們起初不怎麼相信，仔細一看，確實如此。「劉邦」頭戴「竹皮冠」，身著杏黃大袍子，坐在車中不驚不懼，泰然自若，這不正是漢王嗎？一陣短暫的平靜，四周突然爆發出一片歡呼聲。征戰多年，終於把漢軍打敗了，家中父母妻小，都在眼巴巴盼著他們勝利回家呢！

「不好！我們受騙了。」當楚軍將士用戟挑開車門，定睛一看，此人卻不是劉邦！

項羽勃然大怒，令司馬龍且帶人將紀信守住，他親自與鍾離眛、項伯、項莊等將領前去追擊，但為時已晚，劉邦乘著東門混亂之際，帶著張良、陳平、樊噲等數十騎，從西門殺開一條血路，向成皋方向逃去。

真是服了這個無賴！項羽懊惱無比，因受到劉邦愚弄而憤怒。他不禁記起范增曾說過的那句話：「當今世上，唯有劉邦才是心腹大患！」望著范增離去的方向，那個為他出謀劃策的父輩已遠去，以後再沒有人可以商量大事了。他向冥冥蒼天舉起雙手，呼喊道：「亞父！對不起呀，如果紀信不投降，我先殺了他來祭奠您！」

劉邦從滎陽突圍後到了宛城、葉縣，正遇上叛楚的英布殘兵敗將，劉邦和英布兩人合兵一處，進了成皋。可楚軍哪裡肯放，窮追猛打，滎陽和甬道丟失，成皋已難以阻止楚軍的進攻。

劉邦打起精神，他和張良、陳平、夏侯嬰又悄悄出了成皋，奔南陽，流動於宛、葉之間。項羽得知漢軍進入宛城，他讓楚將終公帶一部分兵力留守成皋，便親率主力，鋪天蓋地殺奔過來。劉邦終究勢單力孤，且戰且退，在宛、葉又陷入了楚軍的重圍。

劉邦只得授予彭越將軍印，令彭越從側後斷絕楚軍的糧食補給，以遊擊作戰方式，與漢軍在西方作戰相配合，並於這年四月間渡過睢水，向北突襲楚軍。

駐守在下邳的楚軍將領項聲和薛公，因地處後方，疏於防範，彭越竟從他們的身後殺來。他們倉促應戰，一場激烈的廝殺，項聲、薛公軍大敗。彭越截斷了楚軍的糧道，搶占了大片楚地，直接威脅著楚都彭城的安全。

項羽生怕彭城再次陷落，他再次引兵東去。彭越畢竟不是項羽的對手，他收拾人馬，渡睢水向西逃命而去。

劉邦則不失時機領兵北上，重新占領成皋。

項羽見追不上敗逃的彭越，便又轉過頭來對付劉邦。他這次要吸取上次攻取滎陽的教訓，當你急攻，他可以逃跑，不如先攻滎陽周邊的成皋，進軍鞏縣，斬斷漢軍西逃之路，然後再一舉合圍，將漢軍徹底打敗！

第二十九章　劉邦馳趙壁奪印

　　滎陽戰鬥的失利，讓劉邦面臨空前的生存危機。

　　對待滎陽戰場的態度，人們各有不同看法。部分跟隨劉邦多年的將領認為，由於項羽在滎陽連續進攻，不派主力大軍去支援漢王，漢王既得不到實質幫助，又容易造成誤解。

　　而韓信的看法則是，成皋告急，諸位拯救成皋的心情可以理解，但在作戰上絲毫不能感情用事，自己何不想發兵全力援救成皋，可是這不正中霸王下懷！若硬將主力抽去，不難想像，魏、代、趙、燕將會是個什麼樣子？一旦大軍離去，這裡的遺孽，定會乘虛而動，那時我們擊齊不能勝，退卻之路又被截斷，兩年來無數將士用鮮血和生命換來的局面，將會被白白斷送！

　　韓信的話很有道理，張耳也很折服，但是張耳的一些顧慮，無法向韓信做進一步剖白。韓信專注於戰爭中的攻城掠地，無疑是個百世難得的軍事天才，但對政治及人際交往卻很遲鈍，而此刻的劉邦心中又會作何想呢？

　　事實上，韓信能接連打勝仗，也是很不容易的。在極其困難的情況下，憑著天才般的謀劃運籌，連連取勝。可是每當戰勝之後，又要把大量的軍隊，趕快送到滎陽去。而劉邦卻屢戰屢敗，投入的兵員和糧草再多，也抵擋不了大量消耗。未來的伐齊，可不如征魏擊趙，仗還打不打得下去？

　　韓信態度是只作戰役上配合。漢王在滎陽、成皋一線苦苦堅持，目的是為了我們東進勝利，我們能夠取得勝利，絕對與漢王的堅持分不開。滎陽至鞏縣、洛陽一線仍有很大縱深，漢王亦未傷透筋骨，只要能設法讓漢王熬過陣痛就行。

其實，這時候滎陽戰場的形勢，比預料中還嚴峻。滎陽陷落，成皋兩度失守，楚軍回攻，劉邦已經難以堅持，他趁著黑夜，不得不拉上夏侯嬰再次開始了逃亡。

按照常理，劉邦應該向西到鞏縣或洛陽去，那裡有部分漢軍的主力，但他卻沒有這樣做。或許，他已認定黃河以北韓信漢軍，是他倚重的唯一力量。

此時，劉邦的心情淒涼又複雜。

蕭何遠在漢中，遠水不解近渴，韓信只有一河之隔，就真的過不來？下魏破趙後，韓信也曾前後補充過不少精兵，助自己在滎陽一線與楚軍的相持。然而，韓信為人高傲、鋒芒畢露，不像張良沉穩細密，淡泊名利，也不像蕭何兢兢業業，忠心耿耿。目前的失利，究其原因，不外乎敵強我弱，沒有和河北形成掎角，終為項羽所破。現在，劉邦想直接去修武（今河南獲嘉縣）奪取韓信、張耳的兵權，他們會不會不答應？

張耳是諸侯王中最早投奔劉邦的，趙國一帶原來就是張耳的封地，封張耳為趙王，客觀上發揮了安定民心的作用，封王張耳並無不妥之處。然而，由韓信提出封王張耳，劉邦覺得他是在試探自己。魏、代、趙、燕等地全都是韓信取下的，既然張耳能夠封王，韓信為什麼不能封王？這是一個危險不祥的信號。

平日火氣盛大的劉邦，這時倒也十分冷靜。

他知道英布、彭越及張耳雖有才能，但都不是楚軍的對手，經不起霸王的揮戈一擊。從他們智慧、才識、用兵和氣勢上來看，遠遠不及韓信。韓信是曠古少見的天縱英才，自從他統軍以來，連戰皆捷，有如秋風掃落葉，除了齊地外，河北已為他一人所占有。就天下大勢而言，萬一自己被楚軍打敗，恐怕能夠自立天下，扛得住項羽的，唯韓信一人而已！可是，到了如今這個地步，能說什麼呢？孤身一人，性命難保，此刻只能把怒火

放在肚子裡，讓鼻子也不冒煙。劉邦決定採用特殊手段，來控制一下韓信和張耳，收取他們的軍隊。

不過，跟在劉邦身邊的夏侯嬰卻不這樣想。韓信的那條命是自己從漢王的大刀下撿回來的，想不到韓信稍有功勞，就翻臉不認人了。韓信高深莫測，去修武會不會出亂子，倒不如讓劉邦先住下來，自己一人去韓信那裡搬兵。否則，萬一有個三長兩短，怕保不了劉邦。

「不必。」劉邦心中有數，自己待韓信不薄，知道韓信的為人，目前看他心還沒壞透，自己自有方法對付他。

修武城，地處黃河以北，太行山以南，是黃河流域中文化發祥最早的地方。周代稱寧邑。商末周武王興兵伐紂，大軍途經此地時，暴雨三日而不能行，就近駐紮修兵練武，所以改寧邑為修武。井陘大戰勝利後，韓信、張耳選擇魏國南端的修武作為根據地，主要是附近山勢險峻，土地肥沃，人口眾多，軍糧供應不乏，有利於新占地的維穩，同時這裡靠近滎陽、成皋主戰場，便於兩軍之間呼應和支援。

第二天凌晨，啟明星剛剛露出頭來，已渡過黃河的劉邦與夏侯嬰，喬裝打扮後，悄悄走出客棧大門，自稱漢王使者，奉詔書直奔韓信修武大營。

到了中軍大帳，劉邦瞥見了放在桌子上的帥印和兵符，上去摘了下來，繫在腰間。隨即，他反客為主，傳令三軍將領帳前集合。

沒一刻，張耳和諸將先後到了，還以為韓信點兵，等走近定睛一看，並不是韓信，而是漢王劉邦，大家驚愕萬分，也不便細問，誠惶誠恐，只好依禮下拜。

這時，韓信已被人喚醒，整衣前來。抬頭猛見自己的印符繫在劉邦腰間，漢王為什麼要拿走印符？他一邊跪下，一邊不安地叩拜：

「為臣不知大王駕到，有失遠迎，罪該萬死！」

劉邦責備韓信、張耳說：「這也沒有什麼死罪，不過軍營應該加強戒備，免遭不測，況且天色將明，若敵人猝然而至，或者刺客混入軍營，你們該怎麼辦？」

韓信、張耳聽著，禁不住滿面羞慚。

劉邦屬聲道：「我原先命你們平定趙、燕後，能與我會師，可你們卻駐紮在這裡一動不動，單是進修武，就已經八個多月。這八個多月中，難道你們一直躲在修武城裡睡大覺？」

接著，劉邦當場宣布四項決定：第一，韓信下魏、破代、擊趙、降燕，皆獲成功，論功行賞，擢升為相國；第二，即日起，從趙地抽調一半兵馬去滎陽禦敵；第三，張耳留守趙國，其主要任務是管理趙、代之地，加強守備，把握後方，保證滎陽側翼安全；第四，擊齊是既定目標，也是韓信在漢中所提出來的戰略重點，誰能擁有齊國，無疑最終的勝利將會偏向於誰。韓信等人可徵發趙地尚未徵發之人，組成一支新軍，進攻齊國。為加強韓信的力量，漢王近日再將曹參、灌嬰二將調撥回來。相信韓信定能克服困難，擊齊再獲成功！

應該說，這四項決定是正確的。不解除滎陽戰場的危機，漢軍就有可能一敗塗地。不拿下齊國，就無法從根本上戰勝項羽。劉邦還害怕韓信和張耳在趙地勢力膨脹，所以奪了二人的兵權，又將二人分開，再派最為信任的曹參作為助手，來協助、監視韓信。

對於這一切，韓信心知肚明。他儘管擢升漢相國，這在漢國職官序列中前所未有，三軍統帥兼國務總理，職位遠在蕭何之上，但他並不高興。這四項決定中，劉邦沒有否定韓信東進擊齊的計畫，仍要抽調趙地精兵，削弱韓信的力量，不斷抽取韓信的血液，也未免太狠心了！

往往在強壓面前，忍辱負重，一聲不吭，這也許就是韓信「隱忍」的性格。如此硬氣的他，胯下之辱的情景一直伴隨著他，今天也是，他就是

要用別人不敢想像的一個又一個勝利，來證明自己內心的不屈和強大！

調兵令已下，兵權已奪，劉邦這才告訴大家滎陽已經丟失的消息。劉邦不無嘆息，滎陽和甬道丟失，成皋難以阻止項羽的進攻。項羽拔滎陽、誅周苛、樅公，虜韓王信，遂圍成皋，戰鬥十分慘烈。自己只能從滎陽跑到成皋，又從成皋跑到修武，險些被要了性命。到了這個地步，沒有其他辦法，只好用你們的兵了。

韓信領悟到了劉邦的高超手腕，在困難時期，他要進一步利用好自己，以便做出新的布置，這足見他的良苦用心。

轉而，劉邦安慰起韓信。井陘一戰打得太好，說句老實話，滎陽那麼多的兵馬都敗了，而你們卻勝了。由此可見，再大的困難也攔不住你們。擊齊之事還請韓信費心籌措，只要滎陽一線稍有好轉，他還會將在齊地附近遊擊的呂澤、冷耳和陳武三將軍調撥過來，全力支援你們！

韓信與大家離去後，劉邦單獨留下了張耳。他和張耳是兒女親家，他要聽聽張耳對韓信的看法和意見。

張耳的確是一位君子，思考中稍帶埋怨。劉邦為什麼如此懼怕韓信？為什麼不能大大方方地來？韓信雖是高傲，但卻忠心耿耿，不愧為當世難得的英才。他修棧道，度陳倉，定三秦，出函谷，項羽反撲漢軍大敗西走時，他率部趕到滎陽接應，擊敗京、索之間的楚軍，遏制了楚軍繼續西進的勢頭，現在又下魏、破代、取趙、降燕，對困境中的漢軍來說，貢獻實在太大。對這樣一個人，劉邦為何老是心存恐懼、放心不下？

不過，現在不是評功擺好的時候，張耳最終並沒有多說什麼。

第三十章　酈食其說下齊國

自劉邦帶兵出關以來，輸得多，贏得少，已形成一種放得開的心態，屢戰屢敗，屢敗屢戰。

現在，劉邦起死回生，將韓信主要兵力奪到了手中，既拯救了戰場的危機，又削弱了韓信的權勢，真可謂一箭雙雕。成皋的將士也紛紛趕到，漢軍聲威重新復振。

不過，劉邦仍採取是防守策略，加強鞏縣至洛陽一帶的防守，準備迎接楚軍新的攻勢，全部放棄已被楚軍占領的滎陽地區。

對於劉邦的消極防禦策略，酈食其十分反對，他直接來面見劉邦。酈食其，六十餘歲，是一儒者。青年時代是在戰國時期度過的，當時風靡一時的縱橫遊學，使其仰慕不已。他苦讀書，有辯才，為人狂傲，且常混跡於酒肆之中，嗜酒成性，人稱「高陽酒徒」。陳勝、吳廣舉義後，當時，過高陽的各路義軍將領很多，他認為唯有劉邦不溫不火，有長者氣度，能成就一番大事業。但劉邦不喜歡儒生，在初次見面時，他一邊洗腳一邊接見酈食其。酈食其實在看不下去，既不行禮，也不下跪，神態高傲地只是做了一個揖。對劉邦說：「要是你真打算聯合諸侯去消滅暴秦，就不該這麼傲慢地接見長者！」這人不簡單！劉邦雖玩世不恭，但他從善如流，立即起身，腳都來不及擦一擦，忙整整衣服，恭敬地請酈食其上坐，上酒上菜，馬上熱聊起來。沒有想到，兩人打得十分火熱，很快成了朋友和酒友。

如今，在軍中知道酈食其本名的人並不多，提起「高陽酒徒」卻都知道，他好喝酒，能喝酒，見酒如命，嘴巴又能說，他經常被劉邦派作外交特使，往來於諸侯之間。不過，成效大不如從前，但關鍵時候也不糊塗。

酈食其還有一個特點，就是太自負，除了劉邦外，其他人一概不放在

眼裡。他對韓信既羨慕又妒忌，幾年的工夫，就能下魏、克代、破趙、降燕。而自己六十多歲了，垂垂暮年，時不我待，再不尋找建功立業的機會，恐怕一切都晚了。但他相信只要有機會，僅憑自己三寸不爛之舌，也一定能夠建立豐功偉績。

「封六國後嗣之事，我心中一直不安，愧對大王。」酈食其前些日子挨了劉邦的罵。

「罷！別提了。」劉邦猜想酈食其一定有事，「你不找我，我還要找你哩！」

「這不來了。」在客廳落座後，酈食其問，「聽說大王準備移師鞏縣、洛陽，以拒楚軍，是嗎？」

「是的。」

「那麼，韓信那邊的事，大王有沒有什麼安排？」

「用人不疑嘛，我已授他相國之職，並派曹參、灌嬰協助他籌劃攻齊，至於怎麼布置，如何行動，一切由他自行決斷，我雖在這裡，並不需要指手畫腳做障礙人的事。」

「不妥，取滎陽、伐齊國，這兩件事都不妥！」

「嗯？你是怎麼想的，說來聽聽。」

「其一，我以為應停止進軍鞏縣、洛陽。常言道：『知天之天者，王事可成；不知天之天者，王事不可成。王者以民為天，而民以食為天。』敖倉之地儲備各類穀物，很是豐盈，素稱足食之地。如今霸王雖攻拔了滎陽，卻不堅守敖倉，不懂得敖倉的重要，可讓我漢軍奪取糧食來源。此外，霸王雖奪去了成皋，卻因彭越南下，奪了睢陽、外黃，他只得留下曹咎和司馬欣，親自率兵回去討伐彭越，這正是我們伐楚良機！竊以為當今之計，應速速派兵奪回滎陽、成皋，占據敖倉，奪得那裡的糧草。然後，在成皋的險要之處派兵駐守，控制住太行山的出路，堅守蜚狐口、白馬

津，就著這些險要地勢，阻擊楚軍的前進。這樣，楚軍擔心後路被切斷，必不敢輕易向關中進軍，以此可使關中平安無事，這不是很好嗎？又何必去駐守鞏、洛呢？」

劉邦點頭稱是，又問：「其二呢？」

「其二，大王可暫緩擊齊。」

「這又是為何？」

「如今燕、趙已定，唯齊未下。田廣據千里之齊，又置二十萬之眾於歷城，諸田宗強，負海岱，阻河齊，南近楚，韓信雖遣十數萬強勁之師，未必能夠一舉攻克。倘若一年半載打不下齊國，十數萬大軍徒耗歲月，難於征服，而連連爭戰百姓死傷無數，民力疲罷……」

「但韓信善於用兵，下魏破趙，不過數十日，齊軍恐怕也不是他的對手。」

「此正是臣所擔心的。」酈食其想搶在韓信之前勸降齊國，想和韓信爭上一功，他挑撥說：「韓信是一個精明之人，不能不警惕！」

「嗯？」劉邦不由得嘆了一口氣，「依你之見，當如何處之？」

「哈哈……」酈食其知道劉邦對韓信內心充滿了矛盾，話鋒一轉，「臣下以為，當前最好的辦法，就是勸降，只要把天下大勢給齊王剖析清楚，約定兩家不必刀兵相見，齊國一定自會降漢！」

不錯！劉邦認為酈食其這兩件事說的都有道理。特別是齊國，何不用外交手段先爭取一下？

忽然，劉邦面孔起了痛苦的痙攣，前些日，雖派曹參和灌嬰前往「協助」韓信，但他們只能監視，不能控制，韓信畢竟是主帥。然而，正因為如此，韓信的傑出才能也成了自己一塊心病，總是擔心有朝一日控制不了這個人。現在酈食其有此一說，倒很中聽。這時，他下意識地瞟了酈食其一眼。

酈食其手撚鬍鬚，雙目微閉，仰面朝天，一派洋洋自得的模樣。劉邦素知酈生是個老江湖，故意問：「說降齊國，可派誰去？」

「臣憑三寸不爛之舌，願去齊國說服田廣。」

「有把握嗎？」

「有！」酈食其抹了一把鬍鬚，繼續說，「田橫雖早已與霸王和解，但從沒給過楚軍幫助。他還和彭越保持著極為密切的關係。彭越大肆破壞項羽的後方，田橫一向坐視不理，有時彭越被項羽打敗，還可以到齊國境內避難。而田橫對我們也從來沒抱過敵意。因此，田橫不是霸王的真實朋友，不久前還是不共戴天的仇敵。如今韓信大軍壓境，齊國的壓力很大，齊王的基本國策是割地自保，井水不犯河水，可以相安無事。臣想，僅憑以上情況，齊國經過勸說，完全可以和我們結成同盟。」

「這麼有把握？」

「如說不下田廣，也不敢向大王進言了！」

劉邦看了看充滿信心的酈食其，鄭重其事地拉住他的手說：「廣野君，你若遊說成功，我定會重重賞你！」

「不敢當！」酈食其不無幽默地回答，「請大王多賞點美酒給臣下喝吧！」

劉邦告誡說：「美酒有的是，但不能因酒誤事，你此去重任在肩，關係重大，切莫負我殷殷之托。」

「臣，謹記！」酈食其爭到了這個機會，喜不自勝地跑出去了。

漢王四年（西元前二〇三年）十月，信使連夜飛馳入趙。第二天下午，信使已將書信送到齊國邊地平原（今山東德州市）。

此時，韓信已完成整軍備戰，統領大軍逼近黃河渡口平原津，與齊軍隔岸對峙。忽然，他接到酈食其十萬加急的書信，展開看畢，大為驚愕。酈食其勸降齊國，這是怎麼回事？我數萬大軍在發，他卻暗說齊王，如此

重大軍情，怎麼沒有人先告知我一聲，難道漢王和酈食其有瞞著我的隱情不成！雖然如此，他沒有說出口。他對來使說：「請轉告廣野君，既然已說下齊國，我即刻回師。」

入夜，寒風瑟瑟。韓信在查看中軍布防之後，回到大帳，剛卸下戰袍，有人來報謀士蒯徹求見。

蒯徹，秦末漢初范陽（今河北定興）人，屬於縱橫家一類，此人第一次出現在歷史舞臺上，就體現了他高超的說話技巧。秦二世元年八月，趙王武臣受命陳勝北上，曾以三寸不爛之舌，遊說范陽令徐公主動請降，不戰而下三十餘城。現在，他已為韓信幕下謀士，本欲受命去遊說齊國，尚未成行，情況卻發生了變化。而那個有名的趙國謀士李左車，自從為韓信出謀降服燕之後，就失於歷史記載。

韓信連忙請蒯徹進來。入帳坐定後，蒯徹問韓信：「聽說漢王已派酈食其說降了齊國，此事當真？」

「嗯。」韓信點了點頭。

「你的態度是罷兵還是繼續攻齊？」

蒯徹所提的問題，正是韓信考慮的。如若罷兵，兩年來苦苦所求，將被白白斷送，楚漢相爭不知哪年才能結束。如果向齊國進攻，那又將造成自己和漢王的矛盾。讓人困惑難解的是，井陘戰後，所得精兵屢次派往滎陽，支援漢王對楚軍作戰，實現自己的「中線牽制、東線迂迴包抄」的戰略。數月前，連主力都被漢王拉去，自己也沒有什麼怨言。沒有料到，忠心耿耿，處處以大局為重，而漢王對自己竟會如此不放心，暗留手腳，悄無聲息地和齊國做幕後交易，實在是讓人寒心。

但轉念一想，如今大敵當前，上下同欲者勝，雖然心裡不痛快，還是以大局為重吧！

第三十一章　高陽酒徒付鼎烹

　　蒯徹見韓信緘默著，摸不清韓信的心思。

　　他試探性地問韓信，從歷下過來的人都說，當地的防務已撤，戰鬥的跡象已不見，城門洞開，吊橋平放，城內城外到處是懶散的將士和喜氣洋洋的百姓，漢、齊兩國和談已告成功。他強調，跑在韓信前面暗說齊國，雖說是酈食其所為，不如說是漢王的本意。

　　齊是個大國，如今遠離漢王，遠行千里，要取得勝利也不是輕而易舉的事。韓信擺擺手，他認為這一定是有人從中挑撥，說了一些不三不四的話，不然何以至此？嘆道：「既然酈食其已勸降齊王，我想回師，也好讓大軍休整休整。」

　　「大將，臣以為不可！」蒯徹走近韓信說，「漢王初命大將取齊，其意已定，今又遣酈食其說齊，此必是酈食其與大將爭功，並非漢王初衷。請想一想，你奉命擊齊，費了若干心機，才得以東向。今漢王獨使酈食其，先說下齊國，究竟可是與否，尚難料定。況且，漢王並未頒下明令止住大將，大將豈可憑酈食其一書，倉促旋師？酈食其是個儒生，憑三寸不爛之舌，下齊國七十餘城，而大將帶甲十數萬，轉戰南北，出生入死，才奪取趙地五十餘城，試想為將數年，難道戰無不勝、攻無不取的一代戰神，還不及一老書呆子？若真是這樣，以後天下還有誰瞧得起大將韓信，我們還有何臉去面見漢王？」

　　「依你之見，該當如何？」

　　「倘若能攻下齊國一切都好辦！」

　　韓信覺得這樣做，那酈食其肯定要吃虧了：「酈食其為人豪爽，既有儒者氣度，又有縱橫家的遺風，實是當今難得奇士，一旦攻齊，豈不是要害了他？恐怕使不得。」

蒯徹一聽，笑道：「大將不負酈食其，酈食其早已負了大將，大將萬萬不能因可憐他而失去天賜良機。況且，平定一國之功難再碰到。當此之時，大將何須為區區女子之態呢？酈食其私下說齊，貪為己功，齊今日雖降，不久肯定復叛，不如一鼓滅齊，以除後患，即使酈食其送了性命，而成平定一國之功，他日論功行賞，其子孫也不失裂土受封。再說，即便是酈食其說下齊國，但漢王只給了你進軍的詔書，沒有傳來停止進兵的命令，有問題也是漢王的問題！」

韓信一怔，兩眼閃亮，貪功之心油然而生。

對！機不可失，時不再來。酈食其既然賣了自己，自己還護著他幹嗎？擊齊非個人之意，乃是漢軍深謀遠慮的決策。如能借此襲擊成功，控制了齊地，也就提前完成對楚國的戰略包圍，這是楚漢戰爭中最重要的一步。但戰場瞬息萬變，歷下是必爭的戰略要地，不能因一人誤了國事，大丈夫打天下不易，到嘴的肥肉豈能輕易送人，如今齊國答應議和，定會放鬆戒備，這是實施奇襲的絕好機會。戰爭無成全之策，為了取得勝利，也只好對不起酈老先生了！

韓信思而不言，只是說：「這樣也正合我意。」蒯徹不解地問：「那你為何告訴使者回師？」

「這叫兵不厭詐。」韓信正色道，「還需要先生為我去一趟齊國，稟報齊大將華無傷和田解，告訴他們兩家和解，漢軍將於日內回師。」

於是，韓信於三日後與冷耳、傅寬等麾大軍從平原津強渡黃河，突然向二十里外的歷下二十萬齊軍發起猛烈攻擊。

歷下（今山東濟南）落於歷山之下故而得名。南有泰山之險，北帶渤海之利，地處通衢要道，是齊國西部邊境的第一軍事重鎮。

齊王田廣是田榮之子，他叔叔田橫自從項羽在齊地撤兵後，利用楚漢榮陽相持之機，收復了齊國的全部城邑，擁立田廣為王，自任相國。田橫

的角色如同趙國的陳餘，國家政事全由他來決斷。齊國在彭城之戰前依附於劉邦，戰後，又與項羽連和，依附於楚國。實際上，此時的齊國，誰也不屬，是個獨立王國。聽說韓信準備率大軍攻齊，他們心生恐懼，不敢懈怠，連忙派大將華無傷和田解率領重兵守衛要津。如今，突然遭到漢軍意外打擊，齊軍毫無抵抗能力，即刻潰散，華無傷被俘，副將田解被殺，萬餘齊兵被圍投降。韓信不費吹灰之力，擊潰了齊國主力，占領了歷下。

話分兩頭，此時臨淄城齊王宮中，卻是另外一番景象。酒宴豐盛，歌舞飛歡，田橫、田廣等齊國一班文武，正在宮中為酈食其回成皋交差舉行送別宴會。

酈食其的相關事蹟，分別記載在《史記·淮陰侯列傳》和《史記·酈生陸賈列傳》中，特別是他的最後一幕情景，讓人難忘。這裡，讓我們來看看一些文史作品的描寫和毛澤東、李白的詩句。

酈生在田廣、田橫及文武群臣的陪伴下，飲酒取樂，還叫來一班歌女伺候著。

田橫端起酒樽，掃視大家一眼，然後對酈食其親切地說：「酈大夫使齊，使百姓靈免遭塗炭，功高泰山，來，再乾上一樽！」

忽然，有士卒入內急報：「啟稟大王！不好了！韓信已率漢軍攻打過來！」

田廣驚得不知所措。

酈食其呆呆地出神，手裡拿著的酒樽，酒已灑淨。剛才熱鬧的場面一下變得安靜下來，宴會廳裡鴉雀無聲。

田橫許久反應過來，對士卒厲聲喝道：「怎麼回事，你瞎說？」士卒顫抖著答道：「小人不敢瞎說。漢軍趁我軍防務撤離，已經占領了歷下，韓信正率漢軍向臨淄殺來！」

「啊？！」田橫向酈食其一步步逼來，他猛地將酈食其手中的酒樽打

在地上，指著酈食其的鼻子，「好啊，老不死的東西，與韓信合謀，引我上鉤。你從實招來，否則，我就將你烹了！」

這突如其來的變故，使酈食其陷於百口莫辯的境地。然而，他明白過來，韓信背約攻齊，壞了自己的好事，使自己技窮了。他沉聲說：「不要把話說得這麼難聽……」

大將田光與幾位將軍早已拔劍在手。

「慢著！」老謀的田橫連忙止住，對酈食其說，「老哥！我再給你一次機會，你若能勸說韓信立刻止兵，我就放了你！快快修書，讓韓信止軍！」

酈食其淡然一笑，這時候就是將天說紅了，韓信也不會停止進軍。他倒十分坦然地說：「舉大事不顧謹細，盛德之人不作矯讓。韓信既然擊齊，我不想再做辯解。我倒要勸勸你們，齊國遲早都會滅亡，不如乾脆降漢算了。」

田橫冷笑一聲：「老雜種！當年劉邦派你帶著厚禮去見秦守關的將軍，說秦將立盟倒戈。而你們乘其不備，又突然對秦軍發起攻擊。今日又在故技重施！」他喊道：「來人，烹了這個無恥之徒！」

酈食其嘆道：「事到如今，我還有何話可說，可恨韓信小兒，利慾薰心，不講信義，害得我這個花甲老者，無臉再見世人。天意！天意！功既不成，反要被烹殺，韓信！韓信！今日算我倒楣，日後你也不得好死！」

田廣怒不可遏，命人抬過大鼎架起乾柴。

寂靜，可怕的寂靜，整個大殿上下，除了開水沸騰、烈焰翻騰的聲音外，竟悄無聲息。田橫喊道：「再問你一次，能否讓韓信止軍？」

「少說廢話！」

「來人，把他烹了！」

「且慢！我酈某為人一生，從沒有請求過別人什麼，今日死到臨頭，

請賞我一壇酒喝。」

「真不愧為高陽酒徒，給他酒！」

士卒遞過酒罈，酈食其捧過「咕嚕咕嚕」痛飲起來，喝乾後，他放下酒罈，抹上一把花白鬍鬚上的酒，舉頭向西，大聲喊道：「漢王！使命不成，愧對你呀，老夫該上路了！」說著揮開衣褲，光著身子，赤條條地向大鼎跑去，田廣等人嚇得閉上眼睛——

半晌，田廣回過氣來，命令緊閉城門，登城防守！

可是沒過幾天，當漢軍將要殺到臨淄城下時，田橫決定分路出逃，田廣逃往高密，自己則逃往博縣，臨淄很快落入了漢軍之手。至此，韓信的滅齊之戰，前後不足一個月，就取得了決定性的勝利。

韓信擊齊，在史學界是一爭議極大的事件，而酈食其之死，更是令人感嘆不已。酈食其貪功在前，韓信私心於後，真正罪魁禍首應該是劉邦。他有意讓韓、酈二人爭功，既不將派酈食其前去齊國勸降的訊息告訴韓信，也不命令韓信停止對齊國用兵，讓他們各行其是，結果卻害死了酈食其。只是酈食其至死氣節不失，為了劉邦的宏圖大業，慷慨赴死，不知劉邦知道這一切後做何感想。

唐代大詩人李白在名篇〈梁父吟〉中這樣嘆道：「君不見高陽酒徒起草中，長揖山東隆准公！入門不拜騁雄辯，兩女輟洗來趨風。東下齊城七十二，指揮楚漢如旋蓬。」可惜的是，詩仙未能把酈食其不怕死的情節展現出來。

不過，一九七三年 七 月，毛澤東在〈續李白詠「高陽酒徒」〉 中寫道：「不料韓信不聽話，十萬大軍下歷城。齊王火冒三千丈，抓了酒徒付鼎烹。」兩位大詩人的生花妙筆一對接，呈現在人們面前的是一幅鮮活的「高陽酒徒」畫面。

第三十二章　項羽令龍且救齊

　　韓信東進的勝利，有力支撐著劉邦在滎陽、成皋一線與楚軍鏖戰。項羽則沒有這麼幸運，先前，他留下曹咎等人守成皋，自己親率大軍來到梁地討伐彭越。可是彭越早已得到了消息，按既定方針，三十六計走為上計，連滾帶爬地向北撤去。項羽怒氣沖沖提兵追擊，沒有遇上什麼阻攔，就收復了陳留、外黃、睢陽等全部丟失的城邑。

　　反擊勝利了，項羽的心中卻有一種說不出的苦澀滋味。

　　雖然屢戰屢勝，卻總在關鍵時候後院起火，不得不東奔西跑，疲於奔命，楚軍將士疲憊不堪。這時，項伯勸項羽犒勞一下三軍，休整休整隊伍。

　　這一天，項羽在行轅中，擺下酒宴，酒過三巡，菜過五味，忽然，探馬匆匆入帳稟報，成皋已失，守將大司馬曹咎不幸陣亡！

　　這突如其來的事件，眾將都愣住了，帳內立刻彌漫起一股不安的氣氛。

　　項羽聽了消息，也大驚失色。成皋是洛陽門戶，區域咽喉。自己曾囑咐曹咎死守成皋，這漢軍是怎麼奪走成皋的呢？定是曹咎擅自出擊，才有此敗！

　　項羽判斷是十分正確的。那一天，項羽走後，劉邦迅速進兵成皋，對付不了項羽，但對付曹咎還是小菜一碟。因項羽叮囑在前，留守的曹咎、司馬欣等人，面對漢軍的挑戰，拒不出戰。劉邦得知後，就下令在成皋城邊設臺，每天派人站在臺上，用最難聽、最惡毒的語言，輪番叫罵、攻擊、侮辱。一連進行了五六天，罵得曹咎憋悶難受。曹咎與項梁是世交。在項梁叔侄沒有起事前，項梁曾因觸犯刑法，曹咎寫信給櫟陽令司馬欣，抵過了項梁的罪。他雖能力不強，但因對項氏的絕對忠誠而被項梁重用，

官至大司馬，封海春侯。暴怒終於使曹咎喪失了理智，原本性格沉穩的他，再也沉不住氣，難道項王也是你們可以辱罵的！一怒之下，忘記了叮囑，打開了城門，率軍衝出城去，決心與漢軍決一雌雄。可是剛剛渡氾水，渡到一半時，劉邦下達攻擊令，數萬漢軍突然發起猛攻，情知中計，楚軍頓時大敗。曹咎這才懊悔自己不該忘記項羽的囑託，如此慘敗，怎麼向他交代？曹咎見大勢已去，愧對項羽，於是在河邊與司馬欣拔劍一起自刎而死。此時，楚軍多已無力抵抗，漢軍大勝在望，劉邦便下令渡河，會合各路，齊入成皋，漢軍也奪去楚軍大量物資。

項羽大發雷霆，他不能原諒死去的曹咎，大罵曹咎的無能，但更憤恨劉邦的狡詐，他要報復，要徹底搗毀成皋！

就在項羽將要啟動兵馬之際，齊國專使風塵僕僕，飛馳入轅來報，韓信率數萬大軍，突然發動了對齊國的攻擊，現已占領了齊都臨淄等地！齊王懇求霸王揮師救援，若能擊敗漢軍，救得齊國，齊王願以半地相贈！

真是屋漏更遭連夜雨，禍不單行！

韓信進展如此神速，齊國也太不堪一擊，半個齊國相贈事小，如果不予救援，對楚都彭城將會構成直接威脅。更沒有想到，當年一個執戟小子，竟有如此作為。劉邦在滎陽一線，被打得焦頭爛額，潰不成軍，而韓信自開闢北方戰場以來，卻打出了一個劉邦想要的局面。

現如今，又以迅雷不及掩耳之勢，攻入臨淄，扭轉漢軍頹勢，攻守易位，漢軍將會從戰略防禦轉入戰略反攻，形成包圍，置楚軍於極其危險的境地，對楚漢爭戰的全域，必將帶來極壞影響！

項羽的心情十分沉重。

韓信擊破齊國，也真是出乎意料。而項羽沒有征討韓信，也並不是完全輕視韓信，如同當年征討齊國田榮，沒有征討還定三秦的劉邦一樣，有一定的戰略上考慮。不過，在項羽的腦子裡，韓信只是一個多嘴多舌的傢

伙，能有什麼大本事，只可惜當年在楚營沒有殺了他，留下了無窮的後患。但時間緊迫，刻不容緩，不容許慢慢地思考，目光必須聚焦東方。他斷然做出決定，韓信威脅很大，但目前主要對手還是劉邦，自己仍將從滎陽下手，率領楚軍主力西去，儘快決戰。同時，答應齊王田廣的請求，派二十萬大軍救援齊國，鞏固楚國的後方。但是，救齊由誰擔任主將呢？

打發齊使回去後，他在偌大的帳中，來回踱起步子，思索著合適人選。

在項羽高傲的目光裡，看得起的人並不多。從軍事角度審視，他對龍且還是稱道的。龍且是當代名將，能征慣戰，無敵天下。項羽拿龍且與楚軍中其他幾位將領做過比較，認為在統軍作戰方面，龍且比他們明顯高出一籌。況且，龍且統率的二十萬機動部隊，也是項羽手中最後一張王牌。

項羽找來了龍且，對他說：「如今戰局比較危險，韓信揮師東進，齊國危在旦夕，不救，齊將被攻滅，我大楚將處於兩面受敵的境地。」

聽了項羽的話後，龍且感到事態嚴重，他提出了自己的疑慮：齊國反覆無常，田榮首先發難，田橫又反我於成陽，從此才攪得天下不得安寧，如今雖和解，但面和心不和。當年打的是他們，今日救的又是他們，將士們可能難以接受這個事實。

難怪龍且會有這種想法。齊、楚之間有深仇，齊國民眾十分痛恨楚軍。兩年前，項羽親率大軍，北上攻齊，進入平原縣擊殺田榮後，劫掠婦女，殘酷暴虐，胡作非為，齊國廣袤的土地上經歷了一場空前的劫難，人們記憶猶新，齊人群起反抗，打得楚軍深陷齊地不能自拔。

天下沒有永遠的朋友和敵人。昨天亂天下，要整治他們，今天情況變了，漢軍攻齊主要矛頭還是對準楚軍，齊楚唇齒相依，唇亡齒寒。齊國是楚國北方最後一道屏障，眼下他們全力抗擊漢軍，保衛家園，就應及時救援，這是楚國的全域性策略，這個道理要和楚軍將士說清楚。項羽說：「龍

將軍，現在我們雖兩面作戰，但這沒有什麼可怕，俗話說：『打蛇先打頭，擒賊先擒王。』我將按原計劃返回滎陽，尋求決戰，儘快解決滎陽問題。本王再三考慮，能擔當救齊重任者，唯有將軍一人。但話說回來，韓信沒有多大的能耐，他能順利東進，主要是沒有強手制約他，使其僥倖成功。相信龍將軍此去，一定會馬到成功！」

項羽親自與龍且研究救齊方案。他最後交代：「漢軍由西而東，下一站的目標，將由臨淄向高密一線推進，意欲打通濰水南北通道，上控濰水上游，下趨彭城。故而，你須儘快趕在漢軍合圍田橫叔侄之前，打韓信一個措手不及，先解高密之圍。」

龍且不無自負地說：「楚軍一到高密，韓信必將後退。因為齊地十分廣大，韓信兵力不足。至時，他回縮時，我可趁機掩殺，一舉遏止漢軍進攻，救得齊國。」

項羽點點頭，囑託龍且：「儘管如此，也不可太急躁用兵。韓信的為人鬼點子多、彎彎繞繞多，定要防他陰謀詭計。現在把周蘭將軍撥給你做亞將，他平生謹慎，不肯冒險，又在齊地作戰多年，熟悉那邊情況，遇事多和他商量。戰而能勝最好，否則，拖住韓信，也就達到救齊目的。但絕對不能退，退了沒有道理講，大不了準備長期對峙。龍將軍，此戰關係重大，將軍切莫大意！」

項王從來一言九鼎，言語乾脆，今日怎麼如此嘮嘮叨叨，畏畏縮縮？龍且向他保證，倘若不能取勝，龍某提頭來見！

項羽將二十萬大軍交給了龍且後，則自率兵馬攻打滎陽去了。

第三十三章　韓大膽遇龍大膽

漢王四年（西元前二○三年）十月，奉命救齊的龍且，迅速將楚軍沿山東莒縣至五蓮、至諸城一線，向北推進。

在戰地會議上，龍且在戰略上做了進一步分析和判斷。他欲直接揮軍臨淄，激韓信作主力決戰，或者大軍先入高密與齊軍會合以後，再渡濰水西向，和漢軍在濰水以西的廣大地區進行決戰。

帳下有謀士提出了不同意見。

漢將韓信平定魏、趙、燕，如今又打下了四十餘座齊城，一路連連取勝，士氣高昂，其鋒銳不可當。齊軍則是在自己的境內作戰，士卒家室都在附近，稍有不利就會逃回自己家中，極易潰散。如今最好的辦法，就是深溝高壘，一來，可詔諭各地，告知齊王尚在，那裡必定群起反漢，二來，儘快將三晉流落在齊地阿、甄等地的人組織起來，讓他們去騷擾、收復三晉故地。這樣，漢軍沒有穩固後方，勢必糧餉難濟，旬月以後，韓信就會不戰自降。

「避敵鋒芒」，這和李左車在趙國提出的策略完全相同，可是龍且根本聽不進去。孫子兵法云：「兵貴勝，不貴久。」又云：「十則圍之，五則攻之。」齊楚聯軍少說也有四十萬，而漢軍不過數萬，漢軍絕對處於劣勢，楚軍為何要逆兵法卻戰機，作繭自縛？

謀士見龍且如此輕敵，十分擔心。韓信棄齊降而不取，偏要大動干戈，可見其心高氣傲，志在必得。他們又因千里征戰，必欲速決。楚軍雖為強悍，卻處於疲憊救援狀態，齊軍又臨家門，軍心不穩。聯軍吃不起挫折，更吃不起失敗。在此狀態之下，只應穩固防守，不可輕易出擊，更何況韓信詭計多端，楚軍千萬要小心！

小心？外面將韓信吹得神乎其神，其實韓信徒有虛名，根本不會打

仗。龍且和項羽一樣，一向驕傲自大，他對韓信的印象，還停留在楚營時那個執戟郎中和人們傳聞中的淮陰胯下小子。

當年，韓信在淮陰城，拖著長劍，窮困潦倒，曾乞食漂母，甘受胯下之辱，哪裡來的真本事？他的「輝煌戰績」嚇唬那些小貓小狗可以，遇到真正的將軍，可要現出原形。這幾年，楚軍忙於與劉邦作戰，讓他碰上運氣，鑽了空隙，占了魏、趙等地。這次龍某來，就是要和他鬥一鬥，讓世人瞧瞧他的嘴臉！

龍且告訴大家，他奉項王之命救齊，若不經過戰鬥迫使韓信投降，還有什麼戰功可言！如若堅守不戰，而使齊人反漢，令漢軍無糧而敗，結果必然是齊國田氏重掌齊國，作為楚國援軍龜縮不前，將失威信。所以，楚軍只有在戰場上消滅漢軍，才能獲得齊國的控制權。

隨後，他下達命令，搶在漢軍到來之前，將大軍推進到濰水以西的高密附近，與齊王田廣會合，待機破敵。

濰水，發源於齊五蓮西南箕屋山，東流至諸城縣折向北，經過今高密、安丘、濰坊、濰縣境內，再經昌邑魚兒鋪注入渤海。全長二百公里，是膠東半島第一大河。濰水與高密分界處為一望無際的大平原，河床較寬，水大浪高。

見齊楚聯軍洶湧來到高密後，韓信一面主動後撤，一面令曹參率部向濰水一線靠攏，為濰水之戰做好必要的準備。

這一天，韓信一行沿濰水上溯，實地察看了濰水沿線。因枯水季節，眼下的濰水水位只有一尺多深，一行人騎馬便可涉水過河。傍晚時分，他們爬上了濰水河堤，極目眺望，只見對岸楚軍營地燈光點點，首尾相接，十分有序。

回到帳後，夜色已深，韓信卻毫無睡意，他在帛圖旁踱步，苦苦思索著。齊楚聯軍聲勢浩大，特別是素有「鐵軍」之稱的楚國將士，擅長進攻

和野戰，戰鬥力極強，而漢軍將士多為趙國新徵招之人，經不得大戰。若盲目渡河，無異以卵擊石；若堅壁不戰，糧草難以為繼，將不戰自潰；若襲取即墨，恐被楚軍切斷後路，困於海隅，也終非長久之計。要想最終取得勝利，必須用計設謀！

連日來，韓信和一些作戰人員反覆考察濰水南泗河一帶。不過，打水仗一向為韓信情有獨鍾，打壩放水，絕對是他的強項。

濰、泗二河交匯處，一段河水穿過高岡，出口處寬僅數丈，形成峽口，上流的濰水蜿蜒其間。高崗之上，平地突兀，森林茂密，古木參天，靠近峽口的一處瀑布，高達數丈，跌落之處的河床，被衝擊成一大片沙灘，與峽口形成鮮明對比。韓信察看後，喜出望外，多日來的疲倦一掃而光。

這時，曹參帶著一幫將領聚集在大帳外，來向韓信請戰。

曹參是漢軍中數一數二的將軍，久經戰陣，戰功卓著。這次劉邦又派曹參做副將，依然可以看出他的用心之處，既有支援的成分，也有監督的成分。但曹參為人穩重厚實，他對於小自己二十來歲的韓信，十分佩服，修棧道，度陳倉，決戰決勝，劉邦做不到，項羽做不到，天下也沒有人能做到，自己能協助韓信，這是一件榮耀的事情。

不一刻，大家進入大帳坐定後，韓信卻首先提出了問題：「漢軍進軍齊國後，楚軍插手使戰局發生了很大變化，我們的主要對手已不是齊軍，而是號稱二十萬強悍的楚軍，大家看看下面的仗怎麼個打法？」

眾將知道韓信習慣，不思考成熟的方案，不會拿出來，拿出來的，一般都有絕對取勝的把握，任何事情，只要是韓信最後敲定的，眾將只要遵令即可。

韓信先介紹了戰場情況。

漢軍揮師入齊已有一月餘，占領了濰水以西半個齊國，深入縱深數百

里。濰水貫穿齊境南北，是兵家必爭之地。現在，漢軍從濰水東岸撤回西岸，重點布防在濰水中段的淳于、昌安、平昌一線，集結數萬軍隊。而齊軍占據濰水以東，主要集結在濰水中段偏東的高密、即墨、夷安、瑯琊一帶，兵力超過二十萬，特別是楚軍派大將龍且、周蘭率大軍來援，已到高密，齊楚聯軍增至四十萬，人數超過我軍數倍。敵強我弱，夾濰水而陣，一場惡戰難以避免。

他告誡大家，雖然如此，我們的人馬是少了點，但只要大家上下用命，齊心合力，就會處於主動地位，就一定能夠打敗龍且！

他再次強調，齊楚聯軍聲勢大，又在自己境內作戰，而我們深入齊境，看來有點孤立了，但不必害怕。以往的勝利，各位都是有功之臣，可是那是過去，如今，我們來到齊地，困難是前所未有的，不拚死戰鬥還能退到什麼地方去？東去不能，南下又有膠東諸將所阻，北去無路，若回軍趙地，楚齊聯軍必然集而擊之。與其跪著死，不如站著拚，這就要求大家，發揚拚搏成仁的精神，鼓足士氣，親冒矢石，勇敢作戰，毫不懈怠。這一仗，不打則已，打就要打勝！

接著，韓信介紹了作戰計畫。

他分為三步：第一步「退避三舍」，先從高密撤圍，避開齊楚聯軍的鋒芒，驕縱敵軍；第二步選擇濰水做戰場，變不利為有利，誘敵下定渡過濰水的作戰決心；第三步先在強敵面前退卻一步，待其半渡，奮力攻擊。第一步已施行，二三步實際是一氣呵成之事，利用濰水，引誘敵軍過河，然後趁機攻擊。

眾將明白過來，從高密撤圍後退，並不是一觸即潰，而是有計劃的行動，但齊楚聯軍能聽從「指揮」嗎？龍且能輕易地過濰水嗎？龍且了解韓信，韓信更了解龍且。為了鼓舞士氣，韓信還介紹了龍且性格、慣用的戰法。

龍且是項羽嫡系，他自幼與項羽一起長大，情若兄弟。隨項梁起兵後，每戰皆親力親為，拚死殺敵，深得項家叔侄的信任。龍且身材魁梧，個性剛強，行軍布陣、作戰方略與項羽如出一轍。在鉅鹿大戰中，他緊隨項羽，破釜沉舟，九戰九捷。彭城之戰後，項羽將雇傭的樓煩精銳騎士盡數交其統帥，在九江王英布背楚之時，不過幾個月，就把響噹噹的英布打得灰頭土臉，滿地找牙。他與鍾離眛、季布、英布、虞子期並稱為楚軍五虎大將。除項羽外，又被稱為天下第一猛將，官拜西楚國大司馬。

　　接著，韓信又談了自己的一些感受。在楚時，他和龍且接觸不多，那時龍且已是項羽得力大將，自己還是一個手持長戟的小卒。總體感覺龍且有勇有謀，又剛愎自用，盛氣凌人。他還和項羽一樣，有許多冒險的經歷，經常衝鋒在前，撤退在後，當年章邯追圍田榮於東阿，項梁與龍且共救田榮，龍且敢打敢拚，大出風頭。吹捧龍且的人稱他為「大膽鬼」，是楚軍一位傳奇式的將領。

　　「打吧！你指到哪裡，我們就打到哪裡，絕不含糊！」聽了詳細介紹，群情振奮。能挫辱龍且者，恐怕當今只有大將韓信，龍且素來目中無人，恃勇爭勝，不把漢軍放在眼中，而他的這種心理，正好可以為我所用。只要我們謀劃得當，定能擊破龍且！

　　「好！」韓信點點頭。為了引誘龍且上鉤，需在戰術上、心理上促成龍且的驕縱，促成對我韓信輕侮和藐視，放心大膽地主動出擊。

　　不少人說韓信用兵如神，天不怕地不怕，陳倉之戰、安邑之戰、閼與之戰、井陘之戰、歷下之戰，哪一戰不是出其不意，險中取勝？這下「韓大膽」碰上了「龍大膽」，鬥智鬥勇，看看到底誰能鬥得過誰？

第三十三章　韓大膽遇龍大膽

第三十四章　決壅囊智斬龍且

天氣清冷，更鼓聲聲。

龍且升帳，他宣布明晨聯軍將與漢軍展開決戰。對龍且的決定，大家感到困惑不解。

漢軍欲速戰速決，可以理解，蒯徹計謀攻齊，如不能速勝，劉邦怪，項羽恨，韓信心理承受著巨大的壓力。漢軍又兩千里來襲，糧草不濟，將士異常疲憊，無論如何是拖不下去的。而作為防守一方的楚、齊聯軍也選擇決戰，則完全出乎意料。其實，政治利益決定著軍事行動，龍且的行動也並非個人意志。

魏、代、趙國已被韓信所滅，燕國投降，齊國的軍事主力也已被韓信摧毀。在這種背景下，等到韓信徹底占據齊國後，劉邦就可以對項羽進行兩面夾擊，到時楚國就危險了。這次龍且前來進攻韓信，就顯得至關重要。從某種意義上說，項羽和劉邦之間的勝負之分，就看誰能夠在齊國戰場取得最後勝利。

龍且帶走二十萬的主力，這讓項羽兵力變得非常吃緊，這樣會導致楚軍在西部戰場擁有的優勢漸漸喪失。所以，無論項羽還是龍且，都耽誤不起時間，他們必須速戰速決。

楚軍名義上是救齊，實質上是要趁機瓜分齊國。一旦拖下去，齊國的舊勢力就會趁機復活，等到打敗韓信之後，齊國也就會重新復國。齊國復國後，第一個念頭，肯定就是想辦法把龍且和他的楚軍趕出齊國。這樣一來，項羽的戰略仍十分被動。

當然，龍且還有自己的打算。他有著強烈的求戰欲望，至今打遍天下無敵手，如果再打敗韓信，一定會裂土封王，分得半個齊國。其建功立業的願望促使他決定立刻與韓信決戰。

在此種種背景下，當楚漢兩軍在濰水對陣時，由於龍且缺乏對附近地理的深刻了解，認為兩岸都是平原地帶，冬季的濰水又幾近乾涸，沒有什麼阻擋，正適合於楚軍大兵團作戰，他自然想著趕快動手。

在龍且戰前動員的同時，漢軍統帥部也在緊張部署著。

這是一場大戰，不言而喻，勝則打過濰水，斬斷楚軍的右臂，全部占領齊國，實現對楚國的合圍。敗則無退路可言，危及漢軍的存亡。一著不慎，滿盤皆輸，此戰不比井陘之戰，也不比下魏之役。韓信務請漢軍將士，小心為是，竭盡全力！

大戰前，漢王劉邦也意識到齊戰的重要性。他甘冒風險，將漢軍中一批重要將領丁復、蔡寅、丁禮、季必、傅寬、陳武、孔熙、陳賀、傅寬、灌嬰等，皆歸屬於韓信參加這次戰役。

韓信壩
該遺址位於山東諸城北濰河上，濰河流經這裡河面變窄，形成一個咽喉地帶。
《水經注‧濰水》記載：「昔韓信與楚將龍且夾濰水而戰於此。」

戰鬥開始了！次日清晨，韓信與曹參親率數千步卒，鳴鑼擊鼓，勉強踏入水中，率先向濰水東岸緩緩地渡過，其餘人馬都隱伏在濰河大堤後方，待命殺出。

韓信的主動進攻，正中龍且下懷。

「何不乘漢軍過河之際,來個半渡而擊?」有人一旁提醒。

「龍某不做小人之事,還是等漢軍登岸後,再行決戰!」龍且傳下令來,讓出渡口一箭之地。

韓信將令旗一揮,漢軍依次過河,排列成陣。

龍且見韓信上岸後,一邊呼叫,一邊舉刀直取韓信。韓信急忙退入陣中,眾將殺出,敵住龍且。龍且抖擻精神,與眾力戰,未決勝負。幾位楚將隨即揮軍上陣助戰。

經過一陣衝殺,漢軍力不能支,韓信率先拍馬退卻,漢將也跟著往回撤走。

「是男人就不要跑!」龍且見狀,一陣狂笑,「我早知道胯夫是個膽怯之輩!漢軍已敗,給我奮力追擊!」他一馬當先跳入河槽,向韓信追去。

十一月的濰水,冰冷刺骨。楚軍官兵見龍且身先士卒,一個個衝下河床,與淺水中的漢軍打鬥。打到河心時,漢營中傳來鳴金的響聲,漢軍將士立刻撥轉馬頭,向西岸狂奔。

「活捉韓信,賞千金!」眼睜睜看著漢軍逃跑,龍且哪裡肯捨,把刀一舉,匹馬衝過河心,楚軍一見主將如此,也源源不斷涉過濰水。

就在這時,周蘭已有疑惑,原說濰水深處冬天也有尺餘,眼下淺得踏步可過,莫非有詐不成?當他聽到漢營鳴金,漢軍將士馬上停止作戰,立刻意識到事態嚴重,也急忙傳令收兵,可是哪裡還來得及!說時遲,那時快,河水如山洪爆發,呼嘯而來。河床中的楚軍呼爹喊娘,爭相逃命,然而,兩隻腳哪裡跑得過這滾滾而來的浪頭!

原來,兩軍夾濰水布陣,韓信決定利用濰水,創造出有利於己而不利於敵的戰場態勢。因此,會戰的前夜,他令漢軍士兵用一萬多條沙包,裝滿沙石,堵截濰水上游。決戰時,他親率一部兵力,強渡濰水,去攻擊龍且軍隊,然後又佯裝不支,撤退涉過沙河。龍且只當韓信膽怯,立即渡河

追擊。此時，韓信命令部隊在上游決口開堤，那疊起的薄薄幾層沙袋，怎麼經得住十來丈水深的壓力，河水急湧而下，一下子被沖得無影無蹤。龍且的主力無法再渡，軍隊被分割成為兩部分。河心的，還未弄明白怎麼回事，便被水頭席捲而去。靠近岸邊的，紛紛登岸逃命。來不及登岸的，即使會水，又怎麼經得住這刺骨的冰水，一個個抽起筋來，哭爹喊娘，掙扎了不久，也被河水吞沒了。

　　正在趕殺興頭上的龍且，忽遇此變，驚得目瞪口呆。聞得水聲相迫，他策馬前奔，一到西岸，便被灌嬰部下的騎兵偏將丁復等人圍在中間。此刻，天色已明，龍且雖奮力衝殺，怎奈眾將各舉兵器一齊擁上，他措手不及，被丁復斬於馬下。

　　這時候，漢軍對於齊楚聯軍來說，主要在精神上形成了絕對的優勢。被迫奔上西岸的，不是被殺就是投降。留在東岸的數萬聯軍，只能望洋興嘆，卻也無能為力，全部作鳥獸散。

　　於是，韓信麾軍渡河，大破東岸齊楚聯軍，取得了濰水之戰的全面勝利。

　　田廣等人四處奔逃，漢軍乘勝前進，追斬田廣於城陽，擊殺田既於膠東。田橫得知田廣死訊，自立為齊王，又先後兩次被漢將灌嬰打敗，只好帶著一幫殘兵敗將從齊地出逃。韓信全部平定三齊之地，共得七十餘城。

　　這就是歷史上著名的濰水之戰，楚軍主力遭受一次重大的損失，使項羽在楚漢戰爭中完全喪失了優勢和主動的地位。

第三十五章　劉邦中箭智穩軍

一條奇絕兇險的深澗，把地勢險峻的廣武（今河南滎陽縣北廣武山上），分成東西兩個部分，東邊的稱為東廣武，西邊的稱為西廣武。先前，項羽與龍且在梁地分手後，沒有絲毫鬆懈，為了儘快消滅劉邦，他派鍾離眛為先鋒，率部分人馬，先回師滎陽，與劉邦再戰。可是，劉邦見鍾離眛人少，立即指揮大軍將鍾離眛緊緊圍住，就在這緊要關頭，項羽率主力趕到。漢軍此時實力遠不如楚軍，經過短兵相接，一陣混戰，項羽終於救出了鍾離眛，兩人合於一處，奮力反擊，打敗了漢軍。

漢軍敗退下來後，撤到西廣武，憑藉險阻，依澗紮寨固守。項羽率兵追至西廣武，見劉邦堅壁不出，只好在漢軍對面的東廣武停住了腳步，築壘相拒。

劉邦與項羽新一輪對峙開始了，從漢王四年十月，一直持續到次年八月，長達十個多月。這期間，劉邦雖屢戰不利，但敖倉運粟，源源接濟，糧草充實。項羽則不然，彭越在楚國後方時出時沒地騷擾，楚軍補給線接連不斷地遭到破壞，糧草漸漸出現了困難。儘管如此，漢軍因為打仗太爛，士卒心灰意冷，士氣低迷。

項羽也已意識到問題的嚴重，特別是由於二十萬楚軍隨龍且東去，自己的兵力已是捉襟見肘，第三次攻勢，已非前兩次可比，而劉邦憑險據守，意圖用陣地戰來對付自己，在這種情況下，慣於猛打猛衝的他，不得不另做打算。於是楚、漢夾澗對峙，上演了一場驚心動魄的拉鋸戰。

霸王城遺址

這天清晨，劉邦正在帳中擁衾睡覺，一陣呼喊吵醒了他：「大王，楚軍又隔澗⋯⋯大叫大罵！」

楚軍連日叫罵都已成了家常便飯，劉邦不耐煩地從榻上坐了起來：「按老規矩，緊閉寨門不出，任他罵去，罵夠了，他還罵？」

「大王！今日與往日不同，霸王將太公、王后捆綁在俎上，推在澗前，聲言大王今日不出來決戰，就要殺了太公。」士卒惶恐不安地解釋。

「啊！」劉邦大驚，急忙穿起衣服，披上鎧甲，來到澗前。只見對岸楚軍列著戰陣，張弓搭箭。澗邊支著一座巨鼎，烈火熊熊，沸水翻滾，太公被放在宰豬的案子上。原來項羽將被俘虜在楚營中的劉邦父親和呂氏妻子當作人質，來逼迫劉邦決戰。

「劉三小兒！」項羽喝叫劉邦，聲音有如炸雷。

「項王！」劉邦並不以牙還牙。

「看見太公了吧？」

「看見了，項王！多謝對家父的奉養。」

「鼎上的水已經沸騰！令尊正在俎上，太公的生路只有一條，那就是你棄械投降。」

劉邦內心叫苦不迭。父親從小把我拉扯大，吃盡了苦頭，若真有個好歹，自己愧對父母的養育之恩。

項羽重複喊道：「太公在俎上，劉三你還不快快投降，休怪我烹了他！」

劉邦是個老江湖，很快鎮靜下來，以項羽的性格怎會弄死太公？劉邦大聲答道：「項王，記得五年前，你我曾在懷王帳下，約為兄弟，你還尊我為兄長，家父如汝父。倘若你一定要烹殺他老人家，兄弟之間我居長，請別忘了分我一勺肉羹，這叫有福同享！」

「有福同享？」項羽有些不相信自己的耳朵，這難道是劉邦說的話？

他聲鳴如雷，「你朝前站站，不要雞腸鼠膽，聲音放大些！」

劉邦向前半步，又重複了一遍。

這下聽清楚了！項羽暴怒，拔劍指向太公：「劉三太無賴了，是個道道地地的老流氓。他不要老子，難道我還替他做養老兒子不成？」項羽令左右，欲將太公投入鼎中，就在這千鈞一髮之際，項伯出面阻攔。做大事的人往往不顧家室，如今，天下未定，殺了太公也徒勞無益，只能引起天下人的恥笑，以為我們無能。

項羽想想也有道理，於是把手中的劍漸漸縮了回來，插入劍鞘，說了聲：「罷了。」

不久，項羽又生出一計。他草擬了一封書信，內容大意是，楚漢日久相持，勝負不能決，丁壯苦於軍旅，老弱疲於轉運糧草，為此請劉邦隔澗對談，並約了時間。

劉邦接信後，悶悶不樂。一味回避，對軍心不利，談就談，有什麼可怕，但要克制情緒，不被汙言穢語擾亂。

劉邦來到澗前，項羽橫槊挑矛，大聲喊道：「連連打仗，天下不安，民生凋敝，十室九空，死傷亦數百萬，無非為了你我二人相爭不下。今日我願和你單獨挑戰，比個高低，免得天下百姓跟著受苦受累。你意下如何？」

楚漢相爭，豈是兒戲？劉邦對項羽說：「我無意與你單獨挑戰，寧鬥智，不鬥力！」

項羽見挑戰不能奏效，又讓三名將士替他繼續罵陣。

劉邦卻令人去叫一名樓煩大漢，此人力大無比，到了陣前，樓煩將一連三箭，射向三名楚軍，頃刻三人應聲倒地。

項羽被激怒了，樓煩將又要射箭，他瞪大雙眼，怒吼一聲，山谷震動，樓煩將嚇得雙手發抖，丟下了弓箭。他嚷道：「劉三有種站出來！我非教訓你不可。」

　　劉邦心想，又不是和項羽單挑，不出來豈不讓人恥笑，出來又隔著一條澗，有眾將士護衛，你又能奈何得了？他壯著膽子過來，大聲道：「項籍！你休得逞強，你有十條大罪還敢跟我作對？」

　　「噢，十大罪狀？我倒是聞所未聞。」

　　「你聽著吧。」

　　打嘴仗劉邦是天下一流，他大聲數著：「罪一，當初懷王與大家約定，先入關中者為王，你違背了約定，把我貶逐到巴蜀漢中，這是大不義；罪二，你假傳楚懷王旨意，殺害了宋義，犯上作亂，自己竊取了上將軍的尊號；罪三，你奉令去援救趙國，本應還報楚懷王，可你卻擅自劫取諸侯之兵進入關中，蔑視懷王；罪四，懷王曾經規定，入秦之後不得暴虐劫掠，而你燒毀秦國的宮殿，發掘始皇帝的墳墓，盜取秦的財物，胡作非為；罪五，秦王子嬰本已投降，你卻還把他殺死，不講信義；罪六，你又以欺詐手段，坑殺秦降卒二十萬人於新安，卻封降將章邯等三人為王，如此暴虐，天下少有；罪七，你將附從你的人，都封好地為王，卻無理地驅逐齊、趙、韓的故王，使其臣下爭為叛逆；罪八，你放逐義帝，自取彭城為都，自私貪婪；罪九，義帝曾為天下共主，你祕密派人暗殺他於江南，更是天理不容；罪十，你為政不公，主持公約而不守信，真乃大逆不道。今我以仁義之師，聯合諸侯，誅除殘暴。像你這樣十惡不赦的罪人，難道還配向我挑戰？」

　　這十大罪狀，使項羽氣得七竅生煙。

　　「我西楚霸王，英雄蓋世，推翻暴秦救萬民於水火，功高萬世，難道也是可以讓你劉三辱罵的嗎？好吧，玩政治耍嘴皮，我不是你的對手，但動武你不是我對手。叫你嘗嘗我的厲害！」他悄悄從箭囊中取出一支箭矢，猛地朝劉邦射去，劉邦剛想回頭，不偏不倚正中胸骨，差些使他摔倒。

劉邦反應太快！明明是胸部中箭，卻順勢一彎腰，故意右手握住自己的腳，罵道：「哎呀！賊射中了我的腳趾！」

漢軍將士連忙簇擁劉邦回營。

劉邦受傷的消息很快傳遍軍營。對於他的傷勢，軍中猜測、謠言四起，軍心動搖。漢軍自與楚軍交戰以來，除京索一役外，無一仗不敗，兵士對楚軍深懷畏懼。談起西楚霸王，老兵們更是談虎色變。他們是彭城戰役的倖存者，目睹過那場空前的屠殺和項羽叱吒風雲。五十六萬大軍，竟被從千里以外奔襲而來的三萬楚軍殺得人仰馬翻，死傷大半。現在漢王又負重傷，不知能否保住性命，若再與楚軍交戰，恐怕凶多吉少。

士氣就是戰鬥力，穩定軍心壓倒一切。細心的張良非常著急，意識到如不採取措施，後果不堪設想。他來見劉邦，劉邦正倚衾半躺，面色慘白，滿頭直冒冷汗，臉色很是難看。張良還是請劉邦打起精神，到軍中巡行一下，以此安定人心。

是啊！子房先生說得有道理，軍心不穩，萬一楚軍強行來攻，後果不堪設想。於是劉邦強忍著痛苦，披掛好後，在人攙扶下登上戰車，面色沉靜而又安詳，繞營巡行一周。漢軍將士見劉邦無大傷害，也都放下心來。

這情景，也被對面山上的楚軍看到，見劉邦沒有死，還可以在漢營轉動，項羽惆悵不已，終於不敢輕舉妄動。

回到帳中，劉邦一陣眩暈後，栽倒在榻上，隔日黃昏，劉邦帶著幾個親隨，偷偷地到成皋養傷去了。

為了不讓劉邦喘息，項羽立即發兵迂迴到西廣武東側，以迅雷不及掩耳之勢又奪下西廣武，進而一舉包圍成皋。

劉邦在病榻上，急得團團轉，為了不使成皋陷落，他四處調兵遣將。

蕭何意識到成皋再度失守的嚴重性，又急忙增發三萬人馬，由於連連徵召兵源枯竭，他將自己的子姪、族人、親兵、伙夫都陸續派來了。

　　劉邦對張耳、彭越、英布等人寄予厚望，希望他們多發精兵，可是他們加起來僅發不足萬人，而且大半是老弱病殘。劉邦簡直連肺都氣炸了，恨不得跑去扇他們的耳光。

　　此時，劉邦已經得知韓信打敗龍且的消息，欣喜之餘，望眼欲穿，急切地盼望韓信大軍到來，可是他遲遲未發一兵一卒。

第三十六章　怒封齊王鎮齊地

　　兩年前，彭城大戰失敗後，劉邦曾許下諾言，如有人能夠幫助他戰勝項羽，他願以關東之地分授給他們。

　　事實表明，這個策略是成功的。當時張良推薦了韓信、英布和彭越，這三人在以後的楚漢戰爭中發揮了重大作用。特別是韓信，從開闢北方戰場以來，連戰皆捷，舉世矚目，打出了一個漢國想要的大好局面。

　　但是，劉邦並沒有兌現他當初的承諾，三人均未得到寸土之封，尤其是韓信，僅得相國空名，心中極為不滿。這時，韓信改變了以往輸兵送糧的做法，不僅不向滎陽前線發兵，還組建一支數十萬人的大軍，意圖十分明顯，就是要讓劉邦冊封他為齊王。不過，他對劉邦的忠誠度絕對沒有問題，只是想得到自己應有的那一份。

　　不久，韓信派一位專使前來面見劉邦，劉邦卻不安起來。

　　專使前來，會不會是來責備自己暗派酈食其說降齊國？酈食其之死，是劉邦說不出口的地方。但破齊總比降齊有利，從根本上消滅了一大諸侯勢力，倒也沒有給漢軍造成什麼不好影響，只可惜讓酈食其白白喪失了性命。

　　張良叮囑劉邦，見了使者，不論使者說什麼，當忍住性子，別輕易上火。

　　專使進帳，連忙向劉邦啟奏道：「大將韓信派臣覲見大王，並讓臣稟告，幾經浴血奮戰，我軍擊破楚齊聯軍四十萬，陣斬龍且於濰水之上，軍威號振！如今，正分頭追擊田橫、田光等齊軍殘部。」

　　劉邦甚感欣慰：「韓信平齊，為我又去了一敵國，可喜可賀。只是項羽近日又與我鏖戰廣武，因相持日久，恐怕難以取勝，不借韓信之威，不能成萬全之策，我欲召韓信相議，協力破楚，不知意下如何？」

「大王！大將已知道廣武戰況，只是田橫等人未除，齊地容易鬧事，維持秩序十分困難，待稍微安定後，大將即發兵齊地，會大王擊楚，為此，大將還有一簡囑臣獻上。」說罷，專使將策簡呈上。

劉邦接簡觀看，頓時臉色大變：

齊人狡詐，反覆多變，且南境連楚，難免不再發生叛亂，齊相田橫，逃遁東南海島，企圖捲土重來。大王若要保住齊地，不使前功盡棄，乞望大王恩准臣代理齊王，方能鎮撫齊地，免大王一方之憂。

坐在劉邦兩旁的張良和陳平相覷搖頭。

劉邦將策簡拋在一旁，口中罵聲不斷。自己身負箭傷，被項羽圍困在此地，太公、呂雉尚在楚營扣押，危在旦夕，日夜盼他來救，他竟置若罔聞！可惡的傢伙，翅膀一硬，就要飛走？龜孫子，眼裡到底有沒有我劉邦！

見劉邦發怒，坐在劉邦兩旁的張良、陳平，不約而同地暗暗伸出腳，用腳尖碰了碰劉邦。

劉邦感到腳下不對，抬頭看了看張良和陳平，他倆若無其事，在一旁裝著喝水的樣子。他馬上明白過來，用眼角的餘光睃了站在帳下的專使，拍著桌子，故意提高了嗓門：「當王就當王嘛，啊！大丈夫東征西戰，平定諸侯，要當就當真王，『代理』有什麼用！你回去告訴韓信，去掉『代理』二字，寡人封他為真齊王！」

張良與陳平相視而笑。

劉邦又高聲道：「來使聽令！你速回齊地，代為轉告寡人對韓信加封齊王之意，寡人制得印信後，當立即派人送去。」

專使開始心裡七上八下，見劉邦面帶怒色，再聽下去，才知道罵的是韓信還不夠氣魄，心裡這才踏實。

專使走後，劉邦大發雷霆，聲稱要發兵攻打韓信。

韓信這個傢伙狂妄自大，野心不小！前番棄齊降而不取，為了爭功，不顧將士們的死活，悍然發動齊戰，造就了濰水之戰的「政績」，使我以仁義相號召之人，失得仁義於天下。今番舉兵而不發，恃功要脅，逼我封他為齊王，關鍵時刻見真心。哼！走著瞧。明槍易躲，暗箭難防，此舉並不能說是什麼壞事，其羽翼未為豐滿，及早暴露出來該是件好事。

　　躁動不安的劉邦看了看張良，想聽聽他對韓信的具體說法。

　　其實，現在真該是封王的時候了。以前分封則諸侯人心易散，現在不封功臣則不為所用。劉邦勝利在望，楚漢決戰將要開始，韓信及英布、彭越等人都該封王。況且，去趙地配合作戰的張耳都封王了，韓信、英布等人卻什麼也沒得到，他們能沒有想法嗎？只封一王，其尊無比；若封多王，其寵輕矣，當前，抓住人心最為重要！顯然，張良是持這一看法的。

　　平齊的勝利，宣告東進計畫基本完成。韓信前後用了一年四個月，東進二千里，先後戰勝了秦、魏、趙、代、燕、齊等諸國，無一敗績，在中國北方大地上，劃了一道非常漂亮的弧線，略不世出，戰役手段無一雷同，用兵藝術不斷昇華，為古今用兵的最高境界，堪稱一代兵聖！

　　韓信自請代理齊王，並不過分，這是出於形勢的需要，也是為了劉邦天下大計著想。因為，齊國舊勢力的殘餘尚在反撲，情況複雜，齊南部又與楚國接壤，使楚國有了隨時入侵的便利條件。對於這樣一個封國，需要一個有能力、有實權的人來鎮撫。

　　然而，韓信擊齊在政治和道德上卻是欠妥的。齊國既已歸降，未經請示而悍然攻齊，現在又依仗手握重兵，逼迫劉邦承認其自立三齊王的事實。這樣做，必然引起劉邦的疑心，韓信到底想幹什麼？無疑，會給劉邦心頭蒙上一層陰影。而從滅楚大局來看，儘管韓信孤傲自為，有私欲的成分在內，這卻完全符合韓信當年在漢中提出的東向滅楚思路，利大於弊，從根本上剷除了一大割據勢力，扭轉了楚強漢弱的態勢，並可利用齊國豐

厚的人力物力，給項羽以致命打擊，這正符合漢軍集團的利益。否則，儘管齊國已降，但仍割據自保，絕不會給漢軍實質幫助，漢軍最終難以從根本上戰勝楚軍。

張良認為，造成目前局面的根源在劉邦身上。劉邦對韓信心存疑忌，修武奪兵，暗派酈食其勸降齊國，實為不該。人非聖賢，莫說善於追求名利的韓信，就是換個人，對唾手可得的勝利果實，能沒有想法嗎？若因此把事情弄僵，硬是將韓信推向楚軍陣營，倒向項羽一方，這是項羽夢寐以求而不得的好事，天下三分，難道劉邦五年的鏖戰，所求就是這樣一種結果？

張良認真地對劉邦說：「我勸大王拋卻恩恩怨怨，讓我去城陽頒詔封王，消除韓信心中的隔閡和疑慮，讓韓信迅速南下開闢戰場，完成對楚軍的合圍。大王，你以為如何？」

張良說得有道理，韓信雖以軍功相要脅，但他統帥下的那支軍隊，舉足輕重，決定著漢軍生死，現在只能滿足他的要求。出於大局考慮，劉邦只是暫時忍下了這口惡氣。

對於韓信請立齊王這一舉動，千百年來眾說紛紜，褒貶不一。明代大儒王夫之認為，韓信此舉是一種市井之徒要脅君主、討價還價的交易心態：「（劉邦）抑信之為此言也，欲以脅高帝而市之也。故齊地甫定，即請王齊，信之懷來見矣。挾市心以市主，主且窺見其心，貨已讎而有餘怨。」（《讀通鑑論·漢高帝》）清代史學家王鳴盛更直截了當地說：「韓信自立為假齊王，已種下被殺的禍根。」（《十七史商榷·信自立為假王》）

此時，傷病中的劉邦直冒虛汗，最後他向張良交代兩點：

其一，酈食其雖被烹而死，他對漢軍的貢獻是一個不爭的事實，寡人感念他的功勞，應儘快對其子進行封賞；其二，請子房先生赴齊地一趟，專送齊王印綬，代我行冊封大禮。不管怎樣，定要拉住韓信，讓他儘快發兵圍剿項羽！

張良是劉邦的首席輔臣，在漢軍的地位舉足輕重。可以說，由他代表劉邦去見韓信，表示對韓信的尊重，同時也表示對冊封齊王的重視。還因為，劉邦知道韓信對張良極為敬重，他們之間的關係非同尋常，張良前去將會穩住韓信，促成韓信儘快發兵南下。

第三十六章　怒封齊王鎮齊地

第三十七章　武涉勸天下三分

龍且戰敗的消息，迅速傳到廣武楚營。

項羽如五雷擊頂，大將龍且被殺，亞將周蘭被捉，二十萬救齊大軍完了，韓信必將乘勝南下與劉邦會合。

項羽心情久久難以平靜。他想不明白，突然間，天上怎麼會掉下一個力大無窮的韓信，一路東進，幾乎摧毀他的王霸大業。他凄涼地對眾文武說：「龍且兵敗，輸光了我的老本。如今，我們遇到前所未有的困難，五年的楚漢之爭看來將要功虧一簣！」

帳下的諸文武當然也看到了問題的嚴重性。韓信平定了齊國，完成了對楚地的包圍態勢，而楚軍不堪重負，人員匱乏，糧草緊張，敗跡已經顯露。對此，他們個個垂頭喪氣，束手無策，深感恐懼。

危機也是轉機！韓信滅齊之後，天下的形勢已出現了楚、漢、齊三大勢力中心。項羽和劉邦相持於成皋、滎陽，難分勝負，而韓信手握重兵，威震天下，具有舉足輕重的作用，很多有識之士看到了這種局面。

這時，謀士武涉站出來，對項羽說：「大王勝敗乃兵家常事。臣願遊說韓信，韓信如能反漢，大王東線便可無憂。」

要與韓信講和？項羽愣住了。

講和就是求和。項羽歷來自認為天下無敵，現在要讓堂堂的西楚霸王，向一個沒有骨氣的胯下懦夫求和，這是不可想像的事。但在龍且二十萬大軍被殲之後，仗已打不下去，路怎麼走，要不要向現實低頭？

武涉接著說：「講和不過是一種手段，只有安定東方，才能全力向西擊敗劉邦，擺脫目前的困境。況且，劉邦數調韓信之兵，奪其兵權，可見他對韓信早已深懷疑懼。此次韓信又按兵不動，足見他們君臣已有裂隙。韓信是項王的舊臣，只要自己肯給他好處，還是有希望爭取的。」

深陷苦惱之中的項羽，不再單純迷信武力，他同意玩一把外交鬥爭的遊戲，讓韓信自立於楚漢之外，延緩漢軍的進攻。

這一天，一位親兵來報韓信，有人前來求見。韓信感到納悶，齊地動盪不安，尚未平定，是誰跑到城陽（今山東青島市）來找？他想了想，如今數十萬大軍在齊，軍政事務極多，還是盡量少惹閒事。他一揮手：「不見！」

親兵退出不久，又回來了，雙手遞上一張竹製名帖，上面工整地寫著：「盱眙武涉。」

盱眙人武涉，與韓信是同鄉人，當年二人同在項羽幕下，且有一份不錯的情誼。這時，武涉已帶著項羽致韓信的書信，來到了城陽。

讓韓信感到蹊蹺，武涉能言善辯，饒有口才，多年不見，好像仍在項羽那邊幹事，怎麼千里之遙來找我？韓信沉吟，我與項羽素有恩怨，他為何又派使者？想來必定是做說客，可是我心中自有打算，不妨見他一下，看他到底有什麼話要講（《史記‧淮陽侯列傳》詳細記載了韓信與武涉的對話內容）。

韓信便令親兵引武涉相見。

武涉進了大帳，韓信從座上起身相迎。

寒暄過後，敘過交情，武涉環顧左右：「請大將摒退左右，有要事相商。」

見左右已退，武涉連忙呈上金帛禮品。他說：「當年西進咸陽，我們一起同在項王帳下為臣，如今雖是各為其主，但那份情誼至今難忘。」

「謝謝！楚、漢交戰已歷五年，不知項王如今有何打算？」

「能有何打算，得韓信者得天下，韓信是劉邦取勝的唯一本錢，楚軍遲早也就是一個死。不過，項王咽不下這口氣，死在誰手中都可以，就是不能死在無賴劉邦的手裡！」武涉知道自己的使命，他狡黠地說，「大將！

其實項王十分仰慕大將，這次令我前來，主要是向大將致歉，望免昔日未能重用之罪，通兩方之好，談談合作的可能。請大將不要拒絕！」

「合作？」當年韓信屢呈干策，項羽一句話都聽不進去，現在遇到困境，就讓武涉來談「合作」，這還是不是當年那個傲慢的項羽！

韓信不禁大笑起來：「武兄之言差也，我不過漢王所封臣下。從前在項王那裡，我官不過郎中，位不過執戟，所作建議，項王從來不聽，我極度困惑，萬不得已才離楚投漢。漢王賞識我，授我上將軍印，給我數萬之眾，言聽計從，我才有了今日。如今，天下之事很快就要平定，我總不能逆天行事，放著現成的大道不走，卻要拆牆開路，這樣的『合作』，不是明智者的選擇。武兄，你說不是嗎？」

武涉聞言，並不感到詫異，他要認真跟韓信講講道理：「依我卻不這麼看。當初，天下由於苦於秦的殘暴統治，所以才起來造反。秦朝滅了後，項王按功行賞，破土分封了十八路諸侯，為的是天下安寧，與民休息。可是漢王卻無端挑起戰事，大舉東征，侵奪別人的封國和土地。破三秦，占關中，仍不滿足，又繼續引兵出關，拉攏諸侯，挑起戰爭。看來，他不全部占下天下，就絕不甘休，貪得無厭的欲望永無止境。他的為人也很不可靠，他曾多次落入項王手中，項王憐憫於他，給他出路。可是當他一旦脫險之後，馬上就背棄諾言，又來攻擊項王。就拿鴻門宴來說，項王搓死他不費吹灰之力，但顧及漢王乃自家舉義兄弟，雖有過失，不當誅殺，高抬貴手讓他到南鄭去，但他卻恩將仇報。大將，如今雖然你覺得和漢王交情很厚，拚命地為他東征西討，他只是借用你的才智和謀略，用來剪除項王，實現他的狼子野心。我可以斷言，如果這樣下去，將來終有一天你會遭他暗算。此人只能共患難，卻不能共富貴，得天下之後，他最終還會加害於你！」

看來武涉對劉邦還是了解的，但說到要加害自己，那是絕對不可能的

事。韓信為漢王奪得那麼多土地、兵員和物資，可以說有韓信，才有他漢家天下，這樣舉世功勞，漢王的心也不是驢肝肺，況且，韓信還占據著齊地，就是怕他反覆無常這一手。

武涉搖搖頭：「你至今無恙，是因為項王的存在。話說回來，當今楚漢激戰，誰能取得最後勝利，這全在於你。你若支持漢王，漢王就會戰勝項王；你若支持項王，項王就會打敗漢王。我看，這兩種結果，都不是你的福分。」

「這是為何？」

「項王存在，漢王需要你；項王不在，漢王還需要你這位手握百萬重兵，坐掌魏、趙、燕、齊的蓋主功臣做什麼？這絕不是危言聳聽，若項王今日滅亡，明日滅亡的就該是你！反之亦然。所以我要說……」看了看思緒起伏的韓信，武涉故意停頓了一下，「有鑑於此，我勸你誰也不依附，順應時局，楚、漢、齊三分天下，鼎足而立！」末了又添上一句，「我的肺腑之言，你可要好好想想呀！」

「不必了！」

武涉說了這麼多，主要就一點，劉邦為人狡詐，不厚道，不能相信，而韓信之所以能活到現在，是因為還有項羽的存在，為了自保，得獨立天下，助漢攻楚則是必死之路。但漢王畢竟有大恩於自己，不當與他決裂，這是做人的準則。韓信向武涉拱了拱手：「務請轉告項王，鼎足而立之謀，是叫我韓信失義於天下，雖死不能從命。」

武涉滿臉窘態，痛苦地說：「你難道一定要斬盡殺絕，必欲為漢王剪滅項王而後快？這不是明智者的選擇。」

韓信站了起來，走到武涉的面前，拉住他的手：「常言道：『義不背親，忠不違君』，『水背流而源竭』。若我背漢聯楚，天下人將指著我的脊梁，罵我是一株牆頭草，是一個反覆無常的小人，萬望能夠理解。武兄！我

看，不如你留下，你我同扶漢王，不必與項王同歸於盡。」

「不！」武涉見韓信態度是相當堅決，回絕了自己的提議，不肯背叛劉邦，感嘆地說，「人各有志，不可相強。還望大將好自為之，我就此告辭了！」

韓信的話，雖然包含有某些外交辭令，但基本上反映了他的內心想法，武涉不得不失望而歸。

不久，回到廣武的武涉，向項羽報告了勸說情況。韓信多於感恩圖報，少有審時度勢的政治智慧，非言語所能打動。

項羽氣憤不已：如今派人去聯絡你韓信，是看得起你，你倒擺起臭架子來。既然韓信不肯歸楚，不必強求，我同樣可勝劉邦，主宰天下！

第三十八章　蒯徹為韓信相面

就在武涉離開後，謀士蒯徹也來勸說韓信脫漢獨立。

如果說武涉是項羽派來的說客，韓信有所提防，那是可以理解的。但武涉走後，蒯徹的勸諫，則是更加令人深思。

蒯徹多策略，如同劉邦身邊的陳平，也是一個天下少有的「鬼才」。上次為韓信出謀襲擊齊國後，得到韓信的賞識，成為韓信的心腹。

他認為韓信氣度不凡，才華橫溢，天下形勢完全掌握在韓信一人手中，要像戰國時陽翟大商人呂不韋一樣，投資韓信，做一樁政治大買賣。一旦韓信棄漢聯楚，自己就是天下第一等功臣。

不過，韓信最大的缺點就是沒有政治欲望，他不計代價求取勝利，不是要創立霸業，而是要名譽，要證明自己是一個天下英雄。為能打動韓信，蒯徹自稱是會算命的相面先生，以引起韓信足夠的興趣。兩人對話內容同樣被詳細記載在《史記・淮陽侯列傳》中。

「今晚什麼風把先生吹來了？」韓信問道。

「我是向大將賀喜的。」蒯徹說。

「有什麼喜可賀？」

「大將一舉拿下齊國，不當受封嗎？封王封侯，人生之快意莫大過於此。」蒯徹在韓信對面坐了下來說，「貴賤在於骨法，憂喜見於面色，成敗在於決斷。我蒯徹能言善辯，是個縱橫家，人所皆知，而我精通相術，指點迷津，人所不知。」蒯徹小眼珠直轉，事先已擬好了一套說辭。

連日來，韓信為討封之事，坐不安，寢不寧。專使去成皋會不會給人造成「逼封」的印象，產生不必要誤解，惡化與劉邦不協調的關係。他本來對相術並不太感興趣，只因處於人生前途的十字路口，內心惴惴不安而彷徨，既然蒯徹能算命，何不問他一問：「那就請先生給我看看，卻不許胡謅！」

「我看大將心誠，要認認真真地看。」蒯徹心中似乎有了底，望望兩邊，「願意單獨談談。」

「都退下。」韓信摒退身邊隨從。

相術在秦漢盛極一時。史書上記載著劉邦、呂雉和魏王豹相關相面的佚事，民間還流傳著秦將白起的一些趣聞。

白起是秦國有名的軍事統帥，屢建奇功，後來卻被秦始皇賜死，為什麼呢？這裡有蹊蹺。有一次，他請人看相，請的是一位瞎子，善於摸骨，人稱是未卜先知的神仙。白起似信非信，在見面前又讓人用絹條將他眼睛再遮住，以防他是假瞎子。讓隨從將他帶進客廳，白起和在場的人一言不發，任他逐個摸骨。他先摸了兩個隨從和一位幕僚。還真的大差不離地說出了他們的生活經歷。他接下來給白起摸骨。眾人仍一言不發。他從白起前額、五官、兩頰一直往下摸，摸了白起的手臂，再摸白起胸骨 —— 他搖搖頭說，從你面前的身骨來看，粗硬而帶有棱角，說的醜些，好似狗骨，書云：「男人骨硬必貧賤」，這位恐怕是討飯的乞丐。了解白起的都知道，他脾氣非常火爆，秦始皇還懼他三分，豈容如此侮辱！但見白起怒目圓睜，差點要發火。在場的人都為瞎子捏著一把汗。後來，那瞎子卻又慢慢悠悠地說，待我再摸摸你的脊背，便見分曉。他轉至白起背後，從後頸骨摸起，向下摸到背脊骨時，突然「撲通」一聲就跪了下去：「將軍在上，小的冒犯了，死罪死罪。」

「怎麼說我是將軍？錯了吧。」白起臉色轉晴，扶起瞎子。

「錯不了，我敢拿頭顱打賭。將軍脊背龍骨又粗又長，必是一位將軍，絕對錯不了，絕對錯不了。我如若說錯了，你就砍我的頭！砸我的招牌！」白起聽了滿心高興，賞了許多錢，還稱瞎子「未卜先知，神機妙算」。

韓信對蒯徹說：「不要裝神弄鬼，剛才有言在先，有什麼說什麼，別繞圈子。」

「好！我說。」蒯徹沉吟一下，用手拈著鬍子，「臣得大將知遇之恩，因此臣斗膽放言，相君之面，隆准三折，至多封侯！且日後前途多有危險，又難於保全。」

蒯徹走到韓信背面，把聲音放低：「相君之背，貴不可言！」

貴不可言自然是指「帝王之尊」，韓信猶當胸被刺，臉色陡變：

「蒯先生，今日之言，確實當真？」

「大將！蒯徹沒有必要胡謅。面、背之異相，竟是如此不同，只有避壞就好，因時就勢，才能逢凶化吉。」

「此話怎講？」

蒯徹拱拱手，立即轉入正題：「大將，恕我直言。秦失其鹿，天下共逐之，高才者先得。陳勝、吳廣首舉義旗向秦發難，仁人志士紛紛回應，目的只是消滅暴秦，救斯民於水火。如今，楚漢爭雄，卻背離了初衷。為了爭奪個人好處，弄得天下戰火紛飛，無罪者肝腦塗地，父子骸骨暴露於野。霸王彭城反擊成功，繼而又揮戈滎陽，如同席捲，威震天下。其後又被困於京、索，阻於成皋以東險嶺之中。漢王將數十萬眾拒鞏、洛，阻山河，一月數戰，竟無寸土之功，漢王敗於滎陽、成皋之間，走逃宛、葉，不能自救，屢遭挫敗。今成皋得而復失，滎陽被圍，若不是彭越敵後用兵，斷楚糧道，大將不遺餘力，怕是漢王早已不在人世了。縱觀天下，楚漢雙方已是智窮力竭，疲憊不堪，民眾哀怨，只有高明的聖賢站出來，才能平息曠日持久的戰亂。而當今聖賢，就是你大將韓信！」

蒯徹繼續道：「如今，漢王和霸王的命運捏在你的手心，你助誰誰勝，戰誰誰敗。若讓臣為你謀劃，莫如坐山觀虎鬥，楚漢誰也不相助。俗話說：『兩利俱存，兩敗俱傷。』楚漢鏖戰，對你來說未必不是好事。存則天下三分，鼎足而立，敗則以柔順之道，坐等勝利之果，兵不血刃，收拾天下，南面稱孤！」

韓信瞪大了眼睛，這和武涉的說辭一樣，也是要我背叛漢王，但內容還是有所區別的。楚漢兩軍相持多年，均已疲憊不堪，最終的勝負關鍵在韓信手裡。

蒯徹用眼角餘光掃了一眼韓信，沒有等韓信開口，他又道出了平定天下的策略：「憑大將的賢能英才，統帥齊地百萬甲兵，輔以燕、趙之眾，西向為民請命，止息楚漢爭鬥，振臂一呼，天下定會望風而從，待時局大定，便可將強大的楚漢一一分割，冊立一些弱小的諸侯，使他們都失去左右天下的條件。新立諸侯都會對你感恩戴德，舊王必然相率來朝。古語云：『天與弗取，反受其咎；時至不行，反受其殃。』這是千載難逢的良機，切莫錯失。」

如果從自身的「利」出發，背叛劉邦，得大於失。如果從「義」出發，失大於得。這能嗎？這是陷韓信於大不義！

韓信喃喃自語：「漢王待我甚厚，把他的車子讓給我坐，把他最好的衣服送給我穿，把他最喜愛的食物留給我吃。穿別人的衣，就要分擔別人的痛苦；吃別人的飯，就要犧牲於別人的事業。以道義報答信任，以忠貞報答恩惠，是做人起碼的道理。漢王正處危難之際，豈能趨利背義？」

蒯徹搖搖頭。絕大多數的時候，權高位重的人，寧可選擇隨波逐流，而不是逆勢向前，這不是為了報恩的問題，而是政治高度的問題！

但蒯徹誘導，韓信心靈也引起震動。

自己並不是沒有私心，過去也曾考慮過和漢王的關係，但想得比較簡單，也想過滅楚後的一些事，但確實沒有想得這樣深。他站了起來：「今日已不早，先生暫且回去休息，這事讓我細細地想來。此外，相面之事，請緘口不言，免得招惹是非。」

蒯徹一聽，只好默默起身告辭。

韓信望著蒯徹走去的背影，內心不安、彷徨、矛盾一齊湧上心頭。

第三十九章　韓信無背漢之心

「打鐵趁熱。」蒯徹知道這個道理，沒過幾天，他就迫不及待來見韓信。

韓信見蒯徹來又欲提起那個話題，忙用毋庸置疑的口吻，告訴蒯徹還是連漢擊楚為上之策。

「大將！你可不能執迷不悟。請恕我直言，逆水行舟，不進則退。現在是你一生最為關鍵的時候，進一步坐擁天下，退一步萬丈深淵！」蒯徹再次相勸，「成就大業的人豈能為感情所困擾？你自以為與漢王友善，欲幫他創建萬世功業，忠心可嘉，但不會有什麼好結果。想當年，常山王張耳和成安君陳餘，親如兄弟，誓同生死。可是後來相互攻殺，這都是患生於多欲而人心難測的緣故！如今，你想用忠義之心對待漢王，卻不能投桃報李，你與漢王的感情遠遠比不上張耳、陳餘，而你與漢王的矛盾，卻大大多於他們之間的誤會，其後果如何，大將心裡自會清楚。俗話說：『恩有多深，仇有多深。』春秋時，文種與范蠡明知勾踐只可共患難，不能同安樂，卻偏要以身相試。勾踐滅吳，保存了危亡之中的越國，後來又輔佐勾踐當了諸侯霸主。功成名就後，范蠡主動出走，文種卻被賜死。以交友而言，你不如張耳、陳餘，以忠信而言，你超不過文種、范蠡，『狡兔死，走狗烹』，這樣的教訓是不能等到大難臨頭時才去吸取的。我還聽說，權高震主，功高不賞。你破魏、下代、滅趙、降燕、定齊，又斬殺了龍且，殲滅楚軍勁旅二十萬，展露了曠世才能。有了這樣震主之威和不賞之功，投奔項王，項王不信；歸漢，漢王疑懼。處於人臣的位置，功勞卻壓倒了君主。大將你將歸於何處？」

「將歸何處？！」這的確是韓信要認真考慮的大事。

上次蒯徹走後，韓信反覆思考，認為蒯徹的勸告與武涉的說辭不論各

自動機如何，確有其道理。人世間的關係最複雜，韓信有大功於劉邦，劉邦未必會真心感激韓信，但天下權在韓信，也未必見得。現雖身處強齊，廣有甲兵，貿然起兵獨立，這絕不是男子漢大丈夫所為！

第一，從良心上講，韓信會被指責為不仁不義之徒。其實，一個來自淮陰南昌亭的窮小子，是個最念舊情的人。漂母、蕭何等人能忘記嗎？特別是劉邦築壇拜大將能忘記嗎？韓信曾對天發誓，不論遇到何種情況，定要竭盡全力傾報劉邦知遇之恩，現如今，卻要讓韓信恩將仇報，實在做不到。韓信的這一切都是劉邦給的，不能落個謀反不忠的罵名，也不能做一個不要臉的厚黑君主。

第二，從人心上看，韓信缺乏劉邦的政治手腕，也不及項羽四世三公的門望和「力拔山兮」的氣概，天下人未必真心歸服。劉邦武有曹參、樊噲、周勃、灌嬰，文有張良、陳平、陸賈。項羽雖是「家天下」，文武仍有鍾離眛、桓楚、季布、項伯、項莊、虞子期、陳嬰。他們都是當代豪傑。而韓信呢？雖有李左車、蒯徹、陳賀、孔熙，但比不上張良、陳平、曹參、鍾離眛、季布等人，且這些人還多是劉家班底，不少人還是劉邦的嫡系，中高級軍官多為劉邦直接提拔，一旦不是漢軍統帥，這幫將士還會幫韓信打仗嗎？

第三，從趨勢上看，齊地雖剛剛征服，殘寇騷擾不斷，民不聊生，而全天下百姓，更是飽受秦末戰亂之苦，土地荒蕪，糧食騰貴，以至人相食，祈盼結束爭戰，休養生息，使天下歸於一，這是人心所向！雖然韓信軍事能力，不是劉邦能相比的，如果造反，天下必將成三足鼎立之勢，重新陷入長期分裂混戰局面，而最終受苦的卻是天下百姓！

再拿劉邦與項羽做對比，項羽追求的是霸業，而劉邦追求的是一統帝業，尊劉滅項也是自然的選擇。

第一，得人心者得天下，劉邦以集權總攬大局，一切都圍繞統一天下

這一目標進行。而項羽則以裂土封地為理想，以萬夫不當之勇推翻暴秦後，分裂天下。如今已不是前秦，更不是戰國，天下已不支持貴族復國。天道有變，順之則昌，逆之則亡。

第二，劉邦懂得拉攏人心，動之以情，懂得運用團隊的力量，有較強的凝聚力。所以得張良、蕭何輔佐並各盡其才。而項羽任人唯親，就是一個家天下班子，認為憑藉一己之力可以拚天下，好勇鬥狠，缺乏政治手段，以至氣走了唯一的謀士范增。

第三，劉邦取得關中後，與民約法三章，收買人心，拉攏諸侯，建立統一戰線。而項羽目光短淺，在滅秦之後，卻採取了一連串荒唐措施，擾民、焚宮、封王、殺義帝，引發了四方的民怨，缺乏人主的氣度。

蒯徹的策略看上去很完美，其實可行性相當差。算了吧！做事不能咄咄逼人！張子房曾說過：「天下游士離其親戚、棄祖墓、去故國，追隨人主不過是為了封王封侯，做個天下英雄。」前代的蘇秦、張儀、李斯，今人英布、彭越也都是這樣，韓信何嘗不是如此？

蒯徹見韓信不語，知道了韓信心思，但他還是要做最後一搏：

「大將！我聽說，善於聽取正確建議，是大業垂成的先兆；善於做出正確決策，是大業垂成的關鍵；一個甘心聽人擺布的奴僕，永遠不可能獲得天子的權威；一個情願守護微官薄祿的小吏，永遠不可能得到高位。對正確的話應當相信，且要果斷地接受，若無端生疑，必然受害。專在細微之事上精明打算，為百事之禍。遊移不前的猛虎，不如蜂蠆敢於放刺；良馬的盤旋局促，不如劣馬的穩步前進；雖勇於孟賁，若疑而不動，不如平庸之人的埋頭苦幹；雖有舜禹之智，吟而不言，不如啞巴、聾子會指揮調度。世上的大事，都是功難成而易敗，時難得而易失，機不可失，時不再來。這些金石之言聽不聽完全在於你啊！」

話都說到這個份上了，韓信應該了然於胸。

　　然而，韓信再一次用要報答劉邦知遇之恩的理由拒絕了。自己是一個苦命的人，並不想取代他人做霸主。這個想法，自己已根深蒂固，難以排解。屈一身之欲，樂四海之民，有何不好？

　　直覺告訴蒯徹，韓信有震主之威，無擎天之志；懷鴻鵠之才，戀雀燕之居，只想獨霸一方，絕無背漢自立之意，孤芳自賞，不敢擔當，軟弱，更不知道後面的凶險！但可以確定，韓信的盤算，不是誰勸說就可以改變的，在未來，一切全憑運氣了。蒯徹不禁傷感起來：

　　「既然如此，臣不多說，願大將保重，臣告辭了！」

　　蒯徹走出大帳，仰天長嘆：「忠言逆耳，豎子不足共謀，其日後必被劉邦所害！」

　　事隔十餘日後，他突然間口吐白沫，撕碎衣裳，瘋癲得不知去向。韓信深知蒯徹是因建議未被採納，知事關重大，萬一傳到劉邦耳中，就是大逆不道的死罪，勢必滅門九族。他不放心，他要去，那就隨他去吧。

　　漢王對韓信軍事上極度信任，生活上極度厚待，反而讓其不能適應。漢王是一個志存高遠玩弄權謀的高手，如何與他相處，韓信也是戰戰兢兢，如履薄冰，是未來人生探討的一個重要課題。在現實生活中，韓信與項梁、宋義、項羽等人的關係都處理得不是很好，其中有許多原因，但最重要的一點，就是缺乏政治權謀和政治手腕，顯得單純而幼稚。

　　只是現在劉邦對自己到底是個什麼態度，可不能剃頭擔子一頭熱，想當然地去判斷。說實話，韓信心裡並沒有底。

第四十章　劃鴻溝中分天下

楚漢雙方，在廣武、滎陽、成皋一帶相持日久，到了韓信攻下齊國，形勢已發生了巨大變化。

直到這個時候，劉邦對戰爭全域認識尚不十分清楚，感到自己的部隊已經很疲憊，無力再將戰爭進行下去，他產生了很多想法。

五年戰爭，漢軍滎陽屢戰屢敗，未進一尺，而韓信和諸侯們卻個個身強力壯，膀大腰圓。韓信打下天下三之二，已占據三分之一，不久前，自己就伸手來要王，這王是自己要的嗎？王給他了，日後還有什麼能吊起他的胃口，拿什麼再封賞他，真是封無可封，賞無可賞！當年韓信從項羽那裡過來，一副喪魂落魄的樣子，是劉邦一手栽培、簡拔，如今吃飽撐足了，成了大氣候，反而要跟老子平起平坐，真是教訓。自己和項羽拚了老命苦苦廝殺，他卻打著我的旗號，放手壯大力量，發展了三十萬軍隊，這是多麼大的數目！

劉邦常會拿項羽和韓信做比較。項羽雖驍勇善戰，就連自己這個能鬥智的人，兵力占優時，常常被打得落花流水。但究其實質，項羽還是一個徒知力征的典型。而韓信則不然，或以寡擊，或聲東擊西，或背水列陣，處處盡顯權謀之術。項羽一旦遇上韓信這樣胸藏韜略長於權謀的對手，恐怕也會敗下陣來。因此，從某種程度上講，韓信更為可怕。

現在，關中援兵雖絡繹而至，以我一方之力，未必能打敗項羽，即使以後打敗了項羽，韓信和這幫諸侯們，能肯俯首稱臣嗎？能輕易地把天下拱手讓與劉邦嗎？我看不太可能，天下究竟屬誰尚未確定。五年了，實在厭倦了！人生有多少個五年，與其如此，不如和項羽約和算了。項羽如能放回父親劉太公和妻子呂雉，自己就將漢軍撤回關中休息休息去。

其實，劉邦並不是什麼「仁義」之輩，為了百姓和將士休息，也為了

救回太公和呂雉,他會放棄即將到手的勝利嗎?肯定不會!這裡面的原因,說白了,就是他對韓信的忌諱,怕滅楚之後韓信和諸侯們離心離德。

這一天,劉邦叫來了內侍陸賈,他對陸賈說:「連連征戰,將士死傷無數,戰死疆場者屍骨無人收拾,家人不得撫恤,日復一日,妻兒老小望穿秋水,扯斷柔腸,卻連個親人死活的音信都得不到。今後,凡軍士不幸陣亡,由官府負責制備喪服及棺材,轉送其家。」他要陸賈儘快通知關中蕭何,令他擬旨,通告全軍將士。

楚漢相爭已有五年,民力疲憊,這樣天長日久地鏖戰下去,已沒有什麼意思。陸賈剛要走開,又被攔住了。劉邦說:「鐵嘴隨何不在此地,一代高人酈老先生已作古,如今唯有你堪當此任,去到楚營說動霸王,劃定邊界,兩家言和算了。」

陸賈大驚,張良先生已去齊地,此等大事張良先生可能並不知道,營中也未議過,若有閃失,怕吃罪不起,他不安地望著劉邦。劉邦也看出了陸賈的猶豫:「怕什麼?自古定大事不過一二人而已。你想想,霸王若再推出太公,挾制多端,或乘怒將太公殺死,我不是一輩子落個不孝罵名嗎?楚軍乏糧,這時議和,正好可以救回太公、王后。」

陸賈雖有話卻不敢多說,連忙出城赴命。

陸賈,漢初楚國人,楚漢相爭時以幕僚的身分追隨劉邦,自酈食其死後,他成為劉邦手下重要說客,常出使遊說各路諸侯,因能言善辯,被譽為「有口辯士」。然而,不知什麼原因,項羽並不答應,堅持要決戰到底。

這回劉邦似乎鐵了心,又改派侯公再去勸說。

侯公來到楚營見項羽,項羽知道又是劉邦差來的使者,便命刀斧手分列兩邊,自己仗劍坐於帳中,瞪目虎視。

侯公從容而入,大笑不止:「漢王讓我再次致意大王,幾年相爭,大仗打了七十餘,小仗不計其數,白骨暴野,積屍如山,雙方如能止息戰

爭，撤回軍隊，保持兄弟情義，不但可以共用富貴，而且黎民百姓也能過上太平日子。」他還意味深長地說，「如若不然，繼續刀兵相加，誰勝誰負，鹿死誰手，難以逆料，長此以往，兵疲糧盡，苦的是天下生靈。我看，還是以和為貴，望大王再思。」

侯公是洛陽世家，遭亂不仕，年輕時就以豪氣著稱鄉里，後來漢王東征過洛陽，與董公三老策杖見漢王，談論國政，相切時弊，劉邦十分喜歡，於是留在帳下聽用。

聽到侯公這番話，項羽嘆了一口氣。楚軍久困於此，兵疲糧盡，終難取勝。況且，整個戰局對楚十分不利，不久將處於四面被擊的境地，何不順水推舟，賣個人情給劉邦。

項羽看看身旁的項伯，項伯頷首。

項伯建議兩國訂個盟約，以鴻溝為界，中分天下，鴻溝以西歸漢，鴻溝以東歸楚，楚漢平息干戈。

鴻溝遺址
楚、漢雙方經過談判，終於締結和約，以鴻溝為界中分天下，
鴻溝西歸漢，鴻溝東歸楚。現在鴻溝西邊還有當年兩軍對壘的城址。

鴻溝，為戰國時一條人工開鑿的運河，故道從今河南滎陽北引黃河水，東流經中牟縣北，又東經開封北，折而向南經通許縣東、太康縣西，至淮陽東南入潁水。它溝通了中原地區濟、濮、汴、睢、渦、汝、淮、

泗、荷等主要河道。

所謂中分天下，實際上漢已占據天下七成以上，且背後是自己的封國廣大地區，糧草兵員充足，而楚的封國一天一天在縮小，被擠壓在今天的河南、安徽、江蘇及浙江一帶。項羽清楚地知道，以鴻溝為界分天下，這只是暫時性的停戰，楚軍目前已危機四伏，以退為進，先進行戰略收縮，待機東山再起，這也是無可奈何的選擇！

他請項伯與侯公辦理具體訂約之事。

漢王四年（西元前二〇三年）八月，楚漢雙方經過艱苦的談判，終於在鴻溝楚地正式締結和約，結束楚漢相持多年的戰爭。漢王四年九月各自引兵而歸。由於彭越占據著梁地，項羽回彭城的道路受阻，便決定繞道陽夏（今河南太康），先去壽春，後回彭城。同時，項羽遵守諾言，十分爽快地放回劉太公和呂氏。內侍審食其也在同列。

漢王很是高興，當下封侯公為平國君，以嘉獎其功。據說，侯公第二天就隱匿不知去向。劉邦送來的賞賜，原封未動。對此，劉邦感慨地說：「這個人是天下有名的辯士，他居住在哪裡就可以傾動哪個國家大政。」

鴻溝西邊，漢軍營地，為了慶祝「鴻溝和約」的簽訂，他親自帶著太公、呂雉巡行軍中。漢軍將士一片歡呼，「萬歲」之聲不絕於耳。

這天傍晚，張良一行從齊地回到了成皋。他見平日戒備森嚴的營中，卻是另外一番景象，軍中上下一片喜氣洋洋，這到底是怎麼一回事？下車一問，他才知道漢王與霸王議和了，這不啻晴空扔下一個霹靂！

漢大王急欲罷兵，這到底為了什麼？這等大事不妥，張良定要阻攔。

當局者迷，旁觀者清。楚國的盟軍三秦、魏、趙、燕、齊等地，都已被韓信拿下，諸侯大多已歸附我們，漢軍已占據大半個天下，且楚軍兵疲糧盡，形孤勢危。那反楚的彭越重新占領了梁地，威脅著楚軍糧道，項羽已抽不出機動兵力回去剿撫，反叛的英布在淮南戰場上已活躍起來，攻占

了九江數縣，鉗制了楚大司馬周殷十數萬軍隊。韓信近日成功地清剿了齊地殘餘，一切進展順利，出兵絕無多大問題。

　　何況，這是一支戰無不勝的英雄軍隊，無人能夠抵擋，一旦發兵南下，隨時都可奪取楚軍後方，殲滅楚軍。這正是天賜滅楚良機！如今放了楚軍而不去攻擊它，這是養虎自遺患，後果不堪設想！再者天命歸漢，人心所向。戰國混戰了數百年，不就是因天下不統一，百姓得不到太平。如今，百萬將士們追隨大王，戎馬數載，拋頭灑血，出生入死，還不是想安定天下，立功爵，用刀槍劍戟回家換取良田？而項羽未除，諸侯疑懼之心未消，正是人心可用之時，一旦大局已定，諸侯各保其地，誰還肯聽大王的調遣？機不可失，時不再來啊！

　　張良的話語精闢透澈，劉邦已回過神來。不過，他還有些猶豫，楚漢已簽下協議，如若違約，失信於天下，會被諸侯恥笑。

　　這時，陳平也過來相勸，做大事不拘小節，請大王不必猶豫。劉邦感激張良、陳平對國事的高瞻遠矚，認為能看清天下大勢者，唯張良、陳平先生也！

第四十一章　加封詔書抵臨淄

劉邦趕來與太公、呂氏相見，痛哭流涕，悲喜交加。

按規矩禮，他先拜見了父親，卻高興不起來，覺得對不起父親。劉太公沒有責怪，卻十分理解，人生遭點磨難是難免之事，為天下者不顧家，這是千古常理。他要劉邦不必在意。

見過父親，又見妻子。萬萬沒有想到的是，被項羽擄去三年，呂雉居然安然無恙，完璧歸來！他拈著鬍鬚，眼睛上下打量著呂雉。呂氏回瞥了一眼，不覺淚水又滴了下來。見狀，太公和剛剛從楚營一同放回的審食其等人都悄悄退出。

呂雉是一個極不尋常的女人，有著敏銳的政治眼光，她回來後肯定會告訴楚營一些實際狀況。目前楚軍將士因飢餓而疲憊不堪，士氣已今非昔比，何不將計就計，抓住楚軍後撤之機，剩勇滅楚。

劉邦斜著眼看著呂氏，三年未見換了個冷美人似的。夜已深，張良和樊噲、劉賈、陸賈等一干人前來求見。

劉邦聽了叫喚，知是有大事，連忙穿上件衣服走了出來。

張良拱拱手說：「大王！剛剛得到探報，楚軍已於傍晚撤離廣武，浩浩蕩蕩地向彭城方向開去。愚以為這正是消滅楚軍，奪取天下的大好時機，如不追擊，楚軍獲得喘息之機，後患無窮，到那時，後悔可就來不及了。」

樊噲等人也在一旁迫不及待地道：「大王！讓他們就這樣一走了之？」

「楚軍已撤？沒想到這麼快就走了。」劉邦在帳裡大步流星來回走動，驀地停住了腳：「追擊！」

隨後，他做出三項部署：一、令樊噲率所部人馬向胡陵進軍，和成皋漢軍成犄角，尾隨配合追擊楚軍；二、令劉賈、陸賈率三萬軍幫助英布，

定要死死地拖住楚大司馬周殷，迫使他不能機動作戰，爾後由南而北，襲擊楚軍；三、再約彭越由北而南，韓信由東而西，劉邦、張良則率軍由西而東，全力追擊楚軍。

這樣的意圖很明顯，就是要造成一個東西夾擊，南北共進，四路齊攻的態勢，乘楚軍麻痺和鬆懈，會殲項羽於撤退途中。

漢王五年（西元前二○二年）十月，漢軍撕毀停戰協議，對撤退中的楚軍發動攻擊。楚軍倉皇應戰，且戰且走。至固陵（今河南淮陽北）時，突然向劉邦發起反擊，結果一戰劉邦大敗，被迫就近堅壁自守，等待各路援軍的到來。

劉邦再次明白一個道理，僅憑一己之力，自己無力單獨與項羽對決。

他問計於張良，張良回答說：「打敗楚軍，只是眼前的事情。而韓信和彭越都沒有得到新的分封，若大王能和他們共用滅楚後的勝利成果，他們一定會立即發兵前來會師。決戰關鍵在於韓信能否及時趕來參戰。因為，封韓信齊王，並不是大王主動分封，是他自己提出的，他還不完全了解大王意圖，況且，封王就該封地，不然只是個空頭銜。而彭越，與我們合作也有多年，曾經奪得梁地，可大王卻派他輔佐魏王豹，彭越去那裡沒多久，魏王豹已死，國中無主，所以彭越只想您一定會封他為魏王，可是大王並沒有加封，心中難免不高興。他二人當會心懷疑慮，左右觀望，不來參戰。」

這個建議時間，拿捏得很好，提早了劉邦一定不會接受，現在固陵大敗他雖不情願，但也無可奈何。

劉邦接受建議後，馬上派遣使者，日夜兼程，去臨淄、外黃分別通知韓信、彭越，按封王劃地的條件和原則進行封賞，並要求他們迅速行動，參加固陵會戰！

臨淄（今山東淄博一帶），戰國齊國都城。從西周至戰國齊桓公時，

一直很發達，有戶七萬，以每戶五口計可有三十五萬人。

臨淄人富庶殷實，喜歡吹竽鼓瑟、彈琴擊築，鬥雞走狗及六博蹴鞠等娛樂活動。曾有記載：車轂擊，人肩摩，舉袂成幕，揮汗如雨。秦滅六國後，臨淄為臨淄郡治所，失去了都城的地位，但繁華依舊。秦末，陳勝、吳廣起兵，派周市攻取魏地，北達狄城。狄城人田儋借機殺死縣令，宣布起兵，自立為齊王。齊地戰事不斷，臨淄城受到嚴重破壞，但比起其他城邑，仍有幾分王都風采。現在韓信占領齊國後，也將大營從城陽正式遷至臨淄。

「齊王！」這一天，漢王使者喘著粗氣，趕到臨淄向韓信報告。漢王已率眾十萬，跨越鴻溝，夜行晝止，尾隨楚軍而去。怎奈十萬大軍遠道跟蹤，怎能一點消息密不可透？突如其來的事變使楚軍驚駭萬分，但他們畢竟是訓練有素、久經沙場的軍隊，很快鎮定下來。楚軍已止軍於陽夏（今河南太康），突然，項羽以強大的聲勢，回師襲擊固陵（今河南太康縣南），漢王慌忙應戰，潰不成軍，不得已率部逃入西面的崇山峻嶺之中，令士兵掘溝堅守。而項羽又將漢軍緊緊圍困，下死令要全部消滅漢軍，割下漢王頭顱，形勢十分急迫。而彭越、英布都未能如期與漢王會師。英布與劉賈則在壽春一帶，被楚將周殷牽制，一時難以脫身。

接著，使者呈上加封詔書：「齊王！漢王派臣快馬加鞭，日夜兼程趕來臨淄，與齊王破土裂封。」

韓信打開詔書，只見上面寫道：

齊王信屢建奇功，因爭戰未止，疆界難定，雖封齊王，未授實土。今項籍亡在旦夕，四海當寧，著齊王信領自陳以東至於大海。

韓信不由心頭一熱。知我者，漢王也！對劉邦疑慮立刻煙消雲散。漢王乃深明大義的仁厚長者，能以天下城邑封功臣，自古少有，霸王和他完全無法相比。前次漢王封王賜印，已使臣感恩不盡，今又授土，叫韓信何

以為報？他非常歉意地對使者說：「上次漢王約我出兵，適逢小病，未能如約，心中忐忑不安！」

使者知道這不過是韓信的藉口，便道：「前次漢王派人使齊後，原本以為齊王一定會及時領兵前去，所以放心大膽地深入楚地，以期與齊王及彭越會合──所以，造成了孤軍奮戰，楚軍抓住了戰機，對漢王發起反擊，漢軍損失慘重！」

韓信聞言，頗為難堪，一時沉默。

使者又道：「漢王希望齊王儘快領兵南下解圍！」

不只是解圍，現在該是將功補過的時候了，韓信對使者說了自己的打算。

楚軍雖勝，但其士卒疲憊，糧草匱乏，不過是困獸猶鬥。漢王雖遇挫折，但並未完全失去戰機。請使者回稟漢王，與項羽決戰是韓信的夢想，韓信願立即出兵，與漢王會天下諸侯，共殲霸王，畢其功於一戰。倘若，漢王在西邊緊緊抓住他的尾巴，我將在彭城附近揪住他的頭顱，可令英布、劉賈從南邊過來補上一刀，霸王定會招架不住，這樣，破楚必矣！

就韓信而言，全域著眼，策劃天下大計，也不是一日。他仍是漢大將、漢相國、三齊王，王侯將相一人獨任，是漢軍名副其實的「老二」，除了劉邦就是「老大」，對即將展開圍殲楚軍的行動，早已成竹在胸。

使者大喜，謝過韓信，連夜趕回去稟告。

這裡說明一下，由於歷史資料的缺漏，本章節和下一章節的陳戰前後部分，多在綜合判斷的基礎上寫作而成。

第四十二章　十面埋伏巧布陣

不久，韓信留下曹參鎮守齊地，自己親率大軍南下。

大軍所過，楚軍望風而靡。不過十數日，連克胡陵、薛縣，渡過泗水，以迅雷不及掩耳之勢，攻克了沛縣，騎將灌嬰又率騎兵一舉成功突襲留縣，切斷了楚都彭城與外界的連繫。

此時，韓信可用兵力三十萬左右，項羽可用兵力十萬左右，只占三分之一，就數量而言，僅韓信一軍對付項羽綽綽有餘。

掃清了彭城周邊後，韓信調整兵力部署，伺機發起對彭城的進攻。這天大帳下，端立兩旁，鴉雀無聲地靜候將令。

韓信翻著簡書，綜合判斷，好像楚軍有逃跑的想法。

彭城是楚國的都城，所以，當項羽得知韓信大軍南下，並已攻克了薛縣、沛縣、留縣後，他定會率主力回援彭城。從情報看有這個跡象。

固陵附近地形複雜，不利漢軍展開作戰，楚軍一旦突過漢軍的防線，他們可能從苦縣（今河南鹿邑縣）、譙縣（今安徽亳州市）、相縣（今安徽濉溪市西）、蕭縣（今安徽蕭縣）附近朝前推進。同理，打得過急，打草驚蛇，楚軍可能乾脆放棄彭城，退入淮南，從東城方向過長江。

為吸引項羽回援步伐，韓信當即決定放棄與漢王直接匯合的計畫，兵分兩路。一路向西南，迅速擠壓楚軍的戰略空間，沿蕭縣、譙縣、苦縣，到陳地攔截楚軍，接應劉邦；一路向東南，只要發生重大不利變化，迅速拿下彭城，隨後取下邳、僮縣（今安徽省泗縣東北）、徐縣，由東而西，伏擊楚軍。這一路要做好最後決戰的準備！這樣部署的目的是，既可解固陵漢軍之圍，又可使楚軍進入漢軍預設的戰場。

再說，項羽從滎陽撤軍，本意東歸彭城。現在，他雖然把劉邦圍在固陵，心中卻惦記著彭城。彭城，北達齊魯，南控江淮，自古有「得中原者

得天下」、「得彭城方能得中原」之說。中原為九州腹心，奔騰的黃河橫貫其間。

可是，當項羽得知韓信率主力南下時，他來不及召集諸將碰頭，便留下鍾離眛，絆住劉邦，自己親率十萬主力，企圖乘韓信立足未穩，殺個回馬槍。並在彭城附近組織一次會戰，像三年前一樣，再創造一次奇蹟，把漢軍打得落花流水。對別人來說，眾寡懸殊，勢單難敵，對項羽來說，司空見慣，完全不算什麼。他仍沉迷於過往的勝利之中，希望複製以前的輝煌！

漳水大戰，僅數萬楚軍，破了秦軍主力四十萬！同樣，彭城大戰，楚軍三萬人馬又擊潰了劉邦聯軍五十六萬！

就在項羽倉促率領大軍，從豫西回撤，前鋒到達陳縣（今河南淮陽）西北時，得知彭城已被漢軍取下，勃然大怒，憤然揮軍要去奪回彭城。

眾將竭力勸說，韓信不是章邯，也不是劉邦，目前從固陵拉回十分疲憊的楚軍將士，立即與韓信展開決戰，這不是上策。江東是大王發祥之地，百姓思念大王，我們何不一面堅守淮北，一面派人到會稽去搬兵，到大司馬周殷鎮守的舒城（今安徽六安市）和六安去搬兵，等三路兵馬會合在一塊，就可以對付漢軍了。

漢王五年冬，北方已經下雪了。項羽睡不著覺，披衣站在營寨雪地中，雪花片片，不斷落在身上。他心中思忖大司馬周殷等人，怎麼很久也不見蹤影。

就在這個時候，卻傳來了周殷叛楚降漢的重大消息！

為了爭取諸侯支持，劉邦新近封了英布為淮南王。英布封王后，更加瘋狂地與楚軍作戰，他又得到漢將劉賈的協助，進兵九江。接著，他們派人圍困舒城，誘降了周殷。過去周殷一直對項羽忠心耿耿，因此才命周殷為大司馬，主持南方軍政，統九江軍，率部堅守巢湖邊的舒城。

巢湖位於長江下游北岸，湖周港汊不下三百，環湖有廬江、舒城等大城邑。其中以舒城的地位、形勢最為險要。只要能控制舒城，就可以囊括湖周平疇所生產的大量穀物。因此，舒城也為楚軍軍糧補給要地，一旦失去舒城，對楚軍的軍糧補給，將是一個十分沉重的打擊。

降漢後，周殷便率舒城之兵配合漢軍攻六安，遭六安軍民頑強抗擊，城破後，楚軍和百姓被殺極多。此後，周殷又率軍與英布、劉賈會合，攻陷城父。

周殷背叛使項羽盡失淮南地，固守待援的作戰方案也落了空，斷絕了項羽退守淮南的打算。他第一次意識到漢軍難以力敵。

要守住一個地方，就要有糧有草有外援。只知道以退為退，以守為守，是退不了守不住的。雖說漢兵遠道而來，但是，楚軍只困於死地，萬一漢軍進攻守不住，退兵就更難了。

對項羽來說，這時最好的選擇是避開與漢軍主力決戰，向南直插過長江，以長江天塹來固守。可惜，項羽不擅長戰略全域的謀劃。

他想要利用劉邦求戰心切的心理，趁漢軍包圍尚未合攏之際，在陳縣補給後，迅速引軍改變行軍路線，避開漢軍主力，走項城 —— 新陽 —— 蘄縣一線，南渡沱河，穿過垓下，向東南方下邳緊靠過去。進可奪中原，退可過江東。

於是，他留下一軍，沿陳城周邊，虛留營寨，遍插旗幟，虛張聲勢，造成欲與漢軍決戰的架勢，掩護楚軍主力人馬向東開拔。

當項羽帶著大軍，來到今天安徽固鎮縣和靈壁縣之間的淮北平原，他們不顧長途跋涉的疲倦，冒著嚴寒，涉過乾涸的沱河。抵達對岸後，項羽和將士們心中頓時覺得輕鬆了許多。

「報項王！前面發現漢軍營帳！」

項羽頓時神情緊張起來。他連忙跨上戰馬，前行至高岡處，勒馬而

望，果然見到前面叢林旁有不少漢軍營帳。原來，韓信的東南一路大軍，取下僮縣、徐縣後，轉而西向，在此已等候多時了。

這時，後面又傳來了鼓角聲，追蹤而至的各路漢軍也已逼近沱河。前堵後追，境地危險！項羽止軍停駐，立即做與漢軍決戰的準備。並告訴眾將士，這是關鍵時刻，要克服連日跋山涉水的勞頓，拚搏上陣，衝過垓下，奔向東楚，求得生路，以圖後舉！

原來，韓信料定項羽誤以為漢軍定會阻止他北上奪取彭城，把決戰的重心放在陳城，他卻順水推舟，悄悄地把大軍帶向東，奪取靈壁糧倉，逼迫漢軍不戰自退。即使戰而不勝，因靈壁與盱眙、淮陰、廣陵相接，保住這條東南戰略通道，將主力帶到江南去（不過，因固陵戰後的兩個多月裡，戰場形勢變化太快，楚漢在淮南和淮北展開了反覆爭奪戰，其時，淮陰、廣陵等地可能已經被灌嬰別將奪取）。

根據項羽這一心理，韓信做出決定，分兵南下，多路阻擊。特別是沿彭城、邳縣、僮縣南下的大軍，設伏在靈壁垓下附近，這個部署大膽之至，預料準確，是項羽做夢也沒有想到的事情。

這是韓信第一次正面和項羽交鋒，意義非同尋常。誠如前人郭嵩燾《史記劄記》所言：「韓信與項羽始終未有一戰，獨垓下一戰收楚漢興亡之全域。」也可以說，這是屬於兩個年輕人的世紀對決，首戰即終戰！

韓信一向以出奇制勝聞名，但這一次有所不同，他根據楚軍善於正面突破，又根據漢軍人數絕對占優，直接參戰人數可達六十萬的情況，慎重地思考之後，制定了「以正合，以奇勝」的戰術，部署了堂堂正正的五軍戰陣，打一場前所未有的陣地戰和殲滅戰。這大概就是元代人稱道的「十面埋伏」。其實，就是多路設伏，步步為營，四面八方布下天羅地網。

關於垓下之戰的戰鬥過程，《史記·高祖本紀》做了記載：「淮陰侯將三十萬自當之，孔將軍居左，費將軍居右，皇帝在後，絳侯、柴將軍在皇

帝後。項羽之卒可十萬。淮陰先合不利，卻。孔將軍、費將軍縱，楚兵不利，淮陰侯復乘之，大敗垓下。」即：韓信自率大軍為前陣；將軍孔熙率一軍為左陣；將軍陳賀（後封費侯，故史書上稱費將軍）率一軍為右陣；劉邦率一軍為中陣；將軍周勃與柴武率一軍為後陣。此外，英布和彭越的軍隊，沒有列入五軍陣中，部署到了楚軍則後，主要用以牽制楚軍的行動，機動策應。

這一部署的特點是：正面強、縱深大，規模巨集闊，兵力高度集中，兩翼策應靈活，能有效地阻止楚軍的連續突破。同時，針對楚軍哀兵之勢，布置了大量的預備部隊，防止項羽突圍。

戰鼓擂響了，火光四起，戰馬不停地嘶喊，一場無可挽回的楚漢最後決戰開始了！

秋山紅葉
西元一九八八年深秋，紅葉掛滿山間。
我們對項羽突圍後所走含山、和縣一線進行考察，
收集到當地許多關於項羽和韓信的故事傳說。
回想當年，點點滴滴，別有一番感受。

第四十三章　四面楚歌散楚軍

清晨，山坡後豎起了「漢」字大纛，漢軍露出了頭，向山下衝來，勢如潮湧。

「楚」字大纛在寒風中豎起，項羽摸了摸烏騅馬，似有話，隨即跨上了烏騅，士兵呼聲大起，項羽率先展開攻擊。

楚漢爭雄五年，劉邦從來都沒有堂堂正正和項羽對戰過，一直都是用偷襲騷擾的方式消耗楚軍。而這裡是一望無際的原野，正適合大兵團野戰。項羽相信，在這次楚漢對決中，自己一定能夠取得最後勝利。

兩軍相接，廝殺展開。項羽見韓信出戰，吼叱一聲：「韓信哪裡走！」

經過四五個回合較量，韓信抵擋不住，稍稍引軍後退，項羽橫槊挑矛突破漢軍第一道軍陣。

此前，劉邦見彭越、英布、劉賈、周殷等諸路人馬已到，為吸取彭城被打敗的教訓，他不親自指揮戰鬥，把決戰的指揮權交給了韓信，許以非常之權，統一調度兵馬。也由於諸路兵馬的到來，東至泗縣，南到五河，北臨靈壁，西達城父，在這數百平方公里的平原上，都成了楚漢決戰的戰場。

韓信採用的是側翼進攻打法，避開楚軍的鋒芒，誘敵深入。當項羽轉過一道山岡，孔熙、陳賀率左右兩軍突然殺出，猛攻楚軍兩翼。

戰鬥空前的慘烈，楚軍面對漢軍重重包圍，全無懼色，那些子弟兵像死了親娘老子，不要命地左衝右突，全不把數倍漢軍放在眼中，以一敵十，其大無畏的英勇氣概，感天動地，泣鬼神，真不愧是天下第一流驕橫的軍隊！也難怪，他們人數不是很多，卻是能征慣戰，百戰百勝，所向無敵，特別是從江東過來的八千子弟，更是楚軍的精銳，頂梁柱，慣打硬仗，慣打惡仗，讓鬼見了怕！讓神見了驚！不一刻，漢軍陣角又被撕開一

道裂口，漢軍難以抵擋。

明代王猷定在他所著《湯琵琶傳》中，描述了時人彈奏大型琵琶舞曲〈十面埋伏〉時的情景：「當其兩軍決鬥時，聲動天地，瓦屋若飛墜。徐而察之，有金聲、鼓聲、劍弩聲、人馬辟易聲……」

就在這時，劉邦親率中軍掩殺過來了。仇人相見，分外眼紅。項羽可貴之處，在於不向困境低頭，他全無懼色，率軍衝殺過去。

轉過了大山口，許多將領急忙趕來，力勸項羽不要再戰。漢軍聲勢浩大，這空寂的谷地，好似埋伏了百萬雄兵，楚軍已難以堅持，多路被分割包圍，死拚無疑將拚光！

項羽這才勒住烏騅馬。

楚軍雖為被動，但在項羽的帶領下，經過一天的戰鬥，這一仗打得非常慘烈，幾乎全軍覆滅。《史記》中只留下一句話，十萬楚軍，戰死八萬！

在此情況下，項羽只得率二萬餘眾靠向垓下（垓下地理位置，歷來說法不一，史家多從《漢書·地理志》之說，係今安徽靈璧），漢軍當即團團圍住，各道口用戰車封死。垓下，也因此成了韓信和項羽絕殺的最後戰場。

對於獨步天下的韓信而言，從沒有與項羽正面交過手，始終是一種遺憾。現在他只是平靜地想著，如何創造出一個最後，也是最完美的作品，呈獻給漢王劉邦。

楚軍圍是圍住了，這個又大又硬的傢伙到底怎麼吃法呢？入夜，韓信召集各路將領前來商討。

項羽本來是救彭城的，現在卻要等人來救，欲出不能，欲守無糧，哪有不敗之理？只是如何緊縮包圍，儘快地消滅他，還是個難題。現在，天氣一天比一天寒冷，糧草難運，六十萬大軍難以接濟，倘若拖上時日，漢軍要拿出多少的糧食和柴草，困難啊！到那時，漢軍將會白白放走楚軍，

不戰自退！

「不戰自退」，這意味著五年拚殺得來的戰果又將喪失！

要知道，楚軍人數不多，但戰鬥力一點不差！他們以垓下為要塞，修築營壘堅守，這對漢軍很是不利。為了避免楚軍困獸猶鬥，堅持緊縮楚軍於狹小範圍之內，儘快地消滅他！

是啊！現在戰局雖好，但這傢伙吃不掉，時間拖長了，局勢又會發生什麼變化？有人提議，應用智慧打一場別開生面的心理戰。霸王驕橫，他依賴支撐戰局是精銳，特別是八千子弟。如有妙計，攻心為上，瓦解軍心，使他們離散，霸王雖有蓋世本領，一人之力，也難以獨守！

這有什麼難處，先前用的是「十面埋伏」，困住了楚軍，韓信又添上一計，「四面楚歌」，使之不戰自散。

「四面楚歌？」眾人不解地問。

韓信解釋，「四面楚歌」就是傳唱楚地鄉音，使受困的楚軍將士無心戀戰，自行逃散。

「四面楚歌」是個令人感興趣的話題，而「四面楚歌」的「楚地」在哪裡呢？一般多認為楚地在湖北一帶，後世多有存疑，這裡做一番解釋。

「楚歌」即楚人之歌、楚地之歌。

春秋時，楚國兼併周圍小國，疆域西北到武關，東南到昭關，北到今河南南陽，南到洞庭湖以南。戰國時疆域又有擴大。楚懷王攻滅越國，又擴大到今江蘇和浙江一帶。但在秦統一戰爭中，楚國屢次被秦軍打敗。遷都陳，又遷都壽春。最終為秦始皇所滅。

其實，諸侯來到這裡與項羽作戰的主要有韓信、劉邦、彭越、劉賈及周殷的五支人馬。劉邦率領的是從起事初，收沛子弟二三千人，轉戰於黃河中下游，入咸陽、居漢中，後出關東征，戰地只在黃河中下游地區，補充的兵源大多是關中子弟，沒有那麼多淮楚將士。其他四支部隊，韓信來

自齊、燕、趙，彭越來自梁，劉賈來自壽春，只有不久前叛楚歸漢的周殷軍來自南邊楚地的六安、舒城。

「四面楚歌」分明是吳中及淮南、下相、下邳、彭城、淮陰、盱眙等地方音，利用楚軍將士思鄉之情，這是韓信瓦解楚軍的計策！

不難看出，劉邦軍事集團在關鍵時刻矛盾得以調整，韓信指揮戰略對頭，「四面楚歌」更使在垓下的楚軍，產生了極大的震撼。

這時的楚軍中士卒主要來自淮河以南、長江以北的淮楚地區，具有極強的戰鬥力的楚軍，因此才有速敗的可能。

盱眙、下相、下邳、淮陰等地在戰國時屬楚。秦統一中國後是秦國一個統治薄弱地區。在秦末風起雲湧的大革命時代，淮楚地區成了革命的發源地。秦漢之際最具代表性的歷史人物劉邦、項羽、韓信，也都分別出生在淮楚的沛縣、下相和淮陰。而項梁、項羽成了反秦事業的中流砥柱，反秦烽火在中原大地上迅速燃燒，從此展開滅秦會戰，淮楚成了項羽楚軍的根據地、大後方，士兵主要來源此地。因此，不難看出「四面楚歌」的楚地，就是長江以北的淮楚之地。

那麼，「四面楚歌」到底出自韓信，還是張良的計謀呢？

韓信與項羽同是楚地人，他知道楚歌的悲愴和魅力。張良韓地人，沒有更多的機會聽楚歌，韓信是前線合圍的總指揮，用家鄉楚歌瓦解敵人軍心，使楚軍離散，一定是最為有效的方法，所以，「四面楚歌」無疑也是韓信的作品。

第四十四章　虞姬安慰楚霸王

清晨，在漢軍的緊縮包圍下，項羽集中主力企圖突圍。

柱國陳嬰自告奮勇打先鋒，當他率手下衝出垓下後，口袋立即又被封死了。

突圍不成，楚軍又飢又渴，他們到處搶劫雞犬，以至因爭奪食物，彼此動武屢見不鮮。漢軍的圍困弄得項羽無法掙扎下去，陳嬰投漢，愈使他悲觀絕望。他意識到，這種情況下哪裡談得上援兵，死守就是守死！

項羽蒙在鼓裡，以為陳嬰突圍成功，急令二三支人馬迅速跟進，結果只是空高興了一場。陳嬰是不是帶著隊伍棄楚投漢去了？史書上並沒有直接交代，只是說：「項羽死，屬漢。」

陳嬰與韓信一樣同為淮地人，低調而有故事。陳勝、吳廣舉義，東陽的少年們殺了東陽令，聚集起數千人，強行讓陳嬰當首領起事。

為與其他軍隊區別，他們用青巾裹頭，以表示是新突起的一支義軍，命名為「蒼頭軍」。陳嬰母親對陳嬰說，自從我做了陳家媳婦，還從沒聽說陳家祖上有顯貴之人，如今，你突然有了這麼大的名聲，恐怕不是吉祥的事。依我看，不如去歸屬於誰，起事成功還可以封侯，起事失敗也容易逃脫。

那時，恰逢項梁率軍過長江來到東陽縣境，陳嬰對部下說，項氏是世代大將傳家，楚國名門，要成大事，非項氏出來領導不可，我們依靠了名門大族，滅亡秦國就大有希望。於是部下聽從陳嬰的話，把士卒都歸附了項梁。這是項梁起兵後，收留的第一支大隊伍。因此，陳嬰算得上楚軍集團的元老功臣，也是楚軍第一代核心成員，滅秦後位列三公，封為西楚上柱國。

嚴寒的月夜，籠罩著垓下高岡。呼嘯的北風，夾雜著陣陣的野狼嚎叫

聲，更使人毛骨悚然。此刻，重圍中的楚軍將士，雖然疲勞不堪，可寒冷和飢餓使得他們毫無睡意，三三兩兩，蜷縮在篝火旁。項羽巡視營地來了。看見自己率領的這支所向無敵的軍隊，經過連連征戰已經十分疲憊不堪，心中也是不忍。沱河兩岸蘆葦叢中，一片唏噓嘆息之聲。

駿馬烏騅馱著主人緩行。前方有個土丘，沉思中的項羽一夾馬肚，烏騅馬一陣風似的奔上土丘的頂部。立馬四望，發現敵軍營帳又增加了許多，諳戰的項羽愈加明白全軍突圍難以成功。一個隨從輕輕來到他身旁，小聲地說：「大王該回帳休息了，虞姬娘娘正等待大王回去。」

倏然「籲……」一陣馬叫聲，項羽回來了。

「大王！」虞姬迎著項羽過來了。

「虞！」項羽握著她那冰涼的手，撫摸著她那一頭秀髮，把她緊緊地摟在懷裡，好久好久，內心難過而歉意──

對於女人，劉邦是一個情種，一生濫情，女人無數，故事最多。韓信這方面卻是個空白，史書上隻字未提。而項羽的記載也很少見。

虞姬是我們所知項羽一生中唯一的一位紅顏。「有美人名虞，常從幸」。在四面楚歌的困境下一直陪伴在項羽身邊，後項羽為其作〈垓下歌〉。

由於歷史的缺漏，也給人們留下了無限的想像空間，後世流傳有不少關於虞姬的故事和傳說，大多並不可靠，但往往出於世人的情感流露。

有一種說法，江蘇沭陽顏集為虞姬故鄉，境內有虞姬溝蜿蜒半境，溝畔有胭脂井、霸王橋、九龍口、點將臺、項宅等史跡。

虞姬容顏傾城，才藝並重，舞姿美豔，是個秀外慧中的奇女子，有「虞美人」之稱。當年登門說媒的人，接二連三，但都被她婉言謝絕。「神仙托夢給我，囑咐我只能嫁給力舉千斤之人。」

舉起千斤重！談何容易。

有一天趕集，虞姬跟著哥哥虞子期去看熱鬧。倆人快要走到一大廟門前時，看見七八個青年，正在比試著舉起一塊一二百斤的大條石。這個搬搬，那個摸摸，沒有一個人能舉得起來。這時候，有個身材魁梧、濃眉大眼的青年，擠進人群，走到大條石旁，笑盈盈朝虞姬盯上一眼，好像對她說，我就是來舉給你看的。只見他屏住呼吸，兩手把條石一抓，嘴裡發出「嘿」的一聲輕吼，接著用力一舉，大條石舉過了頭頂。然後，這個魁偉的青年輕鬆地邁著步子，繞著大廟門口的空地走了一大圈，這才把條石放在虞姑娘面前。

　　啊！虞姬看了，十分驚喜，不由地將頭低了下去。

　　虞子期了解妹妹的心思，立刻上前詢問。當虞姬從哥哥嘴裡得知這個青年叫項羽，家住鄰近的下相縣時，虞姑娘更是心花怒放，含情脈脈。她因為有言在先，又親眼看到項羽長得如此威武英俊，故一見鍾情。可是不久，因項羽的叔叔項梁殺了下相縣官，不得已，項羽跟隨項梁一起南逃會稽。她只能把心思深深地埋藏在心底。

　　說來也該是天意有緣。項梁舉兵渡淮擊秦，項梁與章邯兩軍夾泗水而陣。這天，項羽大破秦軍，正待乘勝追擊。在路旁，忽然發現，秦兵丟下一個鼓鼓囊囊的大口袋。出於好奇，項羽丟下秦軍沒有追趕，忙令人將口袋打開，原來袋中裝的是一個女人。

　　只見她渾身瑟瑟發抖，頭髮散亂，衣衫都被撕破了。項羽覺得她的身影非常熟悉，彷彿是虞姬的樣子，難道她真是虞姬？

　　她也偷眼觀看，啊！站在面前的將軍竟是自己朝思暮想的英雄項羽！就在這時，項羽也注意到了虞姬那多情而羞怯的目光。

　　「抬起頭來，讓我看看！」項羽不由得拍手大笑，正是虞姬！虞姬淚如雨下，她忘情地奔了去：「將軍！我要隨你而去！」

　　項羽有些醉了！那不是因酒，而是由於虞姬動人的情致。他激動不

已：「那就留在我身邊吧！」

片刻，項羽抱著虞姬上了烏騅馬直奔營帳——

她自從歸襟項羽後，始終和他相依為伴，項羽戰鬥到哪裡，就將她帶到哪裡，隨軍轉戰千里。但她從不干擾項羽的作為，只是在他疲勞時，給他撫慰；消沉時，給他鼓舞。

項羽顧不著想往事了。他悲涼地對她說：「虞！我叱吒風雲數載，還從來沒有陷過這樣的困境。」

虞姬聽了，臉上卻沒有露出一點驚慌的神色，反而安慰項羽：

「楚軍雖敗，並沒有全軍覆沒，大營仍在，江東仍在，只要鼓舞士氣，整頓軍紀，還可以反敗為勝。請大王不必憂愁。」

項羽的心境十分複雜，對這位剛強的漢子來說，他不願把目前的境況一一告訴她，而她也十分明瞭，只是誰也不願說個明白。

項羽非常內疚：「虞，落到今天這個地步，不怨我嗎？」

「不！大王，妾和大王禍福與共，享盡恩寵，雖死無憾。」這聲音很小，卻震撼人心。

「虞！天下知我者，唯有你與烏騅馬！」項羽再次把虞姬緊緊地、緊緊地摟住。

虞姬莞爾一笑，便立即擺上酒菜。項羽痛飲了一回酒，飯便無心吃了。漸漸地已是倦不可支，眼皮垂落，虞姬也只好請項羽上床安歇。躺下後，一會兒便鼾聲如雷。

第四十五章　無顏見江東父老

忽然，山岡下響起了一陣洞簫聲，嗚咽含怨，如泣如訴，刺人心脾。隨著洞簫的嗚咽，四面歌聲大起。

虞姬大吃一驚，漢軍中哪有許多人唱得來楚歌？她只覺得鼻子一酸，眼淚似斷線的珍珠，滾落了下來。

這時，又聽得莽莽如牛的喊話聲：「家鄉父老弟兄們！項籍已走投無路，你們不要替他賣命，你們父母、妻子都熱切盼望你們能回家團聚，只要放下手中刀槍，漢王定會優待你們！」

一陣喊話後，接著「彭城軍」、「東海軍」、「淮陰軍」一曲接一曲唱個沒完，空谷傳聲，回音震得十里山岡皆響。項羽猛然醒來，不禁心中大驚：「難道漢軍已全部占領了楚地？不然哪有如此多的楚人？」

幾位楚將匆匆趕來向項羽報告：四面全是楚歌，士兵們根本經不住如此心理打擊，聞聲相率逃走，無法攔阻，不少跟從大王出生入死的將領，也背楚投漢去了，連項伯也不見了蹤影。現在，漢軍大營洞開，擺滿了美酒肉食，任憑吃飽喝足，願回鄉者，還給足盤纏自行離去。

「項伯也不見了蹤影？」項羽聞言臉色陡變。

天要滅楚，無可奈何！項羽一生成名於鉅鹿之戰，轉折於鴻門之宴，慘敗於垓下之圍。而垓下之圍，究其失敗的原因，其中重要的一點，遇到了韓信這樣的天才對手。戰略上，從北方魏、趙、代、燕、齊等地，撒下一張大網，鋪天蓋地，逼迫楚軍不得不退卻徐淮。戰術上，步步為營，如今在垓下又玩起十面埋伏，四面歌，以致楚軍散盡，自己成了孤家寡人。

項羽伸手將虞姬拉住，這位頂天立地的漢子，這時卻也淚珠掛滿臉上：「想不到英雄一世，竟落到今日如此地步。虞！趕快隨我走吧！」

「哎！大王，怎麼還要顧及臣妾？」她要項羽多多保重，趕快突圍！

「虞！我項籍堂堂丈夫，豈能拋下你不管？你只管跟在我後面，漢軍再強也擋不住我！」他深情地望著身旁的美人，百感交集，端上酒，連飲數樽，乃悲歌慷慨，唱出心中的悲憤和無奈（據《史記·項羽本紀》，項羽作垓下歌）：

力拔山兮氣蓋世，時不利兮騅不逝。
騅不逝兮可奈何，虞兮虞兮奈若何！

項羽歌罷，虞姬大慟，淚如湧泉。虞姬在悲憤的氣氛中抬起滿含淚水的臉，泣不成聲，唱和道（據《楚漢春秋》，虞姬作和詩）：

漢兵已略地，四面楚歌聲。
大王意氣盡，賤妾何聊生！

項羽悲戚，進而哭泣，流下熱淚數行！左右將士，也都感動得涕流滿面，不能抬頭。

「大王！讓妾舞劍一回，以壯軍威。」虞姬突然拔出項羽腰間的寶劍，說罷，便娉娉婷婷舞了起來。那劍光如同梨花飄飄，煞是好看。收劍後，虞姬猝然將劍朝脖頸上一抹，只見一道血光迸出，項羽和將士們全都驚呆了。隨著「鐺」的一聲寶劍落地，她那嬌柔的身軀終於倒了下去。

「虞！」項羽大吼一聲，想救哪裡還來得及？可憐，紅顏薄命，一縷香魂，飛升天界。

項羽抱起虞姬的玉體，轉過身去，痛苦的淚珠滾落而下：「我項籍頂天立地，到頭來連你都不能保全！」他把虞姬緩緩地放在案頭，從地上拾起血染的寶劍——

由於連日鏖戰，漢軍也是人困馬乏，臨近天亮，項羽帶領八百名騎士，出垓下，悄悄地從漢軍將士酣睡聲中衝出了重圍。

等韓信知道情況後，已來不及協調各路人馬。但他喚來灌嬰，啟用早已暗伏在淮河與沱河之間五千騎兵。他告誡：前有長江，後有追兵，項羽

在劫難逃。傳令軍中，漢王有令，抓到項羽者賞千金，邑萬戶！

於是，灌嬰率軍開始追擊項羽。

這時，已衝出重圍的項羽等人，馬不停蹄，向東南方向狂奔。渡過淮水時，僅剩百餘人。顧不上休息片刻，他們繼續催動著烏騅急速向陰陵（今安徽定遠縣西北）方向馳去。

穿過了大山窪，山屏連山屏，九曲回腸。繞過了一道山岡，樹杈似的三條道擺在眼前，他們迷路了，茫然不知所措。

忽見，有一老農扛鋤而來，被老農欺騙，項羽等誤入大澤之中。

他們只得按原路折回，這樣一折騰，漢將灌嬰已率騎兵追殺來了，截斷去路，他們只好改變方向，逃往東城（今安徽定遠縣東南）。向東狂奔了二三十里，仍未能擺脫追兵，項羽忐忑不安地問隨從：「還有多少人馬？」

「二十八騎。」

「追兵能有多少？」

「數千騎。」

「數千騎？」

項羽未敢回顧，這位昔日統率千軍萬馬的蓋世英雄，深知已到了他戎馬生涯的末路，心中不安地升騰起一種難言的痛楚。二十八騎無論如何勇猛也難以抵擋數千追兵，何況，經過連夜的奔跑都已困頓不堪，突圍肯定難以成功。在這最後時刻，何不衝向敵陣，再殺個痛快？想到此，項羽勒馬停住，肅穆地面向從者，做最後一次演講：

「諸位，我隨先叔父項梁起兵至今已整整八載，身經大小七十餘戰，所擋者破，所擊者服，未曾敗北，所以能有天下而稱霸王！然而今日，被卒困於此，竟敗於不要臉的劉三之手，真是太冤枉了！」

正說著漢軍已將他們圍住了，項羽從容鎮定環顧了四周，他拉起了嗓門，嘴唇抖動著：「今處境險惡，卻不能敗志，我要為諸位速戰解圍，斬

將刈旗！」

項羽率二十八騎，以身為城堞，面向敵軍。

「你們隨我來，我先為你們取一顆漢將的頭顱！」項羽大吼著向漢軍殺去。漢軍在項羽面前紛紛倒退，閃開一條通道。他直取一漢將，漢將還沒有來得及舉劍，槊已從天飛臨，將漢將劈作兩半。

漢將楊喜斗膽從側後方襲來，項羽橫過馬頭，眥目欲裂，大吼一聲：「豎子！」

這聲音如同平空響了個炸雷，楊喜嚇得魂飛魄散，逃之夭夭。楚軍三路迅速出擊。

項羽騎著烏騅橫衝直撞，槊挑劍劈，如入無人之境。漢軍一都尉避閃稍慢便被項羽挑下戰馬。漢軍亂成一團。

項羽在離開漢兵一段距離之後，問從騎：「我的話如何！」

「果然和大王說得一樣！」

他一會兒又問：「還有多少鐵騎？」

「二十六騎。」

項羽情緒更加激蕩起來。

從東城下來二三里，大片漢軍仍遙遙尾追不捨，前面就是長江的渡口烏江。

項羽及隨從騎沿著烏江岸邊繼續馳行。已是黃昏時分，要渡江東歸。這時，一隻小船由岸邊蘆葦叢中駛出。

「大王！」舟中白髮老者高喊。

項羽警惕地勒住馬頭，只見老者拜伏於船頭：「大王，請放心，我乃烏江亭長！請大王速速登舟！」

烏江亭

項羽並未上船。烏江亭長又催促道：「江東父老在江邊等待著，請登舟吧！大王！父老們要小人稟報大王：『江東雖小，地方千里，子弟數十萬，以江東為根基，東山再起不難。』大王情況危急，臣獨有此船在此，請大王速速登舟！」

忽然，項羽改變了主意，感慨地對烏江亭長說：「一葉扁舟，怎可渡我眾人？既然天要亡我，我豈敢苟且獨生？況且，當年項籍與八千江東子弟渡江，縱橫天下，挫滅強秦，今日無一人生還；縱然江東父老們不加苛責，仍尊我為王，我又豈能於心無愧！項籍知道亭長你是一位忠厚長者，這匹神馬跟隨我五年多了，南征北戰，日行千里，所向無敵，今恐為漢王所得，又不忍殺牠，就把牠賜給你吧！」

他將馬韁繩攥在亭長手裡，轉身下令：「下馬接戰！」從騎紛紛下馬，手持寶劍，列成一排，面向敵人。

項羽和從人與潮水般漢軍短兵相接。他揮舞著劍，在敵陣中狂舞，血肉橫飛。已剩下他一人了！一群漢將圍住項羽，但不敢近身。

「來！」項羽向他們淺淺一笑，招手：「我聽說劉三已許了千金封賞。來！哪位將軍敢取霸王的人頭？不敢？來！來呀！」

漢將們躍躍欲試，一點點向前進，又無人敢於最先出擊。項羽哈哈大笑起來，漢將們顫抖著向後倒退。

忽然，只見前面一個熟悉的身影，這不是故人呂馬童嗎？項羽仍不失霸王的英雄氣概，將以往的豪氣一下子迸發出來：「呂馬童！聽說劉邦賞千金，邑萬戶，買我這顆頭顱，這個人情就送給你吧！」說罷，橫劍自刎，慢慢倒下。

項羽死時，年僅三十一歲。

項羽死後，郎中騎王翳迅速從驚愕中反應過來，飛身下馬，割下項羽的首級，打馬而去。餘眾爭搶項羽的屍體，以至縱馬相踐踏，互相廝殺，

數十人死在馬蹄、劍戟之下。

其後，郎中騎楊喜、騎司馬呂馬童、郎中呂勝、郎中楊武各得項羽屍體一部分，連同王翳得到的頭顱，劉邦不失前言，為表彰他們的功勞，五人分了萬戶，都被封為列侯。

垓下之戰，是楚漢相爭中決定性的戰役，既是楚漢相爭的終結點，又是漢王朝繁榮強盛的起點，更是中國歷史上具有里程碑意義的轉捩點，結束了秦末混戰的局面，奠定了漢王朝四百年基業。因其規模空前，影響深遠，被列為世界著名古代七大戰役之一，有「東方的滑鐵盧」之稱。

應該說，韓信是項羽的剋星，從登壇以來，連戰皆捷。如果沒有韓信在軍事上取得勝利，就不可能有劉邦的最後勝利。從這個意義上來看，沒有韓信，中國歷史上就不一定會出現一個大漢王朝。

一代西楚霸王轟轟烈烈地死了，能給韓信帶來什麼樣的思考呢？新的矛盾代替了劉邦與項羽之間舊的矛盾，在新舊矛盾的轉換中，韓信又會有一個什麼樣的結局呢？

霸王祠
在安徽和縣烏江鎮東南鳳凰山上。項羽兵敗自刎於此，後人立祠祀之。
原建築九十九間半，傳說帝王方可建祠百間，項羽未成帝業，只得少建半間。
孟郊、杜牧、蘇舜欽、王安石、陸游等均有題詩。

第四十六章　左遷韓信封楚王

項羽雖死，但楚地並未完全收復。

為了消滅殘餘楚軍，劉邦和韓信隨即著令灌嬰率軍從淮南東進，掠定黃淮，打過長江；劉賈率軍，從淮南向南，收復不肯順從的楚臨江王共敖；周殷率軍回師舒城，截住越江南逃之敵。

劉邦、韓信則率軍回師北上，圍攻心懷霸王舊恩且不肯歸降的魯地。

諸路兵馬出發後，劉邦、韓信沿泗水進發，一路順利，唯獨魯城不肯投降，攻打了多日也沒有破城。

劉邦覺得不像樣，他派使臣去告訴魯城的人，天下都已歸順，不要再堅持下去，不然大軍將把魯城踏平。

張良勸劉邦，得天下的人，要施仁政，不然和霸王還有什麼兩樣。魯城是項羽當初受封魯公的城邑，不要小看城小，這裡人還挺愛講個理。魯是禮儀之邦，周公的封地，是天下尊敬的地方，不能用暴力去強迫他們。如果魯倡議率義兵為項羽報仇，鼓兵過江，必為後患。

這話有道理，劉邦又讓使者去告訴魯城人項羽已死，並將項羽首級挑在竹竿上昭示他們，還好言好語勸慰，只要願意歸順，就馬上以魯公之禮安葬項羽。

魯城的人一想，覺得像劉邦這樣寬宏仁慈之輩，得天下是早晚的事，於是打開城門，歡迎漢軍進城。

劉邦率人馬入城安撫百姓後，便命人把項羽的首級和軀體縫合起來，以魯公封號，厚葬於谷城東十五里，並令官府在魯地立廟享祭。

他想起了項羽威服諸侯，滅掉秦國，分裂天下，才使得他有今天的局面，特別是鴻門宴上沒有殺他，睢水勝利後，太公、呂雉在楚三年，好好供養，沒有受到委屈，這足見項羽也不是什麼罪惡極大的暴君。

　　劉邦又想起了項羽叔父項伯，鴻門救難、漢中討封、廣武對陣救太公。要是沒有他，別說漢室天下，就連我們這幫人屍骨也不知道哪裡去找了。雖然他才不及韓信、張良，功不比蕭何、曹參，卻是奠定漢室基業的特殊功臣。

　　對！不能虧待他，要好好封他。但一定不能寒磣了那幫拋頭灑血的功臣將士，可封得含糊些，給他一塊人少地大的地方，讓他自己經營去。

　　不久，了解到項伯早已降到張良帳中躲避多日，劉邦立即命人將項伯引來相見。敘談後，封項伯為射陽侯，劃淮陰東南、射水北的大片土地給項伯，算是對他的回報。

　　魯地平定後，劉邦、韓信還軍定陶（今山東菏澤），韓信和他的三十萬齊軍，在離劉邦營地不遠處安營紮寨。

　　不久，江南掠定的消息傳來了！楚臨江王共敖請降的消息也傳來了！多年夢想的太平實現！至此，歷時四年半之久的楚漢戰爭終於結束了。

　　夜晚，汜水岸邊燃起大堆大堆的篝火，把夜空燃照得通紅，千千萬萬將士們，忘情地歡呼著，整個汜水兩岸人摩肩接踵，遠遠看去就像在火焰裡穿行。

　　韓信、張良來到這裡向劉邦賀喜。隨後，淮南王英布、梁王彭越、趙王張敖（張耳之子）、韓王信、燕王臧荼、衡山王吳芮也都來到了。

　　以韓信領銜，韓信連忙將諸侯聯名書寫的奏疏呈上：

　　「先時秦無道，天下誅之。大王先得秦王，平定關中，於天下功勞最多。存亡定危，撫安萬民，功盛德厚，又加惠於諸侯王，有功者使他們得以立社稷。如今，天下已定，位號比擬，大王與臣等並稱於王，無上下區分，使大王不世功德，不能彰顯於後世。所以，臣等冒死上疏，再獻皇帝尊號，狀乞准行！」

　　劉邦眯起眼，美滋滋地反覆看了幾遍，知是由名震天下的韓信及其他

諸王擁立自己為皇帝，便說：「齊王與眾諸侯聯名上來奏疏，要推舉我為皇帝，這不能，我平庸之人，無賢德可言，我怎敢當此尊號？」

一聽，大家覺得有些不對勁，跪下齊呼：「興王易姓，雖云天命，實繫人心。大王起於布衣，戰強秦，誅暴逆，功臣皆得以裂土分封，可見大王本無私意。大王如不稱皇帝尊號，我們都會懷疑自己的封號有無意義。」

劉邦虛與委蛇地推辭一番後終於答應。張良、陳平和博士叔孫通當場占卜，得二月甲午為黃道吉日，劉邦便傳令太尉盧綰和叔孫通等人排好儀式，準備登上帝位。

這一切安排好後，讓人意想不到的是，蓄謀已久的劉邦，立即對韓信下了黑手！

項羽已死，天下已定，對劉邦來說，韓信已經失去利用價值了，但劉邦總有一塊心病揮之不去。漢之得江山，韓信的功勞最大，威望最高，能有資格和劉邦平起平坐的只有韓信。就只有韓信了！早在成皋被圍時，韓信就以「代理齊王」相脅迫，徹底惹火了劉邦。現在韓信帥印在手，重兵在握，對劉氏新政權的建立和鞏固構成了莫大的威脅。特別讓人害怕的是韓信的軍事才能，還有韓信在軍隊中的崇高威望，如果讓韓信回到齊國地方，必將會留下無窮後患。將要登臨大位的劉邦能睡得著覺嗎？

齊地幅員遼闊，帶甲百萬，方圓二千里，東臨大海，有漁鹽之利。自從戰國以來，人們就把東方的齊國和西方的秦國，看著天下的兩個重心。而齊地又與燕地、趙地相連接，戰略地位十分重要，並且燕、趙皆為韓信所取，易於互相聯成一氣。後來有人建議，齊國地位特殊，不是劉邦嫡親子弟，不能封到齊國為王，說的就是這個道理。

於是劉邦決定，趁此機會解除韓信的兵權，將歸韓信指揮的大軍，改由自己直接統轄。並給韓信挪個位置，遣他到楚地去，楚地淮北狹小貧瘠，又無險能守，卻名正言順地算是讓他顯揚故里！

張良、陳平認為似無不可，但怕夜長夢多，就在定陶動手，攻其無備。

其實，張良最是明白人。自古以來，哪個帝王不是猜忌心甚重，劉邦也是如此。連忠心耿耿、任勞任怨的蕭何，自以為劉邦最信任他，也屢受猜忌，終日戰戰兢兢。而韓信，有奇謀，善用兵，功最高，王侯將相一人獨任，他要是真有野心的話，完全可以韜光養晦，不露聲色，有的是時機。可以說，憑藉韓信的傑出的軍事才能，打敗劉邦應該有十足把握。可是他是書生，不懂得權術，缺乏政治人物的奸詐和凶殘，他心裡根本就沒有背叛劉邦另立天下的企圖，或許盡忠盡職，就是他唯一的目標。但韓信過於孤傲自信，不善偽裝，容易引火燒身。

春秋時，范蠡侍奉越王勾踐，終於滅亡了吳國，勾踐因此稱霸諸侯，而范蠡知道勾踐不能同安樂共富貴，於是泛舟五湖。如今，韓信功成了，名滿天下，但一定要不伐己功，不矜己能，否則，漢家豈能容忍一個功高蓋主的大王？人生絢爛過後，總要歸於平淡，何不及早抽身，跑到家鄉淮水邊去釣魚曬太陽。但作為漢家首輔的張良，這些話能說得出口嗎？

第二天清晨，劉邦率張良、陳平及衛隊千餘人，突然襲擊韓信大營，以迅雷不及掩耳之勢收奪了韓信的兵權，重演了當年「修武奪兵」的一幕。

接著，劉邦採取嚴厲措施，把韓信由齊王改封楚王，定都下邳，完全剝取了韓信的三齊之地。此時的楚地，南有淮南王英布，西有梁王彭越，劉邦占據齊地，三面緊緊包圍住了韓信。

左遷韓信的理由就是：齊王帥印在身，功高權重，難免不引起小人妒忌，萬一齊王受了委屈，漢王又怎麼對得起齊王？天下尚不太平，北有匈奴滋擾，東有田橫作亂，但最叫人頭痛的，楚地是項羽巢穴，楚將鍾離昧、季布至今未獲，如無德高望重之人鎮守，恐生不測。義帝無後，齊王為淮陰人，熟悉楚地風俗，不如使齊王遷楚，一來鎮守楚地疆土，二來使其榮歸故里，令先人塋陵生輝。韓信對劉邦的所為，已經不以為然。

著名的汶上觀

　　不過，韓信早就看出劉邦對他的用心，但未曾料到，劉邦翻臉像翻書一樣快，剛剛奪取天下，竟會如此待他，面露不悅之色。

　　韓信是一名軍人，知恩圖報，心懷坦蕩，敏於對敵，卻不知如何自全。而劉邦是一政客，疑心太重，像秦始皇一樣，怕人威脅他的天下，只要涉嫌如此，不管他功勞多大，不管他是否忠心，都要採取一切手段把他搬開。看來自己正是犯此大忌！自己為劉邦構建了漢室大廈，又將他送上了皇帝的寶座，難道還能將他拉下來不成？審毫釐之小計，遺天下之大數，自己攻城掠地，謀劃天下，不過是為了做一個一人之下，萬人之上的大王而已，齊王楚王都是王，以退為進，忍一忍事情就過去了，這是保持君臣大義的辦法。算了吧！富貴歸故鄉，也算遂了多年的心願。

　　他趕快捧出印符交給劉邦。劉邦接過印符，少事盤桓，便與張良、陳平等人起身離去。

　　應該說，韓信的改封，是劉邦為了防範韓信的重要步驟，只是韓信沒有深究其理，忽視了這一個不該忽視的重要信號。否則，韓信以後的歷史悲劇就可能不會發生了。

第四十七章　南宮論功定三傑

　　劉邦解除了韓信兵權，控制了軍隊後，重新安排了人事，調整和分封了英布、彭越、韓王信、吳芮、張敖、臧荼等一大批諸侯。

　　分封並不是劉邦的本意，只是暫時穩定天下的一個緩衝措施。劉邦親身經歷推翻秦王朝的戰爭，作為項羽分封的十八路諸侯之一，親見項羽分封諸侯，結果導致了天下大亂。他要牢記項羽的失敗教訓，絕不能讓諸侯們擁兵自重，獨占一方，以後不僅要削弱他們，而且要逐步消滅他們，恐怕這個方案，劉邦早已成竹在胸。

　　這年二月初一，劉邦在定陶泛水南面，身披龍袍，腰纏龍帶，頭頂皇冠，祭天祭地，即皇帝位。

　　接著，劉邦昭告天下：「追封先母劉媼為昭靈夫人，冊封原配呂氏為皇后，兒子劉盈為皇太子，定國號漢。」從此時，即漢高帝五年（西元前二〇二年）二月，劉邦在秦末戰亂之後，終於建立起一個統一的新王朝，他成了漢朝的開國之君，第一任皇帝，史稱漢高祖。這一年，劉邦五十五歲，呂雉四十一歲。

　　登基大禮完畢，劉邦怕諸侯王會威脅朝廷，於是，又下了道諭旨：「天下大戰已有八年，百姓所受痛苦非常深重。凡諸侯皆罷兵歸國，所有部下士卒，除少量能授職外，亦令遣送還家，本人免輸戶賦。」

　　各諸侯接到聖旨，心中自然明白劉邦用意，便知趣地依旨行事。定陶登基禮後，隨即，劉邦率眾浩浩蕩蕩開進洛陽，以此作為都城。

　　這一天，在太尉盧綰、博士叔孫通主持下，白天，先在郊外舉行了祭天祭地的大典。傍晚，又在洛陽南宮設宴慶祝。

　　掀翻兮蒼穹，踩平兮大地，英勇無敵兮漢軍！桴鼓兮滾動，豪情兮沖天，降龍伏虎兮皇帝！永享太平兮人間！

在這驚天動地的歌聲和鼓樂聲中，宴會開始，文武百官向新皇帝叩拜，山呼萬歲。劉邦斟滿酒杯，與眾人開懷暢飲。

劉邦的心情是多麼愜意，當年「大丈夫當如秦始皇」的感慨終於夢想成真，但也勾起了他的心思。現在，人世間已換成了漢家天下，自己既不是秦朝的鄉間亭長，也不是楚漢爭戰中的漢王。作為皇帝，如何總結秦人的治國經驗和敗亡教訓，避免前車之鑒，安定天下，這是十分重要的任務。

他首先出了道題目，叫大家不要有任何顧忌，心裡怎麼想就怎麼回答：「諸位，朕在醉人的美酒面前，未敢忘憂，馬上得天下，還能馬上治天下？由此，想到轟轟烈烈的秦王朝，為什麼二世而亡？」

劉邦突然提出這樣的問題，大家一時語塞。

三個多月來，這些因無仗可打而閑得發慌的功臣勛將，日日談論、夜夜盼望的只有一件事，就是何時論功封賞！令人不解，劉邦論功行賞的事沒有提及，卻先提出了著名的洛陽南宮對話。

劉邦又問：「諸位，朕還有一個問題，貴族出生、不可一世的西楚霸王項羽，雄兵百萬，挾地千里，則失卻天下。而我起於豐沛平民，困窘關中，兵微將寡，終有天下，這又是何原因？」呂后看了旁邊的審食其一眼，審食其會意。

他阿諛地說：「霸王雖強，所到之處，燒殺搶擄，不得民心，失去天下。況且，陛下能有今日，殆天命，非人力所為也！」

王陵仗著劉邦是他早年的朋友，也毫無顧慮地說：「陛下平時待人，輕視怠慢，不如項羽寬厚仁愛。但陛下對能攻城掠地的將士，每得一城，便作封賞，所以人人都願意出力。而項羽則不然，他嫉賢妒能，多疑好猜，打了勝仗也不能得到獎勵，更別說封王劃地，故人心不穩，將士們都不願拚死效力，所以他失去了天下。」

王陵的話具有一定代表性。漢帝國是從戰場上殺出來的，會使人產生一種錯覺，以為戰爭的勝敗全靠刀槍劍戟來說話。當時，可能大多數的人都認為，劉邦戰績不佳，之所以奪得天下，是這些拚殺戰場的人們幫他打下的，特別是韓信定秦、破魏、擊趙、脅燕、平齊等八大戰役，決戰決勝，對最終打敗項羽發揮了決定性的作用。如果這樣看問題，他們的功勞豈不比劉邦還要大？整個帝國全瓜分完了，也不夠封賞的，皇帝位置是不是也要讓出給韓信做？

　　不過，想到韓信，劉邦一顆懸著的心，暫時放下來了。改封韓信為楚王，韓信並沒多大反應。看來韓信拚命地打天下，終極目標，不過是博取富貴罷了。他以市井之心求其利，只想做一個諸侯王，顯然和自己追求的目標遠遠不是一個層次，如果真是這樣也就好了。

　　戰爭是政治的繼續，是政治統帥軍事，而不是相反的。韓信和武將們的作用固然有目共睹，但多數情況下起著主導作用的卻是文職人員，卻是我劉邦和蕭何、張良這些人。當初，分封天下豪傑，只是那時為孤立項羽的特殊手段，如今時過境遷，王陵這幫人，還將封王劃地看作是戰勝楚軍的主要原因，極為不妥。這是一個輿論導向的問題。

　　或許，這些正是劉邦經過一段時間認真思索，甚至是痛苦地思索的問題。劉邦又對大家說：「你們只知其一，不知其二！朕以布衣提劍取天下，重要的是得人才，用人才。夫運籌帷幄之中，決勝千里之外，我不如張子房；鎮國家，撫百姓，供給軍需，源源不斷，我不如蕭何；連百萬之眾，戰必克，攻必取，我不如韓信。這三人都是人傑，是興漢三傑，我能任用他們，這就是我能奪天下的原因！而項羽僅有一個能人范增，尚且不能任用，逼得他辭職返鄉，悲憤而死，所以項羽怎能不被我消滅。」（語出《史記·高祖本紀》）

　　劉邦語出驚人，謙虛而精闢。論功勞，還是劉邦的功勞大。在劉邦的

統領下，知人善任是奪得天下主要原因。他還特別感激蕭何、張良和韓信為其帝業建立起的卓越功績。

在場的人群情鼎沸，都伏拜於地，稱讚劉邦說得好。認為劉邦是個大情懷的君主，有如黃河之水，浩浩蕩蕩，擁有壓倒一切的魄力，識人用人，不拘一格。

君臣心悅誠服，應該說，劉邦贏得了這場爭論。

「初漢三傑」論，不久也傳到韓信耳中，韓信認為劉邦沒有忘記自己的蓋世之功，也慶倖自己沒有背漢自立的選擇，心裡快意了許多。

其實，我們無須評價劉邦談話的對與錯，而劉邦把張良、蕭何、韓信相提並論，並不十分妥當。儘管決定戰爭勝負，不能缺了任何一個方面。但是，軍事的力量必須用軍事手段來摧毀，就軍事上打敗項羽來說，真正起決定性作用的是韓信，而不是張良、蕭何這些人。當然，這是個題外話。

第四十八章　歸故鄉千金增陵

　　轉眼間，冬去春來，韓信徙為楚王，定都下邳（在今江蘇邳縣南），待楚地初步安定後，他就準備返回離下邳二百餘里的故鄉淮陰。沿泗水向南，過了淮泗交會地，泗口至末口之間，一條寬闊的大河蜿蜒展現在人們眼前，南岸的淮陰一派湖光水色。

　　春秋末年，吳王夫差為北爭中原，開鑿了邗溝，使長江之水，在淮陰末口與淮水相連，溝通了南北，也因此成就了一代才略與專橫君王的霸業。從那時起，好似龍脈被打通，古淮陰就成了一塊風水寶地。襟吳帶楚，人傑地靈，英雄輩出。除了韓信外，漢賦大家，名滿天下的枚乘、枚皋父子，漢末名將臧旻、臧洪父子，「建安七子」之一陳琳，三國名人步騭，唐代著名詩人趙嘏，巾幗英雄梁紅玉，《西遊記》作者吳承恩，抗倭狀元沈坤，清代「揚州八怪」之一畫家邊壽民，抗英民族英雄關天培，大醫吳菊通、何金揚，京劇宗師王瑤卿，周恩來都誕生在這一塊熱土上……

　　二〇二〇年三月初，我們從運河古道北行，對淮陰古鎮進行了一次考察。

淮陰市碑
據史料載，原碑為當年授封韓信為「淮陰侯」時所立，後年久失修蝕損。到明代宣德年間由鎮守淮安的王廷器重修，萬曆年間又由淮安知府劉大文重修並題。明碑現今尚存。

捨舟登陸,以騎行方式從淮安古末口出發,沿裡運河堤經韓侯釣臺、漂母祠,向西依次穿過裡運河、京杭大運河、鹽河,至清江浦城南韓母墓。再向西過二河,抵黃、淮、運河交匯之處的馬頭鎮。沿運河長堤南行至枚乘書院,過漂母墓,至高家堰零公里處。

登上高堰大堤,南望煙波浩渺的洪澤湖,北眺淮水與泗水交匯的泗口,向東回望末口,河網密布,流水縱橫,河道水澤之間,風光無限。曾賦詩一首(〈訪古淮陰鎮〉):

背起行囊踏上車,淮陰馬頭春潮催;甘羅城內桃花雨,張福河畔白浪飛。長堤十里尋二枚(枚乘、枚皋),清口探得靈運碑;石工頭前眺洪澤,楚天蒼茫雁字回。小河村邊楊柳岸,一飯之恩千古垂;韓信城下訪韓母,敢問英雄歸不歸。

不過,這片區域地名複雜,尋訪頗為不便。筆者以為,淮陰故地的馬頭鎮、城南鄉,何不改稱「淮陰鎮」和「韓侯鄉」。而主城區在淮水北的淮陰,南岸大部分已劃歸清江浦的情況下,何不恢復清河歷史舊稱?

這是題外花絮,言歸正傳。

作者考察古淮河

回來了!回來了!韓信登上古渡口,似夢中醒來,意識到故鄉到了。

他翹首眺望前來迎候的地方官吏和眾鄉親,既感到興奮,又似乎緊張。從一個落魄市井少年,歲月悠悠,奮鬥不息,終於登上了人生事業的頂峰,其間甘苦唯有自知。對於故鄉,他曾有過不安,恨不能早些逃脫。可是,隨著歲月的流逝,韓信卻愈來愈想念了。漂母大娘、南昌亭長及那個屠中惡少,他們怎麼樣,自己已離開淮陰八九年了,亂世

之中他們都還好嗎？韓信眼睛有些溼潤。

當韓信一行來到淮陰市口時，擁擠在那裡的眾人見到韓信，歡聲雷動。韓信是天下數一數二的大英雄，更是淮陰人的自豪和榮耀，他打敗了西楚霸王，又將江山讓給了沛縣人劉邦做皇帝，這樣的男人，世上幾百年、幾千年才能出一個！

市口中間，有塊高大青石巨碑兀然挺立，正面刻有「淮陰市」三個大字，兩旁刻有「王孫故趾，留芳百世」的警聯字樣，背面還鐫刻著韓信故里幾個大字。

巨碑對面不遠處就是一座木橋，這是當年胯下受辱的地方。

韓信不由得倒吸一口冷氣，觸景生情，往事湧上心頭。再定睛一看，橋頭還五花大綁跪著一個人，韓信簡直不相信自己的眼睛，竟是那個「屠中惡少」！

仇人相見，怒火在心中燃燒。胯夫惡名市井兒童笑，劉邦不拜將，博得龍且、霸王輕。曾經的韓信，成了「胯下懦夫」的代名詞，人見人罵，若不是遇到蕭何鼎力相薦，自己這輩子還不成了個什麼樣子？現在韓信回來，該是有恩報恩，有仇報仇的時候了。

就在韓信凝視的片刻之間，人們看到了韓信眼中沉積的憤怒，知道屠夫今天躲不過去。他們喝道：「跪下！殺了這個惡棍，為楚王大人報仇！」

「報仇？」聽到這話，韓信反而不安起來。殺了屠夫，不過就是一刀二刀之事。淮陰是養育我的故土，當年忍辱未開殺戒，今日還鄉，難道為報私仇要殺人？

韓信是一個寬宏大量之人，且充滿同情之心，現在該是了卻當年恩恩怨怨的時候了。他意味深長地對屠夫說：「我豈小人，冤冤相報？本王恕你無罪，留在我帳前聽用！」轉而，他對部下說：「此人壯士也！讓他做個楚國中尉吧。」

　　屠夫吃驚得目瞪口呆，不敢相信自己的耳朵。一旁的人們連忙提醒他，還不快快謝過楚王大人！他這才醒悟過來，猛地撲倒在韓信的腳下，不死就是萬幸，怎麼能不記前仇，還封我為中尉？不知說什麼好，他只是一個勁地叩頭作揖。

　　韓信對屠夫的處置，展示了他的大將風範。中尉是一個比較高的官職，秦朝和漢朝初期的中尉都是率領禁兵負責京城安全的高級軍官。其實，韓信經過多年的征戰，特別是當上齊王、楚王后，他對昔日的胯下之辱早已看淡，人們也因為韓信能忍辱，而更加地對他敬佩。如果此時還要找屠夫報復，傳到社會上，會被當成一個大笑話。

裡運河畔

　　橫掃天下的韓信，就這麼一點胸懷，反而會降低自己人生格局。

　　韓信感慨地對屠夫說：「若提當年之事，你也有功。你侮辱我的時候，難道我真的不能殺你？當時我若選擇了衝動，就會搭上自己的命，也不會有今天的如此成就。」

　　不久，韓信回到了故里南昌亭。

　　南昌亭為古今名勝地，在古淮水南岸。南宋《輿地紀勝》：「相傳韓信

生於此地。」現存有「韓信城」和「韓母墓」等古跡遺址。漢武帝年間，司馬遷還曾親臨現場，憑弔了韓母墓。

韓信找到當年的南昌亭長，儘管曾經在他家蹭了幾個月的飯，韓信並沒有對他有多少感恩之情。但韓信還是賞賜他百錢，作為當年的吃飯費用，並說：「朋友之道，君子以德，你們夫妻豐食而不施，小人也。」

亭長不無嘆息，漂母給了幾個月飯吃，就是情義？南昌亭長給幾個月飯吃，怎麼會是小人？亭長夫妻二人並不認可韓信的說法，心裡窩了一肚子的火。

這次回鄉，韓信心中只是念著漂母。在自己最為落魄的時候，是漂母伸出溫暖之手，救自己於昏死的河邊！他要履行了自己「吾必有以重報母」的諾言，賞賜千金給她。

當得知漂母已經去世時，韓信感慨萬千。多年來，無時無刻不想著那一飯之恩，是它重新燃起自己生活信念，因此才有了今天風光的韓信，可如今，讓韓信今生今世無以報答！韓信前後思量，漂母既已作古，那就千金增陵（語出《水經注·淮水》），給大娘修繕墓地，樹一座無字豐碑，和我家母墓一樣，以盡韓信的心意。

滴水之恩，以湧泉相報。淮陰的百姓十分感動，孩童們反覆唱起了這樣一首歌謠：

韓王孫，昔何懦，惡少年，能死我？勇拔山，新裂土，歸來報功賜漂母！賜漂母！

第二天，韓信把準備好的金錢，分發給眾鄉親，以作增陵勞役之費。數百人披星戴月，為漂母墓輪班兜土，不久便像小山一樣拔地而起，蔚為壯觀，鑲嵌在淮水岸邊。築好墓後，韓信在墓前立了一塊青石碑，還在周圍栽了許多垂柳、淮樹和柏樹。接著，他又具黑豬、白羊前來致祭，不禁黯然淚下。

這一段時間，稱王於故鄉的韓信，走街市，訪鄉亭，真是忙碌又愜意。

「大丈夫忍天下人不能忍，故能為天下不能為之事！」當年的抱負已經圓滿地實現，從故鄉父老的眼神中，看到了敬仰之意。

應該說，韓信高調地還鄉活動，並不只是為了了卻當年的恩怨那麼簡單，自從定陶被剝奪兵權後，韓信就已經和劉邦貌合神離。為了不激化矛盾，他是否在向劉邦傳遞這樣資訊：韓信是一個重情重意的人，當年當眾使自己胯下受辱的人，也能以德報怨，對於重用我的皇帝，能有不敬之心？放心吧，當個楚王，我已經心滿意足，不會再有其他的非分之想了。

殊不知，一場災難正在逼近，韓信衣錦還鄉的美夢，將要化為過眼的煙雲。

第四十九章　收留故友埋禍根

　　盛夏。新王朝的一個早朝，南宮大殿站滿了文武官員。

　　皇帝劉邦在御座上望了下去，見臣子們在他的腳旁邊磕頭，那磕頭聲很軟和但很清楚，傳至殿外。

　　劉邦體驗到了皇帝的威嚴，可他心裡並不踏實，擔心有朝一日他們的腦袋不再叩頭。

　　漢王朝建立的初期，天下並不安定。分封的異姓諸侯王和項羽的一些舊勢力，乘國家新立，不能處處做好防範，積蓄力量，聯手製造混亂，圖謀不軌，構成了對朝廷的重大威脅。

　　齊地的田橫，自從被韓信打敗後，率殘部投奔了彭越，在那裡留居了些日子。後來田橫驚恐起來，想到對漢軍有罪，彭越已被劉邦封為梁王，如果久居下去只怕是凶多吉少。這樣考慮後，他又帶領手下，向東海方向逃去。

　　原楚國重要將領中，除了投降的外，鍾離眜、季布等一些大佬級人物並沒有被抓獲。特別是季布，曾在彭城大戰後，緊追不捨，險些讓自己送了性命，至今還在潛逃之中，應立即派人四處緝拿，捉到他後，定要剁成肉醬，方解心頭之恨。劉邦下旨：「凡能捉到季布的，賞賜千金；凡是藏匿不交的，與季布同罪，滅門三族！」

　　劉邦最為擔憂的還是韓信。雖然韓信三十萬大軍被收編，齊地也被劉邦收回，但他仍保有天下第一大藩的楚國。

　　韓信由齊遷楚，能真心接受嗎？齊是大國，有鹽漁之利，楚已不是原來的楚國，只限於今天江蘇蘇北一帶，還不包括彭城，且為四戰之地，一旦天下有變，於楚不利。但是，韓信就是韓信，天下不會再有第二個韓信！不可思議的是，他職掌趙地、齊地的時間都不算很長，卻每次都能在

極短時間內，動員和訓練出幾十萬精兵，讓人感覺脊背發涼。若落地生根，他會不會在楚地一樣壯大發展起來？

近來，劉邦還得到報告，韓信處理了戰後許多問題，整頓了治安，建立起一支較為強大的封國軍隊。巡行楚國各地時，他都帶著戒備森嚴的警衛部隊。在劉邦的眼中，這些無疑都給他帶來了威脅。

所以，劉邦現在不僅要妥善辦理建國大事，還要肅清項羽殘餘和剪除以韓信為首的異姓諸侯勢力，這是漢初政策性的大事！

而一心想搞好楚國建設的韓信，哪裡知道劉邦天天在惦記著他，時時關注著他的一舉一動，生怕他一不小心又強大起來。不料，這時發生了一件不該發生的事情，為劉邦提供了所謂口實。

韓信從淮陰回到了下邳後，有人將一位神祕兮兮的來客引見給了韓信，這人就是劉邦要捉拿的重要戰犯 —— 楚將鍾離昧！

讓韓信為難的是朝廷緝拿鍾離昧的風聲很大，暗探又四處出沒，倘若自己窩藏了他，不是找話柄給劉邦來抓？

鍾離昧，伊廬（今江蘇灌雲縣）人，與韓信的家鄉淮陰相距不遠，兩人早年就是要好的朋友。後來兩人都投奔到項羽麾下，韓信因為不被重用改投劉邦，而鍾離昧憑藉戰功，成了項羽麾下和龍且、季布、英布、虞子期齊名的五員大將，投手舉足在楚地有很大的影響。

尤其是漢王四年前後，智勇雙全的鍾離昧，曾經給劉邦製造了許多麻煩，他和范增對漢軍威脅最大，成了劉邦必欲除之的二號人物。

劉邦不得已用陳平的離間之計，自己最終才逃過了一命。後楚軍前線潰敗，唯獨鍾離昧一路能夠固守得住，雖最終沒達到拖延效果，但這主要是因為楚將利幾的叛降。垓下之戰時，楚軍在垓下大本營瓦解，鍾離昧見項羽大勢已去，他並沒有隨著項羽一起殉難，也沒有在項羽死後投降劉邦，而是從亂軍中潛逃了出去。

鍾離眛與韓信具體交往的情況，史書上沒有記載，或許這只是韓信在大革命時代一份被遺忘記憶。

韓信是個十分講意氣的人，他對漂母一諾千金，說到做到，情義無價，在漂母故去的情況下，還讓將士和百姓為其兜土增陵。他對劉邦，更是不忘重用之恩，明知自己可以獨立天下時，仍拒絕蒯徹等人勸說，這需要多大的格局和勇氣。

在經歷幾個月的逃亡之後，鍾離眛打定主意投奔韓信。韓信看到故友落難歸來，還是答應收留了他。

收留鍾離眛，在後世人眼中，無疑是一種抗命於朝廷的圖謀不軌行為。但在秦漢之際，人們特別重視朋友之交，為了朋友，犧牲也在所不惜。當時項羽戰死後，為了逃避追捕，項伯潛逃到張良處，張良將他保護了起來。夏侯嬰得知季布下落後，同樣也將季布保護了起來。這些在當時並不是多大的祕密。自然韓信收留鍾離眛也在情理之中。

就在這時，韓信得到了兩條看似矛盾的訊息，心裡不禁猶豫起來。

一條就是關於季布的。季布潛逃後，被賣到魯地一朱姓人家為奴，朱家知道他的真實情況後，勸季布棄暗投明。朱家來到京城找到朋友夏侯嬰，並對夏侯嬰說，季布是項王的臣下，替主人盡力那是他分內之事。現在，皇上剛剛得了天下，就不肯放過這麼一個人，這不給天下瞧著皇上的器量不夠大嗎？況且，像季布這麼有才能的人，皇上這麼急急地捉拿他，那他不是往北投奔匈奴，就是往南投奔南越。

這不是逼著有才能的人去幫助敵人？夏侯將軍是朝廷的心腹命官，為何不去向皇上說明情況？這是為國出力，為主盡忠的好事！

夏侯嬰入朝見劉邦，啟奏了季布之事。認為各為其主，正是季布之忠，使得大臣們像季布，何患天下不治？願赦一人，而天下盡像季布。劉邦覺得此話在理，新登基的皇帝為治國不計私怨，可以昭示天下寬大為

懷，便依了夏侯嬰的話，赦免了季布之罪，並拜他為郎中，使他成為了新王朝的一位高級幹部。

韓信得知情況後，心裡熱乎起來，季布和鍾離昧都是項王手下的大將，都是欽點要犯，既然劉邦能赦免季布，也一定能赦免鍾離昧。只要稍拖時日，待劉邦怒氣減緩，由韓信出面，替鍾離昧求情，劉邦會給自己一個面子，可能會赦免鍾離昧的前罪。

可是時隔不久，就在韓信準備去見劉邦時，卻傳來了另一條消息，楚將丁公投誠被殺。能否替鍾離昧求情，韓信心中又畫上了一個問號。

丁公是季布同母異父兄弟。在彭城之戰中，他與季布的行為剛好相反，當楚軍在彭城西追擊漢軍與劉邦短兵相接之際，放了劉邦的正是丁公。

這時，丁公聽說季布歸順朝廷後受到了禮遇，心想，季布曾把劉邦逼上絕路，尚且受到了赦免，還得了官職，而自己對劉邦有活命之恩，難道劉邦還能虧待自己不成？便主動謁見。出乎意料的是，劉邦要獎勵為主盡職的忠臣，打擊吃裡扒外、不能一心事主的小人，竟下令將丁公綁出，立刻斬首於洛陽午門！

血腥的氣味從朝廷飄出，透露出劉邦對待異姓諸侯王和功臣勳將的底線。丁公挾功請賞，也不至於死罪，只能理解為劉邦為了家天下，他六親不認，兩眼通紅，連救過自己的救命恩人一樣能殺。

現在，韓信收到了劉邦捕捉鍾離昧的詔書，他意識到問題的嚴重。但對韓信來說，直接把鍾離昧抓起來獻給劉邦，這一點卻做不到，這不是他的性格。橋歸橋，路歸路，忠君歸忠君，友情歸友情，恩怨分明，不能輕易傷害朋友。

韓信決定將劉邦的詔書暫時放一放。

第五十章　陳平獻偽游之計

張良、陳平都是劉邦重要的智囊，歷史上有「良平」之稱。

前不久，張良對劉邦說，我已幫助皇上完成了一統大業，現在我要告請回鄉去。

劉邦一聽怎麼能夠同意？張良是自己最信賴的人，但張良已經決定，不再有改變之意，也只好說，我實在捨不得先生離去，既然你要走，我也不好勉強，許你回鄉，但朝中若有大事，望你能為天下利益，有召必來！

張良回到家中，不是讀書靜思，就是學習導引吐納等道家之術，終日不出家門半步，慕道追仙，謝絕一切人的來訪。

其實，隱退是張良既定計劃。他明白，伴君如伴虎，歷史上帝王有幾人能共用富貴？在功勛和名位之間，為人臣子是難於長久立足的，君臣一體，自古所難。儘管張良與劉邦關係極不一般，但他還是選擇了韜光養晦，退居二線，這種明哲保身的態度，這何嘗不是「帝師」高明的身退之舉。那麼，居功自傲的韓王孫，能否平安無事，一帆風順呢？

張良隱退之後，陳平成劉邦最重要的謀臣，現在朝廷拿主意，斷大事就數陳平了。

陳平足智多謀，前後六出奇計，為劉邦奪得天下，安定漢室，做出了特殊貢獻。他曾自我表白：我多用陰謀，為道家所禁忌。在活著時即使被廢，也就算了，如我的後代終至不能被起用，也是因自己多用陰謀的緣故。

漢高帝六年（西元前二〇一年）十月，也就是韓信當楚王不到一年的時間，楚地有人向劉邦舉報韓信謀反，並說韓信在下邳窩藏了楚將鍾離眛！

這一消息，讓忙於遷都長安的劉邦心驚肉跳，脊梁直冒冷汗。繼利幾

之後，燕王臧荼不久前發生了反叛，不是劉邦親征和燕地百姓不願再受刀兵之若，無心支持叛軍，結果就很難說。如果韓信再搞叛亂，那可不好對付！說心裡話，其他諸侯王沒有什麼了不起的力量，唯有韓信用兵如神，讓人惴惴不安。而鍾離昧是項羽手下數得著的大將，楚漢相爭，他與自己正面對峙時，多次給自己製造麻煩，逼得自己狼狽不堪。韓信與鍾離昧同為楚人，又有兄弟情誼，這在外界並不是多大祕密，如果有鍾離昧協助，韓信若要造起反來怎麼辦？

可否讓人以去郴州給義帝修造陵寢為藉口，過楚地，用言語調撥韓信，讓他交出鍾離昧？不行，這不等於打草驚蛇？現在他雖然窩藏了鍾離昧，但他是否真想謀反，還說不準。韓信從齊移楚，自感失落，不平之心自起，反叛之意或可有之，何不找一藉口，利用韓信和鍾離昧之間這點關係，因勢利導，提前下手，打殘韓信，施重威於天下，或許，其他異姓諸侯的問題，也能迎刃而解。

劉邦根本不考慮舉報是否真實，立即著手準備對付韓信。

第二天早朝散後，劉邦悄悄地留下了幾位重要將領，以及陳平、隨和等幾位心腹大臣，告知他們事情嚴重，徵詢他們的意見。

「你們知道，楚將鍾離昧躲藏在哪裡？」劉邦此言一出，下面就有人交頭接耳，小聲議論，劉邦掃視一眼，告訴他們，就在下邳的楚王宮，為韓信座上賓！下面一片哄然。

劉邦又道：「韓信、鍾離昧原為霸王的舊部，如今，他們又糾合一起，你們看，這該怎麼辦？」

經劉邦這麼說，幾位魯莽的將領早就按捺不住性子，像燒熱的油鍋炸開了：「皇上！我等願意披掛上陣，發兵捉拿這小子！快下令吧！」

劉邦聽了自知並非善策，默不應聲。

他注意到和武將們形成鮮明對比的陳平，卻靜靜地坐在一邊，緊鎖眉

頭，一言不發。

　　陳平作為謀臣，親歷過韓信討封齊王和劉邦定陶奪軍等重大事件，對劉邦的心思非常清楚。按古老的叢林法則，「老大」是不允許「老二」好好過日子的。因為，「老大」一直十分擔心「老二」可能取代自己的地位。而韓信這個「老二」，雖能洞察世事，是個天才，但他不識時變，把握不堅，城府不深，不是一個心智成熟的人。「老大」劉邦無奈之下給他提供了舞臺讓他迸發燦爛的光芒，韓信卻高傲自負，好伐其功，卻沒有意識到他的所作所為，已經被「老大」一步一步認定為謀逆之人。因此，最後解決他的問題，只是一個合適的時機和合適的藉口而已。

　　隨後，陳平與劉邦進行一段值得玩味的精彩對話（《史記・淮陰侯列傳》、《史記・陳丞相世家》、《漢書・韓信傳》、《資治通鑒・漢紀三》都有記載），處理韓信的唯一理由，其實就是一個「莫須有」！

　　陳平問：「陛下！韓信佐漢有功，您也沒虧待他，要是說他謀反，就要拿出憑證，不能隨便去征討，那會釀成大亂。我要問一聲，您是怎麼知道韓信要謀反的呢？」

　　劉邦說：「有人密告。」

　　陳平問：「這麼說，韓信並不知道有人在告他？」

　　劉邦很有把握地回答說：「朕想，他應該是不知道的。」

　　陳平是個聰明人，說韓信謀反還是捕風捉影，證據不足，但這也就成了！要是韓信真心謀反，他一定會有所準備，事情還真不好辦。要知道他是天下無敵的漢大將！陳平面帶微笑地說：「陛下！韓信非其他諸侯王可比，甲兵強盛，倘若生變，其勢無可擋。諸將一時不平之氣，欲與韓信爭衡可以理解，但我料定，不戰則已，戰則必敗！」

　　劉邦知道，陳平既說不行，一定有他的道理。

　　陳平問：「陛下！若發兵討伐，士卒有沒有楚兵精壯？」劉邦想了想回

答：「沒有。」

陳平又問幾位將領：「你們用兵，哪位能敵過韓信？」幾個人面面相覷，默不作聲。

陳平接著說：「陛下！兵不如楚，將不敵韓信，若要舉兵強取，必然是輕啟戰端，恐怕韓信不反也反了。臣以為不應操之過急，否則後果不堪設想！」

聽了這話，劉邦眉頭緊皺，半晌才問：「如先生之言，當如何處之。」

陳平趨前，貼近劉邦：「陛下！以臣愚見，韓信應智擒！自古以來，天子可按四時巡狩，以觀民風，會諸侯，諸侯朝覲述職。臣聽說南方有雲夢澤（泛指洞庭湖），歷代稱為形勝之地，陛下可遍召諸侯，偽遊雲夢澤。韓信既為楚王，必定隨從前往。待他謁見，那時可暗伏將校，一舉將韓信擒獲，這豈不比大張旗鼓，興兵強討勝過十倍！」

劉邦非常高興，當即採納了陳平的建議。從三皇五帝起，就將雲夢澤列為禁地，皇帝和王公貴族一有閒暇，便帶著文武百官來這裡狩獵遊玩，也好讓四海臣民看看他們的文治武功。

經過一番討論，最後決定把會集地定在陳城，因陳城離下邳只有一二百里，只是幾天的路程。劉邦從洛陽到雲夢澤去，陳是必經之地，同樣也便於四方諸侯會集。這樣設計名正言順，順理成章，韓信必不生疑。

商量好後，劉邦便下令：「如今國事稍安，天時正好，久聞雲夢澤是一勝地，朕不日前去巡遊，命各路諸侯在陳城集會，不得有誤！」

傳旨的使者立刻從洛陽出發，分別到各諸侯國傳旨。

第五十一章　雲夢驚變擒韓信

這一天，韓信突然接到「巡遊」詔書，看過後，他心裡異常沉重。

剛剛才立國，天下尚未平靜，百廢待興，劉邦怎麼能有這般雅興，且要帶著大隊人馬，千里迢迢地去雲夢澤巡遊？

想到這裡，一股不祥之兆掠過心頭。劉邦出遊，諸侯必須赴會，那時，他若問起鍾離昧之事，我該怎麼回答？若要我殺了鍾離昧，我不殺，那我就要背上違逆聖旨的罪名。若遵旨行事，又怎對得起鍾離昧？

韓信感到事情棘手，可以肯定，劉邦巡遊雲夢澤是針對他而來。他本以為自己為劉邦立下那麼多的功勞，又從齊遷楚，一定可以安安穩穩做楚王，沒有想到是自己一廂情願，消滅了項羽也就等於消滅了自己存在的條件，想來讓人恐懼。

他提醒自己不要再上當，遊雲夢澤，絕對不會有什麼好事，修武奪軍，定陶奪印，全都是突然襲擊，陰謀詭計。

韓信嘆息不已，鍾離昧乃我朋友，何忍殺之，沒想到搭救朋友，反而成了大逆不道的罪柄，如今百口莫辯。

無事不找事，有事別怕事！有人提出了三條對策：第一，扯起大旗，發兵二十萬，直撲陳城，奪了天下，不再受這窩囊氣！第二，推說身體欠佳，不去朝覲，靜觀默察，以免身遭不測。不去，諒他們也無可奈何。第三，就是殺了鍾離昧，到陳城會劉邦，這是下下之策，其結果就很難說了。

韓信陷入了兩難之中。

自己是個特別注重名聲的人，把名聲看得像生命一樣寶貴。當年胯下受辱，已使自己抬不起頭。如今，韓信落落丈夫，蓋世英名，卻要扯上背叛朝廷的大旗，說什麼也不能做。第二條也不是好辦法，若不前往，以後

和劉邦的關係又如何處理？第三條可以修正一下，去陳城，但不殺鍾離昧。相信自己有大功於天下，有大功於漢室，而且從來沒有背叛過劉邦，到時自己把話講清楚，當面求情，請劉邦放過鍾離昧。韓信再次想用強大的忍耐力，度過人生中這次危機。

不久，韓信的想法為鍾離昧所知。鍾離昧覺得韓信太幼稚，去陳城是自投羅網，白白送死。

「劉邦來陳城會集，醉翁之意不在酒，顯然是針對你。話說穿了，韓信功高蓋主，漢家容不下你，自己就是不在這裡，劉邦也會拿你開刀。劉邦之所以不敢直接發兵進攻楚地，恐怕重要的原因，就是怕自己撐你的腰，協助、鼓動楚地百姓造反。劉邦為人狡詐，項王多次吃他這個虧。陳城肯定是誘捕你的陷阱，千萬不能再上當！」

他提醒韓信，以你的才能、智慧和品德，又有將士們擁戴和效命，為何不能**轟轟**烈烈地大幹一番？

「不可！不可！」韓信拒絕了鍾離昧。他要鍾離昧儘管逃走，劉邦那裡由他一人承擔，大不了劉邦說他捕捉欽犯不力。

鍾離昧知道韓信心意，不再說什麼了。

不過，他有兩點判斷：其一，韓信缺乏敢作敢為的大氣量。陳勝一怒大澤鄉揭竿而起，項羽一怒揮刀砍殺會稽郡守殷通，劉邦一怒芒碭山舉兵，韓信一怒卻鑽淮陰屠夫的褲襠。特別是在劉邦修武奪兵，定陶奪印，步步緊逼的情況下，他依然選擇逆來順受，這和客觀政治情勢有關，也與政治性格密不可分，這樣的「隱忍」能做出什麼樣的大事業？其二，做人不厚道。如果你不把鍾離昧當朋友，當初何必要收留我？現在又何必要找我「商議」，這不明擺著在耍我？

但是，鍾離昧為了成全韓信最後還是自殺了。

同年十二月，去陳城會集的日期已到，鍾離昧以死勸阻，並未能勸住

韓信，主要是韓信對劉邦還存有幻想。在那個時代，都推崇「士」，士為知己者死，這是人生的崇高境界。韓信雖意識到劉邦對他的算計，但仍沒有把劉邦想得那麼壞。

當韓信親自在陳縣郊區迎接劉邦時，抬頭望去，只見劉邦端坐車中，伴駕隨行的文武大臣有陳平、樊噲、夏侯嬰、灌嬰、靳歙、劉釗、靈常等人，聲勢強大，這像是來雲夢澤巡遊的嗎？足以打一場戰爭。

見面後，劉邦直接歷數了韓信兩件所謂不法之事：

第一，招降納叛，窩藏楚將鍾離昧，圖謀不軌！第二，國家草創，百廢待舉，你卻在下邳招兵買馬，足軌接諸侯之境，不知這樣你要幹什麼！

果真不出所料，劉邦此行目的就是為了對付韓信！

戰場上，敵我分明，敵人常常被韓信埋伏，而在政治上，韓信卻始終被劉邦埋伏！韓信雖知兵而不知人，工於謀天下卻拙於謀身，劉邦過去所謂的情意，都是利用韓信去打敗項羽，內心卻無比忌恨！

韓信努力控制住情緒，對劉邦所責備的兩件事，一一做了分辨：其一，楚地原為霸王桑梓之邦，今天下初定，但人心未歸，為了安撫百姓，不加強武備，不足以鎮定楚地。而臣自齊遷楚之時，未帶一兵一卒，所招兵馬亦在許可範圍之內，這本無可非議。其二，至於鍾離昧，為了滅秦，早年臣與他有段交往歲月。因此，我不敢忘恩負義，把他暫時收留下來，只是打算等有機會，向皇上說清此事。況且，鍾離昧聽說皇上遊雲夢澤，為了不給我添麻煩，他已自殺身亡。

說罷，韓信將盛裝鍾離昧首級的匣子呈上。

劉邦打開匣子，揭開布巾，仔細地瞧了瞧，果然是鍾離昧首級。他嘴角露出了一絲難以察覺的微笑，陳平這傢伙主意真不錯，沒有想到，不費吹灰之力，就一箭雙雕，殺了鍾離昧又拿下了韓信。

劉邦道：「其他事情暫且不論，可你窩藏鍾離昧好些日子不交，到了

事情敗露，無法再瞞，才來見我，可見你說的並非是真心話！」轉而，劉邦對早已埋伏的武士喝道：「還等什麼？快與朕拿下韓信！」

一隊武士衝將出來，不容分說，將韓信五花大綁抓起來。

韓信憤怒不已，他用肩膀抗開武士的手。就在這一刹那，當年蒯徹話語像幽靈一樣穿過韓信的腦海中，那時，為了報恩，思維被嚴重束縛住，很難聽從勸告，不相信劉邦會卸磨殺驢，這楚王才做幾天，就被劉邦捉拿！他大聲怒道：「狡兔死，走狗烹；高鳥盡，良弓藏；敵國破，謀臣亡！天下已定，我固當烹！」

韓信的話，讓劉邦說不出話來。劉邦支支吾吾地道：「若毋聲！而反，明矣。」（《史記·陳丞相世家》）意思說，你不要高聲喊了，憑你這抵觸情緒，就是造反的明證。

一場偽遊雲夢，實擒韓信的騙局，即草草收場。於是，劉邦打發諸侯王各回封地，自己立刻起駕，押解著韓信回洛陽去了。

韓信被捕，這是漢初有著重大影響的政治事件，後世反響極大，多有不平之聲。現錄幾首詩文於此：

唐代詩人許渾在〈淮陰侯廟記〉文中，對韓信遭遇感慨道：

朝言雲夢暮南巡，已為功名少退身。
盡握兵權猶不得，更將心計托何人？

宋代詩人錢若水在〈題韓信廟〉一詩中寫道：

築壇拜將恩雖厚，躡足封時慮已深。
隆准若知同鳥喙，將軍應有五湖心。

南宋文天祥在〈讀史〉中道：

自古英雄士，還為薄命人。孔明登四十，韓信過三旬。
壯士摧龍虎，高詞泣鬼神。一朝事千古，何用怨青春？

清代詩人周永年在〈弔淮陰侯〉中嘆道：

一市人皆笑，三軍眾盡驚。

始知真國士，元不論群情。

楚漢關輕重，英雄出戰爭。

何能避葅醢，垂釣足平生。

清末袁保恒〈過韓侯嶺題壁〉道：

高帝眼中只兩雄，淮陰國士與重瞳；

項王已死將軍在，能否無嫌到考終？

當今淮安人楊弋在〈漢韓信〉中云：

萬馬奔騰塵土揚，男兒煌煌拜大將。垓下功成經百役，雲夢埋伏何匆忙！君不見，鳥盡弓藏將軍死，無復戰車奔沙場。身向九泉還屬漢，切莫去當諸侯王！噫嘻乎！雲在動兮山蒼蒼，劍在手兮野茫茫。長淮落日心猶痛，英雄英雄恨綿長！

第五十二章　僥倖活命遭封侯

劉邦將韓信押回了洛陽，這個消息在朝野引起了軒然大波。

韓信被擒，對劉邦和整個天下來說實在是太重要，如今這位百戰百勝的軍事強人，成了階下囚，不能不使人們感到震驚。

一些人認為，從漢中算起，韓信五六年間，以至威行天下，功震人主。現在，皇上採取斷然措施有何不可。韓信雖不同一般人，他有萬變之術，擒而不殺，必然懷恨謀變，務必要採取斷然的手段。

也有一些人認為，誅戮韓信，恐怕人心不服。假如當年韓信無功無績，今日也就沒罪了，那麼，肯定沒有漢家的今天。既然將韓信押回洛陽，事情不會那麼簡單，朝野對此事反響極大，應該慎重處理。

隴西戍卒田肯還上了一道奏摺，內容是祝賀韓信被捕，並明言齊地與關中為韓信奪得，誇耀齊地媲美關中，韓信據險而多兵的時節，不背叛皇上，遷楚之後反要謀叛，這有悖於情理。田肯只是隱示而不肯明白地說要留下韓信一命。他最後建議，為消除後患，皇帝一定要封其嫡親子弟為齊王。

很快，這個奏摺引起了劉邦的重視。

韓信已經被擒獲，可以說他已是掌心的蟲蚱，跳不起來了，殺了不過掉個腦袋，不殺，也不過是苟延殘喘的庶民而已。韓信的事並不難辦，難的是整個異姓王的問題。

朝廷與異姓王矛盾不可謂不激烈。劉邦稱帝前後，已經封了七個異姓王，即楚王韓信、梁王彭越、淮南王英布、韓王信、趙王張敖、燕王臧荼、長沙王吳芮。他們掌握的土地，比中央還大，幾乎相當於秦統一前東方六國的疆土。他們對重賞和坐食賦稅已不滿足，尾大不掉，對剛剛建立的漢王朝構成了很大威脅。才一年，已先後發生燕王臧荼、原項羽部將利幾，以及後來的韓王信、趙王張敖部將和繼任燕王盧綰的叛亂。而劉邦親

子弟都還年幼，力量薄弱，不能成為朝廷真正的幫手。

劉邦嘆息，沒有當皇帝時，南征北戰，提著腦袋打天下。現在打了天下，卻整天提心吊膽，唯恐天下生變，原因在於諸侯作亂，難怪當年秦始皇不立功臣為諸侯，無尺土之封，使以後無戰攻之患。而韓信這幫人要的是戰國時的封王封地，自己卻要的是漢家天下平安，要的是中央集權，這是體制上的矛盾在政治上的集中表現。往前看，對異姓王不只是削弱，而應該是消滅，其他別無選擇！

韓信是個標誌性的人物，為了確保江山永固，寧可錯殺也不能放過一個。但目前時機尚不成熟，除了韓信、臧荼外，還有其他五個，說韓信謀反沒有足夠的真憑實據，他功勞最大，威望最高，殺了怕引起異姓王的連鎖反應，引起朝臣們的惴惴不安。所以，不能貿然下手，以免激起意外事變。

自從劉邦做了皇帝，不少內外大事，都會來到內廷與結髮妻子呂雉商議。

現在，張良已是用其名，難用其人。蕭何執掌政務，不涉軍情。而陳平聰明有餘，其實難以獨任大事。凡此種種，呂后得以憑藉東宮身分，逐步參與國家政事。史稱：呂后為人剛毅，輔佐高祖平定天下，後誅殺韓信、英布、彭越等王公大臣的謀略也多出自其手。高祖去世後，又因孝惠帝無所作為，她以女主代行天子之事。以後歷史上的武則天臨朝稱制，慈禧垂簾聽政，步的便是呂氏後塵。

對於處置韓信和其他異姓諸侯的問題，呂后持有什麼態度，史書上沒有明確記載。呂后作為皇太子劉盈的母親，關注孩子的未來，她應該會有個態度，這個態度會不會就是 —— 時間不能再等了？

劉邦登基時，已經五十五歲，由於連連征戰，積勞成疾，近年創傷也一直未能痊癒。秦漢時人的壽命很短，平均不足三十歲，五十五歲已經算是高齡了。呂后最擔心的是，劉邦一旦百年之後，皇位繼承人劉盈，能駕

馭得了韓信、英布、彭越這些如狼似虎的功臣猛將？

韓信太年輕了，他二十五歲登壇被拜為大將，二十八歲布下十面埋伏滅掉西楚霸王項羽，結束了持續四年的楚漢戰爭。如此耀眼的人生經歷，中國歷史上恐怕再也找不到第二個人。

在高層政治人物中，年輕三五歲便是資本。韓信比劉邦整整小了十七歲，劉邦應該沒有信心活得過韓信，而劉盈只是一個十二歲的小孩，若劉邦死後，就算韓信沒有反叛之心，但是他的部下一鼓動，難保韓信不能登高一呼，到時候，還有誰能抵禦韓信？大漢江山怎麼能傳之子孫後世？

呂后還擔心兒子性格仁弱，劉邦一直要廢掉劉盈，改立果敢的戚姬之子劉如意。為此，呂雉曾傷透腦筋，和劉邦之間產生了許多矛盾。她讓已退養的張良出面謀劃，並請來德高望重的商山四皓：東園公、綺里季、夏黃公、甪里先生做太子的師傅，為兒子撐腰，才打贏皇位的保衛戰。這樣你死我活的爭鬥，弄得呂后心情極壞，常常像市井潑婦一樣抓狂。應該說，呂后的兇狠都是劉邦逼出來的。

打天下不易，保天下更難。要想來之不易的江山，長治久安，必須對異姓王採取必要的手段，為缺乏剛毅之氣的兒子掃清將來登基障礙。其實，令呂后沒有想到的是，隨著年歲更替，為了權力後來還是爆發了歷史上著名的「七國之亂」。

在對待韓信的問題上，呂后與劉邦想法會一致嗎？答案是肯定的。後來在劉邦征伐叛將陳豨時，呂后立即殺掉韓信、彭越等人，便是一個有力的證明。

這時候，劉邦頻頻接到報警訊息，北疆匈奴屢屢來犯，已對洛陽、長安構成威脅。匈奴騎兵從西北突入，打到了離長安僅有七百餘里的膚施（今陝西榆林東南），將秦時蒙恬所收復的土地全部奪去了，接近匈奴的郡縣、人口和財物都成了他們掠奪的對象。

匈奴成了漢初揮之不去的陰影！內憂外患一齊襲來，事情當分輕重緩急。現在殺了韓信，急則生變，既傷了朝中人心，也等於把英布、盧綰等大小諸侯往外推。

殺韓信還為時過早，劉邦終於決定暫時放下手中的刀子。

沒過幾天，在朝中大臣竊竊議論之際，經過三個月的「審查」，處置韓信的方案出來了。收回韓信的封國，剷除韓信的勢力，將楚地一分為二，東北部劃給四弟劉交，仍為楚王，東南部劃給堂兄劉賈為荊王。

人可以捉，不可以放。同時赦免韓信的諭旨也下來了：「韓信為開國元勳，累有欺君之心，罪當斬首。但念其立國有功，免除死罪，廢其楚王封號，貶為淮陰侯，只准身居咸陽，不得再回下邳。」

韓信獲得了一個新的爵位──大名鼎鼎的淮陰侯。雖然淮陰侯比楚王降了一級，可是劉邦終究沒有殺掉韓信。而韓信失去了封地和軍隊，對朝廷的威脅小了，就像把一頭老虎鎖進了鐵籠子，劉邦心裡踏實了許多。

為了鞏固家天下，劉邦加大實施同姓王取代異姓王的計畫，用自己的兄弟、兒子去取代異姓王。把韓信原來的齊國封給了他的私生子劉肥為齊王，立了他的二哥劉仲為代王。以後又陸續封了很多。

為了顯示國害已除，舉國歡慶，劉邦還召來群臣朝議，分封有功之臣共一百四十三人。這是爭吵一年之後的體制內的論功封賞。

第一批有二十三人：蕭何為鄼侯，曹參為平陽侯，周勃為絳侯，樊噲為舞陽侯，酈商為曲周侯，夏侯嬰為汝陰侯，灌嬰為潁陰侯，傅寬為陽陵侯，靳歙為建武侯，王吸為清陽侯，薛歐為廣嚴侯，陳嬰為堂邑侯，周緤為信武侯，呂澤為周呂侯，呂釋之為建成侯，孔熙為蓼侯，陳賀為費侯，任敖為曲阿侯，周昌為汾陰侯，王陵為安國侯，審食其為辟陽侯。

另外，張良、陳平一直隨劉邦鞍前馬後，運籌帷幄，功在千秋，而在張良和陳平的一再謙讓之下，張良封為留侯，陳平封為戶牖侯。

第五十三章　陳豨叛亂起波瀾

漢朝新立，忙於安撫國內，一時無暇顧及塞外。

這時，長城北面的匈奴趁機南下，警報似雪片飛入關中，劉邦初步處理好內部事務後，便遷駐守淮陽的韓王信（原名韓信，史家為避免混淆，故稱其為韓王信）到太原去守邊，開始考慮對付匈奴日益增大的威脅。

可是事與願違，韓王信不久卻投降了匈奴。原因是，劉邦奪了韓王信的封地，將他遷徙到馬邑，因此，由怨生恨而投降。

劉邦大怒，於是下詔親征。

當三十二萬大軍向北行進至平城時，匈奴冒頓單于集精兵四十萬，將劉邦圍於白登山，且派大軍分縶在重要路口，截住漢兵的後援。

劉邦登上山頭瞭望，只見四面八方都有匈奴的騎兵把守。當時正值天氣嚴寒，連日雨雪不斷。劉邦和將士們被圍了三天后，糧食也快吃完了，漢軍飢寒交迫，危在旦夕。陳平忽然心生一計。原來，他看到冒頓對新娶的閼氏（單于的王后）十分寵愛，朝夕不離。陳平想到冒頓雖能出奇制勝，也不免被婦人美色所惑。

於是他派遣使臣，乘霧下山，向閼氏獻上許多金銀珠寶，並取出一幅圖畫，上面繪著一個美人兒，說是漢帝請閼氏轉給單于。閼氏畢竟是女流之輩，見畫不禁起了妒意，將圖畫交還漢朝使者，讓他們趕快拿回去。閼氏想，若漢帝不能突圍，就要把美人獻給單于，那時自己就要受冷落。閼氏連忙勸說單于，兩國不應相逼厲害，現在漢帝被困在山上，漢人怎會就此甘休？單于恐怕惹閼氏不高興，便於次日，傳令讓圍攻的軍隊撤離。

劉邦用陳平的美人計，終於躲過了一場劫難。這就是《史記》說的「祕密」，多年後才被解開。劉邦回來後，又改派他的二哥劉仲去代地守邊。

一波未平又起一波。

就在劉邦回來不久，匈奴侵犯代境，劉仲竟狼狽地逃回了洛陽。劉邦雖惱他無用，但念手足之情，只貶去他的王爵，將劉仲降為合陽侯，另封戚姬所生的少子如意為代王。只因代王年幼，未能就國，便命陽夏侯陳豨為代相，並授予他比一般諸侯王更大的權力，監趙、代邊兵，防備匈奴再次入侵。

殊不知，在後來討論韓信、彭越、盧綰被滅的原因時，都會歸結到這個陳豨。

陳豨，宛朐（今山東菏澤）人，當初不知是什麼原因得以跟隨劉邦，後平定燕王臧荼時，立下了赫赫戰功，被封為陽夏侯。陳豨有個毛病，他平時仰慕戰國養士之風，結交能力絕對不亞於劉邦，回鄉跟從的馬車有千乘之多，排場之大十分少見。韓信功高蓋世，衣錦還鄉也不過擺些儀仗。史書上還記載，陳豨有名有姓的部將就有二十人，韓信、英布、彭越、盧綰有名姓的直系部將加起來也只有二十餘人，可見陳豨是一個很有影響的人。

然而，不久劉邦改派周昌任代國宰相，陳豨就下課了，只負責軍事防務，一種說不清道不明的失落之感油然而生。

多年征戰，陳豨與韓信結下了深厚的友誼。他進京覲見劉邦，因其過去曾是韓信的部將，臨行前，特意來寂寞的淮陰侯宅第向韓信告別。

讓人難以想像，韓信一直「羞與灌絳樊噲之流為伍」，看得起的人並不多，但他卻非常客氣接待了陳豨。

韓信把陳豨讓入庭中，手把手親切地交談起來。當然，交談的內容，是由後來的上告韓信「謀反」的材料所提供。意思是說，陳豨若要謀反，韓信將在京城做內應。明眼人一看，韓信當時可能說了些不恰當的話，但不至於要夥同陳豨謀反。

在這裡，借用本書作者之一——華煒《大漢韓信》（二版）中的一段描寫，來增加讀者朋友的一些感性認識。

韓信說：「聽說你已有了新任命？」

陳豨微嘆：「是的，臣此去趙代，不知如何守邊，請大王明示。」

「不要再稱我大王，能讓我保住淮陰侯這個爵位就算不錯了。走，我們到後庭談去。」韓信攜著陳豨的手來到了後院，飲了一番酒，兩人談到酣熱之處，屏退了家人。

韓信說：「將軍此去代地，是皇上的重用。」陳豨道：「不是什麼重用，只是發配充軍。」

韓信為陳豨的任命鳴不平，也為自己的待遇不公正發牢騷。他嘆息著說：「將軍所去之地，那是天下出精兵的地方。你是皇上所寵愛的大臣，位尊權重。但和皇上隔得遠了，皇上猜疑心重，不免就會相信別人的雜話。如若有人告你謀反，皇上不會相信，再有第二、第三次，皇上就會有所懷疑，甚至親自帶兵攻打你！那時，你就危險了，所謂情勢所難，反也不好，不反也不好！」

「謝謝您！現在能說這樣心裡話的朋友太少。」陳豨又問，「大王，您看臣下一步怎麼辦？」

韓信不滿之情溢於言表：「我沒有什麼可說的，如果一定要我說，只能說請將軍多加保重。」

陳豨卻不無認真地說：「皇上與皇后心存不良，剪除異姓王侯，這已為天下共知。與其等死，倒不如擁兵造反，只要您肯助一臂之力，天下只是囊中之物……」

他的直言不諱，讓韓信震動。對韓信來說，給劉邦以打擊，使劉邦尷尬，這能讓自己接受，但要讓他推倒自己傾注一腔心血，歷經千辛萬苦，數十萬將士熱血壘築起的漢室大廈，自己能嗎？

韓信嘆道：「一將成名萬骨枯，這幾年迭遭挫折，就是活脫脫的報應！唉，當年何必非渡過淮水，捲入亂世紛爭，不如垂釣於淮濱，終老一生，有什麼不好？」

陳豨說：「大王！委屈是沒有用的，您不要太悲觀。」

波動中的韓信漸漸地平靜了，他覺得陳豨剛才的話有魯莽之處，但也是肺腑之言。韓信與陳豨敘談著朝政，敘談著進兵代地，敘談著往事，敘談著許多許多。因為陳豨可能也只是一時之念，此時並不要韓信表明什麼態度。

他們的談話在黯然中結束，二人在唏噓聲中惜別。

漢高帝十年（西元前一九七年）七月，太上皇崩逝。王、侯、將、相都來櫟陽宮治喪。獨有陳豨未到。

劉邦便派人赴代地調查，陳豨門客確有很多不法行為，但還不想舉兵征討，只嚴令陳豨回京，陳明內情。不想陳豨為了自保，兵走險招，暗中聯絡反將王黃和曼丘臣。這兩個人曾經是韓王信的部將，與韓王信謀反失敗後，逃往匈奴，卻時常在邊境出沒。陳豨派人和他們聯絡，他們立即答應支持陳豨謀反。這樣，他的謀叛越加坐實。

劉邦白登山上當的主要原因是驕傲，即位後，御駕親征的次數越來越多，他大概認為自己天下無敵了，現在想想十分可怕，如果換了韓信指揮這支軍隊，會被騙上白登山？

他召集眾臣商議，眾臣認為陳豨知淮陰侯韓信已罷閑，其餘諸侯都不足以禦之，自恃其能，無所顧忌。所以陳豨的膽子才有如此之大。

征討陳豨關乎國運，眾臣一致保舉韓信。韓信如能掛帥前往，臨威懾服，打敗陳豨易如反掌，皇上可以高枕無憂。可是，自韓信從楚地捕到長安，一直稱病不朝，不知他能否出馬，為皇上分憂？如能出馬，很好；不能，可著太子監國，呂后與蕭相國輔之。皇上則親統大軍，以周勃、王陵

為先鋒，以樊噲、灌嬰為左右翼，以曹參、夏侯嬰為救應，使天威下臨，群凶喪膽，定能使陳豨畏服。同時，再作詔諭英布、彭越為策應，此戰定能必獲全勝。

劉邦准奏，一面草詔討伐陳豨，一面差人往關東諸路遣兵布防。可是，英布、彭越託病不發一兵，他雖大怒，但也無可奈何。

為了集中力量平定陳豨的叛亂，六十歲的劉邦決定親征。他認為利用軟禁在長安的韓信是為一策。韓信正值英年，將韓信留在京都終究是一心病，如果他能隨大軍前去，既解除疑心，又能打敗陳豨，豈不是一舉兩得的好事？

第五十四章　韓信其實也瘋狂

韓信閉門居家，常常稱病不出，過著苦悶而憂傷的日子。

漢朝爵位實行的是王、侯兩級制度，所不同的是，王有封地，有自己的官僚系統，而侯只能食封地之邑。

韓信被去掉楚王，改封為淮陰侯，這個「淮陰侯」只是一個名義上的侯，不享有侯爵的實質權力。除了咸陽外，包括封地淮陰在內，外地也是不被允許去的。說白了，他就是被劉邦軟禁的一個高級政治犯。

自從軟禁以來，韓信人生落差太大，心緒不佳，心結未能打開，對劉邦怨恨連連。況且，要與昔日的屬下曹參、灌嬰、靳歙、孔熙、陳賀等人同為列侯，同居廟堂，俯首為臣，感到渾身上下都不舒服。因此，他一般不參加朝廷的政治活動。其實，被貶後為減少劉邦的猜忌，有時是故意為之。

儘管如此，韓信依然被許許多多的人們崇拜、敬仰著。但他不因為落難，向現實低下自己高傲的頭顱，也不因為受到屈辱，去做一些低三下四的事。

有一次，韓信路過樊噲家門口，順便進去坐了坐。樊噲對韓信的到來深感榮幸，立即前來迎接。要知道，樊噲是劉邦親信大將，又是劉邦妻子呂后的妹夫，身分極為特殊。劉邦上次第一批分封時，樊噲因卓著的戰功，已被封為舞陽侯，級別上與韓信、蕭何、張良等人一樣，均為侯爵。

像其他大臣一樣，樊噲對韓信自稱臣下，誠惶誠恐地按過去禮節跪拜。韓信笑稱樊將軍不必拘於禮節，隨性隨性，我現在是淮陰侯，早已沒有王爵。樊噲仍磕頭，口稱在樊噲面前韓信永遠是大王！

樊噲，在人們心中是一個莽夫，其實並非如此。他有時莽撞，可是在很多關鍵時候的作為，往往不是常人所能做到的。

他曾作為韓信麾下的一員大將，在還定三秦的戰役中，韓信以其為先鋒，攻城掠地，受到韓信的嘉獎。他在認識了韓信的不世才華後，對韓信敬重有加，並在以後的戰爭中建立了一定友誼。但是，在偽遊雲夢澤時，執縛韓信的也是樊噲。在了解到事件真相後，他同情韓信的遭遇，反感劉邦的無情，卻也無能為力。現在，高規格接待，或許有他自己的想法。

敘談一番，臨別時再次跪拜。樊噲在功臣中位列第五，不管如何，如此態度足見韓信在劉邦集團中無人能及的崇高威望。

離開樊噲家門後，韓信卻大笑起來：「天下第一的韓信，竟與此等狗肉販子為伍，實在是可悲！」曾經權高位重、波瀾壯闊、叱吒風雲的韓信竟說出這樣孩子氣的話，人性的本真一覽無餘。

劉邦留下了韓信的性命，韓信卻沒有一點感激的意思。他看不透人性虛偽，也看不清現實殘酷，只要是家天下，殺害功臣是一個走不出的死結。

歷史上，春秋名將伍子胥被逼自刎身亡，秦國大將白起功勞太大，死而非其罪。宋太祖趙匡胤乾脆來了個杯酒釋兵權，一了百了。明朝皇帝朱元璋對任何人都不放心，先是殺了開國功臣胡惟庸，後來又殺了大將藍玉，有名的劉伯溫最後還是被猜忌軟禁病死。清朝就更多了，八旗中代善、阿敏、莽古爾泰、多爾袞等人，囚的囚，殺的殺。在帝王剪除功臣的情況下，什麼事都做得出來，能夠保住自身性命就算不錯了，否則怨氣太大，任性而為，能有什麼好下場？

夕陽落下，天際殘留著一抹血紅。

時隔不久，劉邦決定親自見一見韓信，看他願不願意隨自己去征討陳豨。這一天，劉邦置酒與韓信閒談。這是韓信貶為淮陰侯後，他們倆第一次面對面地交談。

談到心熱處，劉邦拉著韓信的手，頗為感慨地說：「久不與淮陰侯相

見，朕十分想念！」韓信也感嘆不已。

　　劉邦熱情的話語，使所陪大臣暗暗稱奇，皇上召見本身就是一件大事，這是他們始料不及的。

　　接著，劉邦與韓信閒聊起審定兵法的事。

　　審訂兵法，這是韓信貶為淮陰侯後，經蕭何提議，劉邦下詔讓韓信與張良進行的。在楚漢大戰期間，韓信創造那麼多經典戰例，前無古人，後無來者。而韓信落到進不得退不能的地步，閉門總結研究兵法，他倒也十分樂意。人生到後來不就是一個回憶！

　　關於審訂兵法一事，班固《漢書·高帝》有記載，自春秋用兵一百八十二家，韓信序次諸家為三十五家，又著錄三章，引兵法自證，純用權謀，機理玄深。所謂「序次」，就是編排目次的意思。這是我國歷史上第一次大規模地整理古代兵法，為軍事學術研究奠定了科學基礎。

　　班固《漢書·藝文志·兵書略》分兵書為兵權謀、兵形勢、兵陰陽、兵技巧等四類，以兵權謀為首，將韓信所著《三章兵法》，列入兵權謀十三家之一。十分可惜的是，它已湮滅在歷史的長河之中。

　　可以說，劉邦打了一輩子仗，深知軍事理論的重要，而韓信又是軍事天才，他總想在韓信那裡探知一些用兵的奧祕，用於以後戰爭。

　　時間一分一分過去了，劉邦欲要說明來意，想直接點韓信的將，但畢竟心中隔膜太深。於是他想試探一下，看看現在韓信到底是個什麼樣態度。

　　他先問了韓信對朝中將領的能力大小、本領高低和各自的優缺點，以利於對他人的識別和駕馭。韓信倒也沒有太多的在意。

　　劉邦話鋒一撥，笑容可掬地又問：「談到兵法，天下兵機淮陰侯最識，眾將之能淮陰侯也最清楚。反將陳豨才能如何？」

　　「陳豨久戰沙場，善於用兵，才高八斗。」

　　「以陳豨之能，可將多少兵馬？」

「二十萬。」

「依淮陰侯看，朕可將多少兵馬？」韓信一愣，聽出了劉邦的話外之音。

劉邦玩弄政治天下無人能及，帶兵打仗卻不敢恭維。人們記憶猶新，彭城一戰，致使劉邦的幾十萬大軍一夜之間灰飛煙滅。無奈之下，劉邦不管不顧，撒腿就跑，結果在圍追的過程中，項羽部將丁公手下留情，才讓劉邦從眼皮子底下脫身。滎陽保衛戰中，劉邦五戰三逃，差一點要了性命，最終，他利用紀信替身假投降才成功逃脫，溜之大吉。韓信笑了：「陛下，要臣講真話還是講假話？」

劉邦眨眨眼：「當然要講真話。」

「最多十萬！」

「十萬？還不及陳豨？」劉邦當然不認可韓信的說法，臉色頓時陡變。龜孫子不識好歹，原來在陰我罵我，望著韓信，他眼睛直勾勾一動不動，「與你比之如何？」

韓信面不改色，坦然作答：「臣之將兵，多多益善。」

「嘿！」劉邦冷笑一聲，帶著嘲笑的口吻，「你既多多益善，為何屢為朕所擒！」

韓信知劉邦惡其能，不知說什麼好，但也不想過於刺激劉邦：

「陛下不善統兵，卻善馭將。」他接著又補上一句，「陛下是天命神授，非人力所為！」

「嗯？」劉邦聽說天命神授，臉色才有好轉。但他知道，韓信是棗子吃了，核子仍留在心裡，被貶之事，仍不能釋懷，高傲、自負、狂妄和不滿情緒溢於言表。本來打算請他去進剿陳豨，既然如此，還提他幹什麼？

劉邦結束了談話，目視韓信漸漸遠去的背影，心裡久久不能平靜下來。

一隻狂妄的惡狗，竟敢和主人作對，真是豈有此理！難道離開了你韓信，大漢天下塌下來不成，這不僅僅是皇帝的權威問題，而是與諸侯勢力一場你死我活的政治鬥爭！可笑的是韓信，英雄才，市井志，當年身居強齊，威懾天下，足以與楚漢分庭抗禮，那時你不下手，如今還有什麼資格與朕擺臉。只是韓信權變太深，難以制服，今閒居獨處，一旦有變，他的威脅絲毫不亞於項羽，必須在征討陳豨之前，預先做好安排！

第五十五章　此生成敗一蕭何

漢高帝十一年（西元前一九六年）正月底，韓信站立在侯府院落中，望著飄落的片片雪花，心緒被觸動。

劉邦雖沒有絕情到底，非但沒有殺了他，還不失封侯之賞。其實，封侯是假，監禁是真，這讓自尊心很強的韓信一直難以接受。

想當年，如果自立天下，就不會有今日倡狂的劉邦，也就不會有如此窩囊的韓信。捫心自問，與劉邦相比自己到底差在哪裡？良知，非也。才能，非也。天時，非也。如人們所說，「劉邦出身雖差，但運氣好，毛病雖多，但改得快，水準雖差，但悟性高，能力雖弱，但膽子大。」而自己恰恰相反，心沒有劉邦那麼狠，膽子沒有劉邦那麼大，這大概是自己「隱忍」的性格和良心使然。

韓信家鄉流傳著「大禹治水擒拿水猿大聖」的上古神話故事，水猿大聖又叫無支祁。也就是明代淮安人吳承恩在《西遊記》中塑造的孫悟空的原型。

無支祁闊腦門，塌鼻子，火眼金睛，形狀像猿猴，常在淮水興風作浪。他的頭頸長達百尺，力氣超過九頭大象，一個跟頭能翻十萬八千里，嘴一張，吐得洪水淹沒大片村莊，淹沒無數百姓。於是禹請來天兵天將，用大鐵索鎖住了他的頸脖，把他壓在淮陰的龜山腳下。不過，有一說法，水怪後來掙脫大鐵索鎖逃脫了，是因為淮陰人韓信下魏之役的夏陽渡軍，破趙之役的背水一戰，濰水之役的結沙阻水，打的都是水仗，玩轉的都是河流水勢，每一場大戰下來，死傷不計其數，其慘狀目不忍睹，特別是淮北的垓下大戰，血氣喚醒了水怪，所以才有韓信倒楣的下場（這是後人想像中的事情）！

人不能在後悔中度過一生。韓信今年虛歲三十六，從二十三歲那年投

奔項梁，已整整過去十三年，但被關在鳥籠子裡卻有六年了。青壯能幾時，六六三十六，也是人生的一個限數，限數之年，要格外小心。

韓信不由想起了故鄉，淮陰城頭鼓角驚起的烏鵲，末口、泗口白鷗伴著船帆飛翔，淮水岸邊大片大片蘆花叢，淮陰市井低沉的歌聲，荒澤邊的漂母之墓——

其實，在軍事上，韓信無敵於天下，破秦、魏、代、趙、齊、楚，並一腳把項羽從神壇上踢了下來。在政治上，韓信完全不是劉邦的對手，被劉邦玩弄於股掌之間。而韓信的失敗，主要是因為政治原因，項羽也是栽在了政治上。韓信的政治能力甚至可以用弱智來形容，即使當年聽從武涉、蒯徹等的建議，也未必一定能玩得過劉邦。可以說，他就是一個軍事上的巨人，政治上的侏儒。

不過，就在韓信哀怨不止的時候，更大的災禍已經從天降臨。在平定陳豨的叛亂中，劉邦、呂后已不顧君臣大義，有意擴大事態，借機除掉一批異姓諸侯王，先後牽連到韓信、彭越、盧綰，逼反了英布。他們首要的目標，自然就是認為威脅最大的韓信。韓信功勞太大，名聲太響，又不拘小節，任性率真，可以說，韓信在世一天，劉邦、呂后就多一塊心病。

這一天，有人向韓信報告，今日城樓上高懸著一顆血肉模糊的首級，下方還張貼著告示，說陳豨叛軍已被打敗，陳豨被殺，這首級就是陳豨的頭顱。城門口人山人海，人們擠在告示前，談論著陳豨叛亂的情況。

哦？突然紛傳陳豨戰敗，這讓韓信感到十分意外。

陳豨多謀善斷，劉邦平叛才四個月時間，怎會敗得這樣迅速？他又想到陳豨來長安時，曾拜別過自己，為眾人所知，這會不會對自己有什麼牽連和影響？

這時，一家丁來報，相國蕭何駕到。

「噢？」韓信心想，蕭何已有好些日子沒有來過，此時來想必有要

事,「有請蕭相國!」

韓信對蕭何是深知、深信。多少年以來,他感激蕭何,崇敬蕭何,平心而論,不懷疑他的為人。但作為皇上的紅人,蕭何有些問題、有些事情,韓信難於啟齒,心裡隱隱作痛,雲夢澤事件,他不會一點不知,事發至今卻未見他的身影。

蕭何是自己的引路人,相馬的伯樂,如同再生父母。不是蕭何再三舉薦,自己很可能仍在淮濱釣魚,其言「至如韓信,國士無雙」、「欲爭天下必用韓信」猶在耳旁。可以說沒有蕭何,就沒有韓信建立的功業。而如今,蕭何對韓信老於世故,不聞不問,一語不發,更沒有伸出援手,變得讓人越來越看不透了。或許在他看來,雲夢澤事件沒有牽連到他的頭上已是萬幸,如若出面替韓信講話,恐怕會引火燒身。而過去的所謂情意,還不是為了劉邦軍事集團的政治利益?如果是這樣,他還是那個恩重如山,敢於直言的蕭何?

這時,蕭何已走進了院子,二人相見。

蕭何悅色地對韓信說:「告訴淮陰侯一個喜訊,皇上御駕親征,平定了叛亂,陳豨反賊之頭,已被傳入京城,懸掛在城門樓上。皇后請大臣們入宮慶賀,我是特意來接你同往的。」

韓信狐疑,蕭何親自登門相邀,難道有什麼特定的含義?當然,皇帝打敗了叛臣,列侯也是應該去祝賀的。他謹慎地說:「臣一直有病未能入朝,這已是多年之事。今日慶宴,臣突然前往,恐眾臣恥笑貪杯。況且,此次平定代地之亂,臣沒出微薄之力,無意入宮湊上一份熱鬧,這還望相國理解。」

蕭何道:「淮陰侯身體不好,此事在我疏忽,沒有及時向監國太子和皇后奏明。若能支撐,我看還是去一去的好。在這歡欣鼓舞,舉國同慶的日子裡,顯得君臣同心一致,免除宮裡多疑,這有何不可?」韓信沉吟一

下。儘管呂后包藏禍心，但蕭何還能與他們同流合汙？韓信多日足不出戶，隔絕與外界往來，蕭何來請，若不從命，就顯得有失交情。於是，他和蕭何坐上車馬，向長樂宮駛去。他哪裡知道，此次去宮中竟成了他人生中的最後絕唱。

長樂宮位於長安城東南隅，高踞山地，瞰臨全城，是一個巨大的建築組群，周圍十里，面積占長安城四分之一。

它是漢高帝五年天下統一後，劉邦採納蕭何「天子以四海為家，非壯麗無以成重威」的建議，在原秦興樂宮基礎上改建，前後用了兩年多時間，至漢高帝七年建成。

前殿矗立於高臺之上，是皇帝視朝和舉行朝廷大典的地方。前殿前有端門，後有內謁者署門，東建宣德殿、玉堂殿，西築清涼殿、廣明殿，中部以麒麟殿和三重簷的麒麟閣為主，其東有承明殿、金華殿，西北有滄池，池中有漸臺。圍繞著前殿一座座宮殿、臺榭、樓閣、堂觀與山林園囿，巧妙配合，構成一幅壯美的圖畫。

在長樂宮西北，還利用前朝的一座殿址修築了太子宮，又稱作北宮。這裡建築不多，但院落不少。還有一座小山，可瞻顧全城。王侯宅邸、勛臣公館、市井民居、商店列肆等紛然雜陳，直達渭水之濱。著名的長樂宮鐘室也設在這一帶。

當蕭何、韓信來到長樂宮前殿端門前，站在門前的令丞便來招呼，請蕭何、韓信到太子殿去。

他們又三拐兩繞向西北駛去。沒一刻，卻到了長樂宮鐘室前，韓信驚問：「相國，不是到太子殿去的嗎？怎麼來到內宮鐘室？」

內宮鐘室，就是內宮放置編鐘的地方。蕭何支支吾吾地說：「哎呀！老夫一時糊塗，不意走岔了道。你先等一下，我去問一問路。」

他下了車，一閃不見了人影。

這時，鐘室巨大銅鐘發出了沉沉的鳴叫，撕心裂肺，隨之，回聲蕩人五臟六腑。韓信不知是計，正在悵望之際，鐘室內衝出數十名武士，一擁而上，不容分說將他五花大綁起來。

他明白了，自己上當受騙，蕭何是故意將他引入魔窟，連連頓足。唉！人生就是一個選擇，成敗天定。救韓信的是漂母，舉薦韓信的是蕭何，追殺韓信的是呂雉，而如今，蕭何卻成了呂雉的幫兇！太可怕了，怎麼連最為敬重的蕭何也給自己設下圈套。

第五十六章　韓侯後裔傳說廣

蕭何尚黃老，推崇無為，在劉邦集團中是一個「好好先生」，有人形象地稱他為老奴，唯劉邦、呂雉馬首是瞻。

他將韓信送入長樂宮回到家中後，神思恍惚。

韓信最初由自己一手舉薦，如今，又要栽在自己手中，難道我蕭何翻手雲，覆手雨，韓信的生死權在我蕭何嗎？天下人得知真情後定會問，蕭何到底是個什麼樣的人？

其實，蕭何也有難言之處。儘管自己忠心耿耿，而君臣之間的猜疑，還是不可避免。劉邦對握有重兵的一方異姓王，必欲剷除而後快，而對於位高權重的內臣也一樣。自己雖功封第一，可是他並不放心，有時君權與相權的矛盾還很尖銳。若不是自己謹慎而又巧妙地左躲右閃，說不定這顆頭顱早不在自己的脖上了。

那一年，楚漢在滎陽、成皋間激戰，漢王劉邦卻不斷從前線派使者來慰問自己，是鮑生看出奧妙，提醒說漢王不放心呀！為消除懷疑，自己把子侄兄弟中凡能上戰場的，都送到了軍中去，這才消除了漢王疑慮。

前不久，劉邦在征戰陳豨時，還派了一個都尉及五百士卒，來充當我的衛隊，這並非寵幸，明眼人一看就知道，這分明是怕淮陰侯在內謀反，劉邦也開始疑心我蕭何了。

劉邦對張良也是如此。張良退隱有他性格的原因，但他在韓信的問題上，從頭到尾一言不發，劉邦對張良與韓信的關係，始終十分不安。張良還暗中支持立劉盈為太子，明顯有「太子黨」的嫌疑。所以，張良退隱也是萬不得已的選擇。

蕭何獨自一人關在房中，坐臥不安，昨天呂后召見的情景又出現在眼前。

呂后就板著面孔說：「蕭相國，淮陰侯趁皇上出征之際，與陳豨內外勾結，有密謀造反之嫌，這可怎麼辦？」

「該不會吧？」蕭何非常吃驚，這可能是呂后存心設謀的一個藉口？

「怎麼不會！」呂后滿臉殺氣。

呂后雖是女流之輩，在歷史畫卷中，她以巾幗不讓鬚眉之勢左右著漢朝的歷史。她懂政治，頭腦會轉彎，也更了解劉邦的心思，而除掉韓信及諸侯王，正是劉邦想下手卻不想留下罵名的頭痛之事，那好，她來幫他承擔這個責任。因為，在那個年代，呂后既不擅長戰爭，也沒有統馭諸將的經歷，唯一控制權力的機會，就是以殺立威，透過誅殺異己，為不久的將來兒子和自己親政打下基礎。

蕭何委婉地勸道：「皇后陛下，韓信已是籠中之鳥，甕中之鱉，難道還怕他造反不成？他是一位特殊功臣，蕭何恐處置不當，會遭到天下非議。」

沒想到，呂后勃然大怒：「相國不與朝廷分憂，倒與反臣開脫，當初相國力保韓信，可是為了今日韓信反漢？」

蕭何心裡暗自叫苦，韓信雖有一定過錯，但過不致死。主要原因不在韓信，而在於劉邦疑心太大，韓信在世一天，就多一塊心病，時時感到潛在的威脅。

現在蕭何冷靜一想，舉報人欒說狀詞真假難辨，自己就這樣將韓信誆入長樂宮鐘室交予呂后，無疑親手殺害了韓信。痛哉！痛哉！有傳說，正在想著昨天的那事，戲劇性的一幕發生了。這時屋內突然躍出一個蒙面人，手持長劍直奔過來，他是為了救韓信三歲孤子的：「蕭相國！我是淮陰侯門客，你助紂為逆，誘捕我家侯爺，捕殺侯爺族人，我要殺了你！」

蕭何驚悸之餘，強自鎮定：「這事與我並無多大關係，且等皇上歸來之時，淮陰侯定當獲釋，你若有激烈舉動，於淮陰侯有害無益。」門客冷

笑一聲道：「說得好聽，可是我不會上你的當。當年你推舉韓信為大將，今日又誘他入宮，送入虎口，還派人包圍了侯爺住宅，斬草除根，連其三歲孤子也不放過……」

「天啊！捕殺淮陰侯孤子之事，我確實不知。」蕭何搖著頭，痛苦地說，「韓信成敗在蕭何，不成了賣友求榮的活告示？我不做辯白，但求你快點下手，乾淨利索地殺了我，我也許比活著更好受些。我不恨誰，你下手吧。」說著，他雙目緊閉，把頸脖子伸了過來。

見狀，門客垂下了劍把。他想：誘殺韓信並不一定就是蕭何的主意，也許蕭何還沒有壞到這個地步。退一步講，就是蕭何不引韓信入宮，今日之事也是免不了的，現在救韓信孤子要緊！

他來不及考慮許多，雙腿朝蕭何跪下：「相國！我知道您有恩於我家侯爺，他在九泉之下，當會感謝你。現在韓侯三歲幼子，我已趁混亂抱了出來，但城周四門已封閉，城內搜查得很緊，只有你才能救他出去！」

蕭何又是一驚，原來不是要殺我，而是為韓信孤子來求助的。他朝這位門客瞧了瞧，看到門客不安的神態，彷彿看到了韓信被殺戮的淒慘之狀，但最使他心弦顫動，激他遠念的是這門客最後那一句話。君子有遠見，志士有苦心。他想起古老的趙氏孤兒的典故，想起了程嬰和公孫杵臼的爭執，死難易呢，還是撫孤易！他後悔自己推崇的人不能保護，還要委屈於呂后的意志，簡直是連狗都不如！而韓信有遠見，得人心，在如此處境下，能有撫孤的程嬰。

想到此，蕭何橫下了心，就是拚了這條老命，也該保全韓信這條根，以挽回被狗吞噬的良心！他從腰間解下「腰牌」，遞了過去：「把它拿去吧。在明晨開城門之際，我派人護送你出去。」

門客十分感動：「九泉之下，我們替韓侯爺拜謝相國搭救孤子之恩！」他接過「腰牌」，連叩三個頭後起來轉身就走。

蕭何突然想起什麼，連忙喊道：「等一等，孩子呢？」

門客轉過身，停住了腳，解下背上的紅布兜兜，露出了紅紅的小臉，韓信幼子在安然熟睡呢！蕭何細緻看了看小孩，淚水溢出了眼眶：「帶著孩子出城後怎麼辦？如今是漢家一統天下，這裡是待不下去了。」

蕭何走到窗臺前提筆疾書，寫好後將書信交及閒客：「南越遠在西南荒遠，南越王趙佗素來與我交情不錯。我看，為了保險起見，你們帶著孩子去投奔趙佗去吧。」

趙佗原為秦朝一都尉，秦始皇滅楚統一中國後，便徵發五十萬將士南下開闢疆土。當時，任囂與趙佗分別擔任秦軍統帥和副統帥，率大軍逾五嶺攻百越，秦二世繼位後，任囂病逝，已任龍川令的趙佗接任南海尉。此時秦末農民起義如火如荼，趙佗即令橫浦、陽山、湟溪三關，絕道自守。並殺了秦朝長吏，以自身的親信代理郡縣守令。其疆域東至汀江以南與閩越相接；北以五嶺山脈與長沙王吳臣相連；西至廣西環江、百色一帶，與句町國、夜郎國為界；南達大齡，與馬來人原始部落相鄰，奠定了漢代中國南疆規模。

韓信的門客帶著蕭何的書信，翻山越嶺，長途跋涉，一年以後，終於把韓信孤子平安地送到南粵。

趙佗接信後，優撫善待韓信孤子，還將他封在海邊一帶，讓其安居樂業，娶土著生兒育女，成為當地豪門大族，並按趙佗的要求，韓信子又將自己家族一部分改姓韋姓，用韓之半。另一些則姓何。後來中國統一，天下太平，一位韋氏官人，對自己是韓信之子也就不再避諱了，並且親口將自己的出身經歷告訴了別人。還將趙佗賜姓的詔書，及蕭何書信銘刻在銅鼎上以做紀念。

這一件事，被記載在明朝天啟年《淮安府志》（卷十九）、《樵書》、《靈渠引來百家姓》、《淮陰志征訪稿》和《鳳山縣誌》、《東蘭縣土司族

譜》上。一九一五年商務印書館出版的《辭源》，也記有「蕭何匿韓信子於南粵，取韓之半，改為姓韋」的詞條。廣西關於韓姓改韋姓，其遠祖是漢初韓信的說法流傳更廣。《南寧晚報》一九九六年十一月二十五日刊登單稚琛〈韋姓的來歷〉的文章，《廣西日報》也有類似文章。

上面的故事，應該不會是真實的史實，有沒有後人也不是關心的重點，千百年來，善良的人們只是同情韓信的一種美好心願罷了。

第五十七章　韓信之死誰買單

傳說歸傳說，歷史歸歷史，兩者不能混淆。

謀殺韓信的計畫，是由蕭何提出來的（《史記・蕭相國世家》：「淮陰侯謀反關中，呂后用蕭何計，誅淮陰侯。」）韓信會想到劉邦，也會想到呂雉，但他絕對不會想到蕭何會對自己下狠手。

蕭何留給後人的印象是忠厚長者。不過，這是他給自己塗抹了保護色，他與劉邦一樣都是變色龍。

相信讀者都對「蕭何月下追韓信」的故事記憶猶新，韓信之所以能被劉邦重用，完全是蕭何的功勞。現在韓信已經沒有利用價值，作為漢王朝殺戮的主要對象，不是光環，而是避之不及的禍害，他只能設計除掉韓信，以求自保。

蕭何出的主意是，將韓信與遠在代地陳豨叛亂牽連在一起，讓韓信有口莫辯，並由自己出面，將韓信從侯府騙進宮來參加慶宴，到時可以一舉輕鬆拿下。自然由恩人蕭何出手，殺掉韓信的社會輿論也會大不一樣。

鐘室內，紅巾鋪地，黑幕蒙壁。

就在韓信驚悸之餘，呂后、蕭何出現了。

呂后給出了兩項罪名：一是和叛臣陳豨勾結，欲乘皇帝陛下親征，與陳豨內應外合來對付朝廷；二是欒說已供出韓信和陳豨來往的事情。

具體情節是：

陳豨在出任代相臨行前，曾串門與淮陰侯告別。淮陰侯退去左右侍從，拉著陳豨的手走到院庭中，對天長嘆，然後問陳豨：「我可以和你談幾句心理話嗎？」陳豨說：「請儘管吩咐。」淮陰侯說：「你將要去的地方乃是天下精兵彙集之處，你本人又是皇上的親信，如果有人第一次告你謀反，皇上不會相信，第二次有人告你謀反，皇上就會產生懷疑，第三次有

人告你謀反，皇上則必然大怒，領兵親征。到那時，我可在京城起兵，給你做內應！」

受了淮陰侯提拔多年，陳豨一直深深佩服淮陰侯的才華，對淮陰侯唯命是從。鉅鹿之行陳豨更是躊躇滿志，就想將淮陰侯的計畫付諸實施。而淮陰侯為皇上打下了天下，如今貶為淮陰侯，滿肚怨氣，於是他與自己家臣密謀，準備在某日夜裡突然行動，假傳聖旨，釋放京城裡的囚犯和奴隸，去襲擊皇后和太子，奪取長安。如今一切已布置妥當，只等陳豨回音。

韓信憤怒了，欒說完全是在栽贓陷害。

欒說，原是韓信準備處死的一個門客罪徒的弟弟。門客的弟弟對韓信懷恨在心，他的供述，是公報私仇，不足為憑。或者說，僅憑欒說的一人一面之詞，就能確定一個開國功臣謀反了？想當年，韓信在垓下手握雄兵數十萬，沒有謀反，今閒居長安，既無兵柄，又無武裝，卻要謀起反來？更何況，上月初劉邦已攻下代地東垣，陳豨叛軍已經瓦解，韓信在京城又如何接應兵敗的陳豨，這是不是在開一個天大的玩笑？

韓信終於明白了，凡是功高猛將，不管反也好，不反也好，到頭來總要找出理由將你殺掉。他們的手段就是使用 —— 限制 —— 誅殺，戰爭中用其所長，為他們效力，隨著戰爭的結束，逐漸限制，一旦奪取了政權，難免於一死。「九死不問天下鼎，一生還負鐘室前！」在這一刻，他喊出了一句深藏在心底的話：「早知如此，悔不聽蒯徹之言，鼎足而三奪天下，以致今日落入呂雉和蕭何設下的圈套，看來這是天意啊！」

到了第二年叛亂平息後，陳豨部下投降，一切真相大白，沒有一人招認同韓信有任何預謀和連繫。讓人高度懷疑的卻是這個「舉報」人欒說，早在一個月前已被封為慎陽侯，是不是因為舉報有功，呂后已事先允諾，再由劉邦回來加以確認？當然，這並不為外人所知。

現在，呂后將韓信押進長樂宮鐘室，目的是要拿到韓信「謀反」的口供，這將關係到劉邦、呂雉及漢王朝的政治聲譽和威望，以及後代的評說。

沒有想到，韓信拒絕一切可能的「合作」。長樂宮懸鐘之室，怎麼是審問大臣的地方？呂后和蕭何這樣做，實際上無異於私設公堂，無異於暗殺，若有謀反確鑿證據，為什麼不把韓信送交廷尉公審，以昭示韓信之罪！

韓信的態度，也在預料之中，呂后仍惱怒地宣布，韓信謀反罪名成立，夷滅三族（即父族、母族和妻族），並立即斬韓信於鐘室！一代將星，大漢開國元勳，不到三十六歲，就這樣以祕密的方式被處決了。殺掉韓信後，呂后令劊子手割下韓信的頭顱，用木匣子盛好，著審食其寫好申奏之表，連夜齎表趕往山西戰場，馳報劉邦。當劉邦見到首級後，卻也「亦喜且憐之」。

呂后用如此招式，果斷地除了韓信，一塊千斤重石從心頭悠然落地，從此，再沒有任何人可以對大漢江山構成威脅了。而韓信盡忠臣服，屢建奇功，雖古之名將，未能與其並論。從築壇拜將以來，不足五年間，他卻創造了無數以少勝多、以弱勝強的奇蹟，並長期在無後方的環境中，孤軍奮戰。破魏、下代、擊趙、脅燕、平齊，從西向東完成了對楚軍戰略包圍。然後，他又親率所部，南下攻取楚都彭城，進而揮師西進，與英布、彭越等人會師聚殲項羽於垓下。在最後一役中，韓信指揮聯軍，以直轄軍隊擔當攻堅主力，對最終打敗項羽，發揮了決定性的作用。只是韓信不學謙恭，不肯低下那顆高傲的頭顱，呂后既已殺之，甚為惋惜。

劉邦一臉凝重，內疚不已，不覺眼圈紅了。但他沒有責備呂后，率軍回到長安後只是問，韓信臨死時有沒有遺言留下？呂后告訴劉邦，蒯徹曾教他謀反，如今真是後悔！

劉邦早就聽說過蒯徹這個人，他是齊國的一個能言善辯之士。劉邦下令將蒯徹捕捉來，一定要烹了這個狂徒！事已至此，蒯徹被捉後只得如實回答：「秦失其鹿，天下共逐之，有本事、跑得快的人先得到。盜蹠的狗衝著堯帝吼叫，不是說堯帝不仁，是因堯帝不是狗的主人。當時，臣唯知韓信，不知陛下。況且，天下披堅執銳想做皇帝的人多得很，只是力所不能，陛下難道能將他們全烹了嗎？」

劉邦聽了這番話，覺得有一些道理。韓信已死，蒯徹不過是出謀劃策的一介辯士，殺了他沒有意義，只會給自己留下罵名。這樣，劉邦就把他釋放了。

韓信之死，讓人唏噓不已，又疑慮重重。那麼誰該對此負責？是呂后所為，還是劉邦授意？「生死一知己（蕭何），存亡兩婦人（漂母、呂雉）。」拘泥於史書一些說法，後世不少人認為，呂雉是下令殺掉韓信的罪魁禍首。其實不然，呂雉果斷下手，只不過執行劉邦的旨意，沒有劉邦的旨意在前，縱有天大的膽子，她也不敢輕易出手斬殺開國功臣。就是呂后現在不殺，劉邦遲早也會下此毒手的。

韓信被殺，震動了天下諸侯，給漢初政局造成了嚴重影響，以致漢初軍事中樞幾近無人。導致了一個直接惡果，一旦面對叛亂或外敵入侵，劉邦內外交困，只能自己東征西討，疲於奔命。

漢高帝十二年（西元前一九五年），劉邦親率大軍征討九江王英布負箭傷，途中返回了闊別多年的故鄉沛縣。召集父老子弟，並召來一百二十名沛中少年唱歌。他大宴家鄉父老，恣意歡樂，酒酣人醉，擊築高唱：「大風起兮雲飛揚，威加海內兮歸故鄉，安得猛士兮守四方！」乃起舞。他對自己的傷勢與病情已有相當的認識，仍然念念不忘皇權鞏固和社會的安定。當再一次唱到「安得猛士兮守四方」的時候，他眼前似乎看到了韓信身影，不禁悲從中來，淚流滿面。

環顧海內，內憂外患，韓信安在？有誰再像韓信那樣，盡忠臣服，攻必克，戰必取，為劉氏江山撐起一片天空？其實，〈大風歌〉的浩嘆，只不過是劉邦殺害功臣的一塊遮羞布而已。

　　就在這一年四月甲辰，六十二歲的劉邦崩逝於長樂宮，十六歲的太子劉盈立為惠帝，其母呂后臨朝稱制。

漢韓侯祠
始建年代不詳，明代重修。大殿神臺供奉一尊韓信塑像，兩旁掛有楹聯：
「生死一知己，存亡兩婦人。」，「奠數千里長淮，神留桑梓；開四百年帝業，功冠蕭曹。」
內牆嵌有明、清名人題詞石刻。院內有照壁、今人勒石及迴廊式格局。

第五十八章　蒼黃鐘室嘆良弓

> 將略兵機命世雄，蒼黃鐘室嘆良弓。遂令後世登壇者，每一尋思怕立功。
>
> ——〔唐〕劉禹錫〈淮陰侯廟〉

這是一個人們沒有想到的韓信人生結局。

《史記》記載，韓信謀反言之鑿鑿，確有其事。班固的《漢書》亦認為韓信罪有應得。那麼，韓信到底謀反了沒有？

當讀完〈淮陰侯列傳〉後，種種質疑便會湧現在眼前。然而，最初為韓信鳴冤洗雪的，就是著名史學家司馬遷。

要知道，為本朝開國皇帝欽定的謀反罪臣寫一篇傳記，需要多麼大的膽識和勇氣。司馬遷在〈淮陰侯列傳〉前半部分，主要寫韓信「戰必克，攻必取」的英雄事蹟，讀後使人傾倒。後半部分，則主要寫韓信被陷謀反的冤屈，讀後令人心碎。雖不能公然推翻欽定大案，卻以「曲筆」為韓信辨巫。

先看看漢高帝六年韓信「謀反」一事。

韓信被改封楚王後，楚將鍾離昧前去投奔。劉邦用陳平計，以「偽遊雲夢」的陰謀，來騙韓信到陳地會集。鍾離昧看破了陳平的計謀，告誡韓信，漢帝所以不敢攻打楚國，是因為我在你這裡，你若送我去討好他，我今天死，你明天也會滅亡。韓信不聽，仍面見劉邦。而劉邦抓捕韓信的唯一根據是「人有上書告楚王反」，這個可靠性實在令人懷疑。

當時「兵不如楚，將不及韓信」。如果韓信真想謀反，何不將計就計，趁劉邦來到陳地舉兵發難？但韓信沒有這樣做，他逼迫收留下來的鍾離昧自殺，帶著鍾離昧的首級，「郊迎」劉邦，以示忠於朝廷，這哪裡能看出有謀反跡象？

當韓信拜謁時，即被劉邦侍衛綁架。他感嘆道：「果若人言：『狡兔死，走狗烹；禽鳥盡，良弓藏；敵國破，謀臣亡。』」早在平定齊國時，武涉、蒯徹等人就對韓信說過這樣的話，敲響了警鐘，韓信當時尚不理解，未能接受，直到這時，韓信方才明白在這個家天下時代頗帶規律性的道理。這說明韓信並沒有謀反之心。

再說看看漢高帝十一年韓信勾結陳豨「謀反」問題。

《史記》記載的謀反材料，同樣漏洞百出，無法自圓其說。

疑問之一，韓信被誅殺的起因，始於門客弟弟的告發。這位門客得罪了韓信，韓信將他囚禁起來並準備處死，門客的弟弟對韓信懷恨在心，便悄悄地上報呂后說，韓信「詐詔赦諸官徒奴，欲發以襲呂后、太子」，試圖與叛將陳豨裡應外合，準備密謀叛亂。

試想，如果韓信真想謀反，按照韓信的精明，辦事怎會不小心謹慎？此事絕不可能會讓門客的弟弟知道。再說，對韓信這樣一個大漢王侯，呂后也絕不會輕信一面之詞，而不加考證地就置韓信於死地，因為，這裡還有一個「挾怨誣告」的嫌疑。如果呂后掌握了韓信謀反的真憑實據，未加審訊，立斬韓信於長樂宮鐘室，能夠解釋這樣做的理由，只能說明劉邦和呂后早欲除之而後快。門客弟弟的告發，僅是一個不成理由的理由，呂后抓住一次機會。

其實，在此前後，呂雉已經開始恣意妄殺。七個異姓王中，被殺、被逼造反的有六個，最後僅留下一個勢力最小、不起眼的長沙王吳芮。

疑問之二，韓信謀反，為何不選擇更為強大的合作對象？韓信手無兵權，就必須選擇實力強大的合作者，如淮南王英布、梁王彭越等人，他們都是雄踞一方的諸侯王。可是韓信最終卻選擇了實力平平的陳豨。

陳豨是劉邦的寵臣，當時韓信失寵於劉邦，怎麼可能會口無遮攔地對陳豨說出自己的想法？陳豨封陽夏侯，為鉅鹿郡守、趙相國，監趙、代邊

兵，爵位上與韓信相當，實際權力比韓信更高，卻怎麼會隨便聽從韓信的一句話而謀反？事實上，陳豨後來的反漢，是因為有人密報陳豨貪贓枉法，劉邦派人對陳豨進行核查，陳豨害怕，才暗中與投降了匈奴的韓王信及其部將王黃、丘曼臣連繫。不久劉邦父親去世，他又裝病不去弔喪，從而得罪了劉邦。陳豨的反漢，從某種原因上分析，也是迫於當時的形勢，但不可能和韓信牽扯在一起。

況且，劉邦平定陳豨是在漢高祖十一年十月，十二月攻下東垣，而韓信被誅卻是在第二年春正月。陳豨已經兵敗瓦解，韓信又怎能與他搞合作？

疑問之三，司馬遷在〈淮陰侯列傳〉之後，還附上了自己的論斷。肯定了韓信開國之功，於漢家勳可比周朝的「周（公）、召（公）、太公之徒」，並感嘆道：「天下已集，乃謀畔逆，夷滅宗族，不亦宜乎！」卻讓我們從中看出，韓信手握重兵、舉足輕重之時，該反不反，現在手無一兵一卒，不該反時，卻要謀反。這樣謀反的成功率幾乎為零，以韓信智商，會做這樣的傻事嗎？

韓信臨刑前說：「吾悔不用蒯徹之計，乃為兒女子所詐，豈非天哉！」大禍臨頭之際，韓信才後悔未用蒯徹反漢之計，這足以說明，韓信終其一生，始終沒有謀反之念。連劉邦平叛歸來，「見信死，亦喜且憐之」。這是為何？所喜者，韓信已被除掉，所憐者，功臣無辜遭誅。從這種心情可以看出，劉邦本人也不相信韓信真會謀反。在〈韓王信盧綰列傳〉中，司馬遷還透過燕王盧綰之口喊出：「往年春，族淮陰侯皆呂后之謀！」似一語道破天機。

從整個事件過程來看，應該說，戮殺韓信是一場經過精心策劃的重大陰謀。呂后小心謹慎地設下一個局，先是收買韓信門客之弟誣告韓信，再利用蕭何來誘騙韓信入宮。接著，羅列罪名，編造材料，將其記入官方檔案，使「韓信謀反」變成鐵案，讓其永世不得翻身。

　　由於分析史料角度的不同，千百年來，相信韓信謀反的人不少，但受司馬遷的影響，同情韓信，撻伐劉邦者更多。

　　宋代政治家、史學家司馬光也以他犀利的筆鋒直刺劉邦：「漢之所以得天下者，大抵皆信之功也。觀其距蒯徹之說，迎高祖於陳，豈有反心哉！……高祖用詐謀禽信於陳，言負則有之。」（《資治通鑑》）

　　北宋名將韓琦路過井陘淮陰侯廟時，目睹荒祠殘垣，遙想韓信的忠勇英姿及其被害的情景，義憤填膺，作〈淮陰侯祠〉詩以鳴不平：

　　「破趙降燕漢業成，兔亡良犬日圖烹。家僮上變安知實，史筆加誣貴有名。功蓋一時誠不滅，恨埋千古欲誰明？荒祠尚枕陘間道，澗水空傳哽咽聲。」

　　明代茅坤也曾明確指出：韓與陳「謀反」、「此情似誣」（《史記評林》）。歸有光說韓信「謀反」的材料「此必呂后與相國文致之者」（《史記評林》）。

　　清人劉何對劉邦、呂后誣害韓信惡行的批判，更是一針見血，他說：「信以佐命元勳，而死疑獄。高帝高后信寡恩矣。」（劉寶楠輯《清芬集》，劉何《書淮陰侯傳後》）他在《喻世明言》和《三國志評話》中，還巧妙應用因果報應，曲折地反映了人們的願望：曹操為韓信轉世，劉備為彭越轉世，孫權為英布轉世，三人瓜分天下；漢獻帝為劉邦轉世，亦讓其死於曹操之手。

　　天理昭彰，道義永存。應該說韓信的悲劇，是由劉邦、呂后及蕭何一手造成的。他的謀反，不論是出自有意羅織和誣陷，還是被逼無奈死中求生存，其實質都是由於劉邦、呂雉的嫉賢妒能，殘殺功臣。它揭示了古代君主專制制度下，君臣關係中最黑暗、最冷酷的一面。

　　韓信之死，標誌著一個英雄時代的結束，留下的只是人們的深思和嘆息。

主要參考文獻

[1] 司馬遷：《史記》。

[2] 班固：《漢書》。

[3] 司馬光：《資治通鑑》。

[4] 孫武：《孫子兵法》。

[5] 酈道元：《水經注》。

[6] 《淮安府志》。

[7] 《山陽縣誌》。

[8] 《清河縣誌》。

[9] 王鳴盛：《十七史商榷》。

[10] 傅平安：《韓信》（《中國古代軍事家評說》）。

[11] 霍印章：《韓信》。

[12] 孫家洲：《韓信評傳》。

[13] 陳國柱：《西楚霸王》。

[14] 陳文德：《劉邦大傳》。

[15] 李開元：《楚亡：從項羽到韓信》。

[16] 楊燕起等：《歷代名家評史記》。

[17] 徐業龍編著《韓信百謎》。

附錄一　韓信生平及大事年記

■ **約秦始皇十七年（約西元前二三○年），一歲**

韓信出生於楚地淮陰（今江蘇淮安）。

■ **秦始皇二十三年（西元前二二四年），七歲**

秦將王翦攻取楚都壽春，俘楚王負芻。

■ **秦始皇二十六年（西元前二二一年），十歲**

秦滅六國，統一天下，秦王嬴政稱始皇帝。

■ **秦始皇三十二年（西元前二一五年），十六歲**

韓母死，葬八里莊行營高敞地。

■ **秦始皇三十五年（西元前二一二年），十九歲**

營建阿房宮和驪山陵。坑殺讀書人。

■ **秦始皇三十七年（西元前二一○年），二十一歲**

秦始皇崩逝於沙丘。

■ **秦二世元年（西元前二○九年），二十二歲**

胡亥即位為二世皇帝。

七月，陳勝、吳廣於大澤鄉起兵抗秦，各地回應。

九月，趙、燕、齊、魏各自立王。項梁、項羽起兵於會稽。劉邦起兵於沛。秦將章邯率兵圍剿起義軍。

■ 秦二世二年（西元前二○八年），二十三歲

十二月，章邯擊敗陳勝。陳勝被叛徒莊賈殺害。二月，項梁、項羽率八千子弟兵渡江。

三月，項梁渡淮。韓信參加項梁義軍。

六月，項梁在盱眙擁立楚懷王孫熊心為王。八月，項梁大破章邯於東阿。

九月，章邯大破楚軍於定陶，項梁戰死。韓信轉屬項羽。

後九月，章邯圍趙，諸侯救趙。懷王拜宋義為上將軍，項羽為次將，范增為末將。

■ 秦二世三年（西元前二○七年），二十四歲

十一月，項羽撲殺宋義，自立為上將軍。

十二月，韓信為郎中，從項羽大破秦軍於鉅鹿。諸侯將皆屬項羽。

六月，劉邦下南陽。七月，章邯投降項羽。

八月，劉邦入武關。趙高殺秦二世。九月，子嬰立為秦王，殺趙高。

■ 漢高帝元年（西元前二○六年），二十五歲

十月，劉邦進軍灞上，子嬰降，秦亡。

十一月，項羽坑殺秦降卒二十萬於新安。沛公出令三章，使人與秦吏行縣鄉邑，告諭之，秦民大悅。項羽使英布等攻破函谷關。

十二月，項羽、劉邦會於鴻門宴上。項羽殺子嬰，屠咸陽，燒秦宮，掘始皇塚，收財寶，婦女東還。

正月，項羽徙義帝於長沙郴縣。

二月，項羽大封十八路諸侯，自立西楚霸王。封王梁楚九郡，都彭城。封劉邦為漢王，都南鄭。三分關中，立三秦降將為王。

四月，諸侯罷兵戲下，各自就國。劉邦燒絕棧道，示意項羽無東歸之意。韓信棄楚歸漢，任連敖。

五月，韓信約於此時升為治粟都尉。田榮反於齊地。

六月，韓信未得重用，棄漢出走，被蕭何追回。田榮自立為齊王。陳餘與張耳開戰。

七月，經蕭何力薦，韓信被劉邦拜為大將。韓信獻爭權天下之策。彭越擊楚，反於梁地。

八月，劉邦用韓信之計，派諸將多路進擊隴西，韓信親率主力，出奇不意從故道襲雍王章邯，還定三秦。

■ 漢高帝二年（西元前二〇五年），二十六歲

十月，項羽遣英布等擊殺義帝。

正月，項羽擊齊，田榮敗走被殺，田橫起而叛之。三月，劉邦東至洛陽，為義帝發喪。

四月，劉邦率五十六萬大軍進占彭城，項羽率三萬精兵反擊，大破漢軍。

五月，劉邦退守滎陽。韓信由關中馳至，連破楚軍於京、索之間。楚漢於滎陽相持。

六月，漢軍引水灌廢丘，章邯兵敗自殺。

八月，劉邦拜韓信為左丞相，令其率兵一部擊魏。九月，韓信俘魏王豹，盡定魏地。

後九月，韓信進兵擊代，破代軍於鄔縣，擒夏說於閼與。

■ 漢高帝三年（西元前二〇四年），二十七歲

十月，韓信兵出井陘口，背水布陣，大破趙軍，斬陳餘，得李左車。韓信用李左車計，不戰降燕國。

　　四月，項羽圍劉邦於滎陽。項羽謀士范增勸急攻劉邦，陳平使離間之計瓦解楚軍核心層。

　　五月，劉邦逃離滎陽，南走宛、葉。項羽克成皋。彭越在楚後方大肆活動。項羽還軍東擊彭越。劉邦還軍滎陽，收復成皋。

　　六月，項羽擊敗彭越，西上克滎陽、成皋。劉邦逃往趙地，奪韓信軍，拜韓信為相國，令其徵兵擊齊。

　　九月，韓信開始進軍齊國。劉邦派酈食其勸降齊國。

■ 漢高帝四年（西元前二○三年），二十八歲

　　十月，韓信引兵破齊，占臨淄。劉邦收復成皋。項羽擊敗彭越。劉邦、項羽相持於廣武。項羽遣大司馬龍且救齊。

　　十一月，韓信斬龍且於濰水，大破楚軍二十萬。在追擊中，斬田廣於城陽，殺田既於膠東，盡定齊地。韓信請為假王。

　　二月，劉邦立韓信為齊王。武涉、蒯徹勸韓信背漢獨立、三分天下，韓信拒聽。

　　八月，楚漢言和，以鴻溝為界，中分天下。

　　九月，項羽引兵東歸。劉邦發起戰略追擊，約韓信、彭越共同圍殲項羽。

■ 漢高帝五年（西元前二○二年），二十九歲

　　十月，劉邦追項羽至固陵，被項羽打敗。韓信、彭越沒有如期與劉邦會合。

　　十一月，韓信揮軍南下，占彭城，與劉邦會師。

　　十二月，垓下決戰，韓信設十面埋伏，大破楚軍，項羽兵敗而逃，自殺於東城。劉邦、韓信北上平魯。劉邦以魯公之禮葬項羽於谷城。

　　正月，韓信發起，與韓王信、淮南王英布、梁王彭越、趙王張敖，燕

王臧荼以及長沙王吳芮等共同上書，尊劉邦為皇帝。

劉邦以義帝無後，齊王韓信習楚風俗為由，徙封為楚王，都下邳。

二月，劉邦於定陶稱帝。

五月，韓信至楚還鄉。賜南昌亭長百錢，召辱韓信於胯下的少年為中尉，千金贈漂母陵。

七月，燕王臧荼反漢，劉邦率軍征討。九月，劉邦滅臧荼，立太尉盧綰為燕王。

■ 漢高帝六年（西元前二〇一年），三十歲

十月，有人告韓信謀反，劉邦用陳平計，決定偽遊雲夢澤。十二月，劉邦會諸侯於陳，擒韓信。

正月，劉邦封劉賈為荊王，劉交為楚王，劉肥為齊王，劉仲（喜）為代王。徙韓王信於晉陽。

四月，韓信被徙為淮陰侯，軟禁於長安，編次兵書，著錄兵法。九月，匈奴冒頓單于侵太原，韓王信以馬邑投降匈奴。

■ 漢高帝七年（西元前二〇〇年），三十一歲

韓信被軟禁於長安。

十月，劉邦率三十二萬大軍北擊匈奴，被困於平城白登山七日。

十二月，匈奴攻代地，代王劉仲逃歸。劉邦立劉如意為代王，陳豨任代相，統代、趙兩國精兵，負責防禦匈奴。

二月，長樂宮成，遷都長安。

■ 漢高帝九年（西元前一九八年），三十三歲

韓信被軟禁於長安。

十二月，劉邦廢趙王張敖，以劉如意為趙王，周昌任代相。

■ 漢高帝十年（西元前一九七年）三十四歲

韓信被軟禁於長安。

八月，代相陳豨反，自立為代王。九月，劉邦率兵討陳豨。

■ 漢高帝十一年（西元前一九六年），三十五歲

正月，呂后以人告韓信「謀反」之名，使蕭何將韓信誆騙入宮，斬殺韓信於長樂宮鐘室，夷其三族。

三月，劉邦、呂后殺梁王彭越。七月，淮南王英布反。

■ 漢高帝十二年（西元前一九五年）

十月，英布兵敗逃走，被誘殺。劉邦負箭傷。周勃定代，斬陳豨於當城。劉邦立劉濞為吳王。劉邦逮捕相國蕭何，隨後釋放。

二月，劉邦使樊噲、周勃將兵擊燕王盧綰。

四月，劉邦崩逝於長樂宮，惠帝劉盈即位。燕王盧綰降匈奴。

注：按秦漢古曆記年月，以十月為歲首，如以西曆換算，有陰陽曆之差。

附錄二

淮陰故城辨析

古泗口向南十里，沿淮水方向由東向西一字排開的荀羨淮陰城、甘羅城和韓信城等三座古城遺址，承載著一方地域豐厚的歷史文化，標示著世事滄桑，是今天辨別淮陰故城重要的地理座標。

淮水從安徽五河入境江蘇，經盱眙到達淮陰西境。末口與泗口是淮陰彎月形陸地兩邊重要的名勝。泗口為泗水入淮口，當年的淮陰城近靠泗口，是黃淮、江淮地區重要的交通樞紐，也是淮、泗水下游地區的經濟和文化中心。

淮陰故城在江淮早期城市發展史上占有重要地位，更是認識淮陰侯韓信繞不開的話題。淮陰故城最早見於《史記·淮陰侯列傳》，韓信被殺約七十年後，著名史學家司馬遷曾一路向東，從長江過末口，親訪淮陰，憑弔了韓母墓，並發出這樣的感嘆：「吾如淮陰，淮陰人為余言，韓信為布衣時，其志與眾異。信母死，貧無以葬，乃於行營高敞地，令其旁可置萬家。餘視其母塚，良然。」然而，如今淮陰故城到底在哪裡，淮陰城、韓信城和甘羅城是什麼關係，恐怕「外地人搞不清楚，本地人也搞不清楚」。

從漢代到南宋，關於三座城的歷史文獻並不多見。東晉北中郎將、徐州刺史荀羨築淮陰城的記載，是繼司馬遷五百餘年後，對淮陰城又一次論述。

認識荀羨城

荀羨（西元三二二至三五九年）為晉元帝駙馬都尉，擢建威將軍。當時南北戰爭，淮陰是軍事衝要。《南齊書·州郡志·北兗州》記載：東晉永和八年（西元三五二年），荀羨鎮守淮陰，因「淮陰舊鎮，地形都要，水陸交

通，易以觀釁。沃野有開殖之利，方舟運漕，無他屯阻，乃營立城池」。

這也提出了這樣的問題，荀羨淮陰城是不是秦淮陰故城？荀羨淮陰城是新建還是復建？

明正德《淮安府志》認為，荀羨城不是秦故城，是新建的淮陰城，秦故城在其城北一里許：「甘羅城，在舊淮陰治北，或云淮陰故城。今屬清河界，去馬頭巡檢司一里許，相傳秦甘羅築。」

清光緒丙子《清河縣誌》則認為，荀羨淮陰城是在秦淮陰故城基礎上的復建：「淮陰故城在舊清河縣治東南五里。舊志：秦時所建，以《韓信傳》『釣於城下』知之。按，晉永和五年，北中郎將荀羨北討鮮卑，以淮陰舊鎮，地形都要，乃營立城池，似城創於此時。然考《水經注》云淮水東北逕淮陰故城。道元在東魏之世，去穆帝永和時代非遠，不當云故城，或今則因舊鎮而更新之，非創始也。」

筆者認同正德《淮安府志》的觀點。荀羨城與秦故城，是兩座不同的城池，荀羨講的已非常明確，「淮陰舊鎮，地形都要，乃營立城池」。這個新建造的城在所謂的舊淮陰治（馬頭鎮）北。而且現地對照，與北魏著名地理學家酈道元（約西元四七〇至五二七年）《水經注·淮水》新、故淮陰城的說法大致相近，後世的各種認識多在這個基礎上進行。

《水經注》成書距荀羨築城後一百五十餘年，關於淮水與淮陰記述，清楚可靠，依然是今天認識淮陰和淮陰故城重要的依據。

其一，它描述了淮陰區域範圍。「又東北至下邳淮陰縣西，泗水從西北來流注之。淮、泗之會，即角城也。左右兩川，翼夾二水，決入之所，所謂泗口也。」、「又東過淮陰縣北，中瀆水出白馬湖，東北注之。淮水右岸，即淮陰也。」就是說，淮陰在淮水南岸，泗口和中瀆溝之間，包括中瀆溝。這是筆者在第一章所講述的，秦漢時淮陰縣位於淮河以南，其範圍為今天淮安市的淮安區、清江浦區、洪澤區，包括淮陰區的馬頭、南陳集等地。

其二，從方位、距離和人文資訊等方面，對荀羨淮陰城和秦淮陰故城的地理位置做了標定。「城西二裡有公路浦。昔袁術向九江，將東奔袁譚。路出斯浦，因以為名焉。」、「又東徑淮陰縣故城北。北臨淮水，漢高帝六年，封韓信為侯國。王莽之嘉信也。昔韓信去下鄉而釣於此處也。城東有兩塚，西者，即漂母塚也。周回數百步，高十餘丈。昔漂母食信於淮陰，信王下邳，蓋投金增陵以報母矣。東一陵即信母塚也。縣有中瀆水，首受江於廣陵郡之江都縣……」公路浦，源自於三國名人袁術字公路，今已漫不可考。新「城西二裡有公路浦」、「又東徑淮陰縣故城北」，這裡第一次提出了淮陰城與淮陰故城兩個概念，即東晉荀羨城與秦故城同時存在，並明確了兩城沿淮水方向所處的位置，荀羨城在西，秦故城在東。

秦故城始建後，時廢時興，到荀羨築淮陰城時已有五百五十多年，土城早已頹圯。馬頭附近的淮水大體走向是由南向北，在南的荀羨城與在北的秦故城相比，顯然荀羨城位置更為重要些，因此才有後來築荀羨城屯兵的可能。

此後的北宋《太平寰宇記》、南宋《輿地紀勝》和《錦繡萬花谷集》等地理著作，對《水經注》中的荀羨城、秦故城，做了補充和印證。明清不少地理專志、一統志及不同時期的《淮安府志》也多對此予以認同。

馬頭鎮

探源韓信城

韓信城位於荀羨城東十里，是泗口附近沿淮三個古城址之一。單純從方向和距離上來看，韓信城與《水經注·淮水》「又東」描述的淮陰故城位置更為合理，韓信城會不會是秦淮陰故城呢？

韓信城最早載於宋樂史《太平寰宇記》：「韓信城：信本此（淮陰）縣人，其塚宅處所並存，後受為侯，因築此城」；「南昌亭：在（山陽）縣西三十里」。南宋《輿地紀勝》：「韓王莊：在淮陰縣東北，與廟馹鋪相連，西接八里莊，自昔相傳以為韓信生於此。」韓信城、韓王莊、南昌亭均在今清江浦城南。問題是既然為韓信封侯所築，為何在北宋之前的歷史文獻中均無記載？

這一謎團，被近年的考古勘探所揭開。《淮安市考古勘探報告》稱，韓信城是宋元時期城堡，其外城廓為元代建築，內隔城為宋時建築，並指出：「從文獻資料分析，韓信被徙封為淮陰侯以後，閒居長安，編次兵書，著作兵法，修訂律例。《史記·淮陰侯列傳》載：『信知漢王畏惡其能，常稱病不朝從。信由此日夜怨望，居常鞅鞅，羞與絳、灌等列。』此時，韓信已是大權旁落，疏於朝政，怎敢瞞著朝廷在自己的老家築起城來。再者，屯兵築城系國家大事，漢高帝也不會輕易允諾。由此可見，韓信城為韓信所築，亦屬民間傳說。」報告否定了韓信城為韓信封侯所築，也否定了韓信城即為淮陰故城之說，證明瞭《水經注·淮水》其可靠性的歷史價值。

韓信城在宋元時實為楚州軍事重鎮。南宋時期，宋金以淮河為界，與韓信城隔河相望的大清口，時為金人占據。《續資治通鑑》載：「紹興三十一年（西元一一六一年），右朝奉郎、通州楚州徐宗偃遣鎮江都統制劉書云：今欲保長江，必先守淮，清河口去本州五十里。地名八里莊，相望咫尺，若不遣精銳控扼，萬一有緩急，頃刻可至城下，彼得地利，

兩淮之民悉為其用，則高郵、廣陵豈是以捍其沖。」此後，宋軍在此屯兵拒敵，並於嘉定七年（西元一二一四年）遷相距八里的淮陰縣於此。至元代，韓信城仍為兵家所重。

至於，淮安境內現在的一些與韓信相關的碑、橋、故里等人文景點，多為興文化之風，行旅遊之事，並不能作為單獨地理標識的證據。如一九八〇年代中後期，筆者曾到訪馬頭泰山墩，放眼望去，附近有許多大小不等的土墩，漂母墓只是其中較大的一個，後來平整地土時，有故事大的保留了下來，其餘均被平整掉。土墩多為自然地貌形狀。

▌辨識甘羅城

既然大體確定了荀羨城，排除了韓信城，有必要結合相關歷史文獻和遺址勘探資料，對位於荀羨城北的甘羅城，是不是秦淮陰故城做出進一步判別。

甘羅（西元二五六至？年）下蔡（今安徽省潁上縣）人。據《戰國策》和《史記》的記載，其祖父為戰國時秦武王的左丞相甘茂。甘羅初為文信侯呂不韋的近侍之臣，因別出奇計蠶食燕、趙，年僅十二歲，便被秦王封為上卿，是中國歷史上有名的神童政治家。此後行跡無考。

北宋文人徐積較早提及到甘羅城，也是首位對其稱謂提出不同意見的人。他在《登淮陰古城並序》（《節孝集》卷十三，四庫本）稱：「蓋以傳考之所謂甘羅城者，非也。謂之淮陰故城，可也。餘登斯城，為之嘆息久之，蓋韓侯天下之奇丈夫也。」由此可知，在北宋時，人們認為淮水邊的遺址為甘羅城，而徐積則推測此城並不是甘羅所築，應是當年秦淮陰故城。徐積楚州山陽人，治平二年（西元一〇六五年）進士，晚年自號「淮上老人」，但他並未拿出依據，可能的原因，他無法對東邊的韓信城做出實質性的判斷，對韓信城與甘羅城之間的關係也說不清楚。

二○○八年初，江蘇公布的《淮安市淮陰區甘羅城遺址鑽探報告》稱：「該城址早在春秋時期就屬戰略要地，根據東城牆以東的土嶺高地屬漢代堆積，以保甘羅城不被水患衝擊而挖壕溝，使水患改道。相繼又在宋時金人入侵，水患成災，又順著西城牆大量修建張福河河壩，修補甘羅城，為抗金第一線。並在城西北方向河壩上興修河神廟、奶奶廟等建築，以保甘羅城人民的興旺與平

甘羅城

安。明朝、清初，東北方向水患多次洪流成災，使甘羅城陷入一片汪洋之中，該城由此而廢。」

報告交代了甘羅城變遷的情況，甘羅城春秋時期始築城，以後當有不止一次的修築，至清代中期，終因水患而最後廢棄。報告強調，

「在淮陰、清浦二區，與秦漢時期相關的古城，惟有甘羅城。」從側面印證了甘羅城就是淮陰故城。

其實，明清不少文獻也指甘羅城為淮陰故城。比明正德府志晚成書四十多年的嘉靖《清河縣誌》：「淮陰故城：今馬頭巡檢司處是也。昔韓信釣城下，即鎮北一里之土城，俗相傳為甘羅城。」嘉靖《清河縣誌》與正德《淮安府志》的記載基本一致。

儘管有如此，認識淮陰故城仍有幾個問題需要存疑和說明。

一是「又東」之說令人費解。《水經注》是今天認識淮陰極為重要的依據，它在卷三十「淮水」條目中，直接用了不少於四十八個「又東」。單純從字面上講，「又東」就是淮水再向東，表示方向和距離。除淮陰這個「又東」之外，其餘的「又東」多表示距離很遠。而甘羅城與荀羨城近在咫尺，兩遺址南北僅隔一里，幾乎同為一城，唯獨這裡表示相近的意思，是

不是酈道元用詞不當？同時，兩城址沿淮水並排大體呈南北方向，應該只有「又北」之說？距離、方向均有異議，也難怪清光緒丙子《清河縣誌》的質疑，荀羨淮陰城應該是在秦淮陰故城基礎上的復建，否則真不好解釋。

秦漢時是大清口格局，泗水入淮口在今淮安袁集桂塘附近（一說東漢前在睢陵故城），離馬頭北十余裡現時是小清口格局，泗水入淮口在馬頭禦壩一帶。由於受黃淮運的衝擊，馬頭地形地貌主要是南宋紹熙五年（西元一一九四年）「黃河奪淮」以後逐步形成的，會與秦漢時有了很大變化？

如按現今地理位置指認，會矛盾重重，恐怕要麼荀羨城與秦故城為同一城，但無法對《水經注》新、故兩城做出合理解釋；要麼如咸豐《清河縣誌》所言，在甘羅城南的荀羨淮陰城，「或漫滅於湖水，或鏟削於開鑿」；要麼荀羨城在馬頭，秦故城在「又東」的城南、武墩沿淮向東一線。這一線淮水以南的區域，從元代至清代多為山陽縣西鄉。這也是引起淮陰故城爭議的原因之一。不過，目前從傳承和相關資料來看，秦故城從馬頭和清江浦城南附近來認識也是恰當的，但仍有一些問題需要解決。

二是為何秦故城稱為甘羅城。關於甘羅城的記載，全國有三處之多，其中最大的一座就是淮安運河邊上的甘羅城。在馬頭傳說中，古城堡常在雨後發掘到戰國時期的多種形狀錢幣。明正德《淮安府志》有這樣記載：「雨後，常土中得小錢，篆文，不可識。」

這些古錢幣是誰留下的，應該有一個合理說法。鄉賢韓信與甘羅算是同時代人，估計年齡相差二三十歲，兩人都是智慧的化身，歷史上有著重大影響。

淮陰是重要的經商碼頭，南來北往的人很多。唐宋時期，戰爭在江淮頻仍，北方人口遷徙流動性極大，社會生產力遇到破壞，而到了承平的北宋，對於秦故城的認知已經模糊。也如光緒丙子《清河縣誌》所云，荀新城當是韓信時秦故城，當時人們極有可能就是這樣認識的。近旁的古城址

僅殘存一些土岡，久遠的歷史，已弄不清楚是怎麼回事。甘羅事蹟在本地
廣有流傳，馬頭附近有座甘韓祠，是紀念甘羅和韓信的，不遠處寶應古運
河邊還有座甘羅墓，因此借名人之名，稱秦故城為甘羅經商所築也是可以
理解的。

三是為何到了北宋民間始有「甘羅城」之說。與韓信城一樣，甘羅城
為黃淮運交匯地，為拱衛楚州山陽城，軍事衝要地位被非常看重，並受到
越來越多的關注。

早在東晉義熙年間，在末口附近設山陽郡，隨著政治、軍事重心的南
移，「南北襟喉」的淮安山陽逐漸延續了「淮陰故城」政治命脈的正統。特
別是到了南宋以後，泗口改道甘羅城東北，宋金對抗，甘羅城的位置無論
從防守還是防洪，漕運還是商貿，都顯得尤為重要。

南宋嘉定年間，江蘇常熟人趙伸夫知楚州時，曾獻議於朝廷，

「謂淮陰之門戶，縣北遺址俗呼為甘羅城，六朝駐兵之地，盍亟修
之。有旨令公相視，諸故老皆曰：『金由青、徐而來，其衝要有二：大、
小清河是也。相距餘十里，小清河直縣之西，冬有淺處，不可以舟。大清
河直縣之北，與八里莊對。紹興間，金人至淮，重兵皆由此出。』

公即條上，以為此地要害，若遷縣治，板築於此，形勢增壯，過於淮
陰故城，從之。今之新城，乃公所創也。」（袁燮〈祕閣修撰趙君墓誌銘〉
《絜齋集》卷十七，四庫本）

荀羨城與甘羅城近靠泗口，甘羅城作為荀羨淮陰城依託而存在著。西
元一三二四年、西元一六二八年清河縣還曾兩度短暫移治甘羅城。事實證
明，將縣治遷於甘羅城，大大增強了楚州山陽城的軍事應變能力。

後記

我寫作「淮陰侯韓信」已有時日，從一九九○年代初收集資料算起，前後有三十餘年時間。因自身工作與文史類沒有太多關聯，寫作是利用業餘時間斷斷續續進行的，有時甚至處於停滯狀態。二○一五年後臨近退休期，才得以靜下心來，集中精力，重新出發。

韓信為古淮陰人，集奇人、奇事、奇謀於一身，是歷史上久負盛名的「兵仙」、「神帥」，也是家喻戶曉的一代悲劇英雄。對我來說，三十年的人生，是一個漫長歲月，不忘初心，孜孜以求地研究文史。寫作韓信的目的，主要緣於一種情結，不僅是為了紀念這位對中國歷史進程有著重大影響的鄉賢，豐富自己的人生閱歷，更是想讓人們透過歷史看問題，從歷史經驗中汲取智慧，讀後有所思有所得。

寫作達到了預期目的。二○一六年，推出了長篇歷史小說《大漢韓信》、《忍者為王：解讀兵聖韓信傳奇一生》。這兩部作品均在當今書市較低迷的情況下，兩年內已於各大書店告罄。二○一八年，推出了《大漢韓信》新修二版與電子書籍、有聲讀物；《忍者為王：解讀兵聖韓信傳奇一生》被許多報紙予以連載（節選）。二○二一年下半年，還推出了人物研究《韓信大傳》。應該說，這些成果的取得，主要得益於韓信的人格魅力和經久不衰的韓信文化現象。

從寫人物傳記、通俗讀物，到人物研究，於我既是挑戰，也是水到渠成的自然而然之事。嚴格地講，《大漢韓信》、《忍者為王：解讀兵聖韓信傳奇一生》屬於文學類作品，有大量的虛構情節和藝術加工，但也未敢胡編亂造，努力做到「緊貼歷史，追求歷史真實，語言通俗易懂，且有趣味」。

所謂緊貼歷史，並不是說原封不動全部照搬史料，許多東西都是透過長期的收羅史乘，兼採資料，悉心推論，有些是經過實地考察後獲得的。

在這個過程中，漸漸產生不少新見解。如胯下之辱的韓信性格因素，及對其人生的影響；在滅秦兩年多的時間裡，韓信為什麼有八個月蟄伏在淮陰一動不動？韓信已取得了楚軍較高職位，為什麼還要去追隨漢王劉邦？還定三秦的進軍路線和重要的時間節點是什麼？東破魏國後，分兵合擊的「二十一字」方針意義何在？韓信沒有聽從蒯徹等人三分天下的勸告，主要考慮了什麼？楚漢最後一役，韓信為什麼會選擇在垓下圍殲楚軍？十面埋伏是怎麼回事？四面楚歌的楚地到底是荊楚還是淮楚？為什麼說劉邦、呂后想殺韓信的原因是年齡？千年疑問，韓信真的謀反了嗎？等等。於是，如何進一步物化成果，破解歷史謎團，較為全面地描述韓信一生的《韓信大傳》，成為整理寫作新目標。

《韓信大傳》在成書過程中，強調了三點：

第一，在讀史的基礎上，系統性增刪了部分內容，許多重要情節，注明了史料的來源。

第二，堅持將論文當作散文寫，將歷史當作故事寫，並增加了一些論述。

第三，人物研究不是孤立地就人論人，而是要兼顧考察人物生存的時代背景和人物的生活經歷，在凡事必有據的前提下，做到「大而不虛，小而不拘」，盡可能準確、生動、形象地解讀出人物的思想與行動。

擱筆了，作品一旦問世，就會有自己運行軌跡，成功與否並不敢做過多的期許。本書出版得到了北嶽文藝出版社的大力支持，得到了責編韓玉峰先生的親切指導和幫助！沒有韓先生的嚴格把關，善加督促，這部作品就不會這麼快面世。值此付梓之際，謹致衷心的感謝！此次寫作，用了將近一年的時間，限於我們的水準，不足之處在所難免，敬請讀者朋友教正。

華煒

於淮安清江浦

再版說明

本書自初版以來，頗受讀者的青睞，僅一年時間，全國各大書店均已售罄，並被評為優質教育圖書。讀者的厚愛，使我不得不以更加恭敬的態度來面對再版，修訂重點主要在以下三個方面：

一是增刪部分內容。由於初版統稿時間較為倉促，再版時對一些稍顯粗糙的文字進行了修改和潤色，增加了初版中沒有的圖片，並配以文字說明。

二是力求前後一致。作品既要明確表達個人傾向，又要將自己考訂內容反映在作品之中。如書中陳述「明修棧道」有誤，而後面對話中卻多次提及，現改「明修棧道」為「明出隴西」。

三是增加一些論述。人物研究不是孤立地就人論人，而是要考察人物生存的時代背景和人物的生活經歷。既要做到凡事必有據，也要做到大而不虛，小而不拘，盡可能準確、生動、形象解讀出人物的思想與行動。

此次從修訂到完稿，用了將近半年時間，限於我們的水準，不足之處在所難免，敬請讀者教正。再一次由衷感謝出版社韓玉峰主任對本書再版的大力支持和幫助！

作者

韓信大傳：

從忍辱卑微的平民到戰無不勝的兵仙，漢初三傑的不凡歷程

作　　者：華煒，何愛臨

發 行 人：黃振庭

出 版 者：崧燁文化事業有限公司

發 行 者：崧燁文化事業有限公司

E-mail：sonbookservice@gmail.com

粉 絲 頁：https://www.facebook.com/
　　　　　sonbookss/

網　　址：https://sonbook.net/

地　　址：台北市中正區重慶南路一段六十一號八樓
　　　　　815 室

Rm. 815, 8F., No.61, Sec. 1, Chongqing S. Rd.,
Zhongzheng Dist., Taipei City 100, Taiwan

電　　話：(02)2370-3310

傳　　真：(02)2388-1990

印　　刷：京峯數位服務有限公司

律師顧問：廣華律師事務所 張珮琦律師

定　　價：450 元

發行日期：2024 年 01 月第一版

◎本書以 POD 印製

Design Assets from Freepik.com

國家圖書館出版品預行編目資料

韓信大傳：從忍辱卑微的平民到戰
無不勝的兵仙，漢初三傑的不凡歷
程 / 華煒，何愛臨 著 . -- 第一版 .
-- 臺北市：崧燁文化事業有限公司，
2024.01
面；　公分
POD 版
ISBN 978-626-357-888-3(平裝)
1.CST: (漢) 韓信 2.CST: 傳記
782.821 112020807

電子書購買

臉書

爽讀 APP